皮书系列为
"十二五""十三五""十四五"时期国家重点出版物出版专项规划项目

BLUE BOOK

智库成果出版与传播平台

河南经济蓝皮书

BLUE BOOK OF HENAN'S ECONOMY

2022年河南经济形势分析与预测

ANALYSIS AND FORECAST OF HENAN'S ECONOMIC SITUATION (2022)

主　编／陈红瑜
副主编／赵德友　刘朝阳

社会科学文献出版社
SOCIAL SCIENCES ACADEMIC PRESS (CHINA)

图书在版编目（CIP）数据

2022年河南经济形势分析与预测/陈红瑜主编 . - -
北京：社会科学文献出版社，2022.2（2024.10重印）
（河南经济蓝皮书）
ISBN 978 - 7 - 5201 - 9759 - 5

Ⅰ.①2… Ⅱ.①陈… Ⅲ.①区域经济 - 经济分析 -
河南 - 2022 ②区域经济 - 经济预测 - 河南 - 2022 Ⅳ.
①F127.61

中国版本图书馆 CIP 数据核字（2022）第 027360 号

河南经济蓝皮书
2022年河南经济形势分析与预测

主　　编 / 陈红瑜
副 主 编 / 赵德友　刘朝阳

出 版 人 / 冀祥德
组稿编辑 / 任文武
责任编辑 / 王玉霞
责任印制 / 王京美

出　　版 / 社会科学文献出版社·生态文明分社（010）59367143
　　　　　 地址：北京市北三环中路甲29号院华龙大厦　邮编：100029
　　　　　 网址：www.ssap.com.cn

发　　行 / 社会科学文献出版社（010）59367028
印　　装 / 北京盛通印刷股份有限公司

规　　格 / 开本：787mm × 1092mm　1/16
　　　　　 印张：22.5　字数：334千字
版　　次 / 2022年2月第1版　2024年10月第2次印刷
书　　号 / ISBN 978 - 7 - 5201 - 9759 - 5
定　　价 / 128.00元

读者服务电话：4008918866

▲ 版权所有 翻印必究

"河南经济蓝皮书"编委会

主　编　陈红瑜

副主编　赵德友　刘朝阳

委　员　（以姓氏笔画为序）

王　茜　王一嫔　王予荷　王梦轩　孙　磊

李　鑫　李跃苏　张喜峥　陈向真　赵清贤

郝　兵　顾俊龙　曹青梅　常冬梅　梁文海

"河南经济蓝皮书"编辑部

主　任　刘朝阳

编　辑　（以姓氏笔画为序）

马　昂　刘倩倩　李永娣　李莹莹　杨玉雪

张小科　唐建国　曹　雷　崔　岚　董黎明

摘 要

2021年是具有里程碑意义的一年，我们迎来党的百年华诞，胜利实现第一个百年奋斗目标，迈上向着第二个百年奋斗目标进军的新征程。我们坚持以习近平总书记视察河南重要讲话重要指示为总纲领、总遵循、总指引，紧抓构建新发展格局战略机遇、新时代推动中部地区高质量发展政策机遇、黄河流域生态保护和高质量发展历史机遇，统筹疫情防控、防汛救灾和经济社会发展，与全国一道全面建成小康社会，全省经济总体缓中趋稳、顶压前行、结构优化、质量改善，在"十四五"开局阶段迈好了第一步、见到了新气象。

2022年"河南经济蓝皮书"全面贯彻党的十九大和十九届历次全会精神，认真落实省第十一次党代会和省委经济工作会议部署，锚定"两个确保"，重点围绕"十大战略"、构建新发展格局情况展开研究，为党委政府和社会公众提供高质量的决策参考服务。全书分为主报告、分析预测篇、战略措施篇和专题研究篇四大板块。

主报告《2021~2022年河南省经济形势分析与展望》认为，2021年面对纷繁复杂的国内外形势和汛情疫情的交织叠加影响，河南坚持以习近平新时代中国特色社会主义思想为指导，深入落实省委省政府各项决策部署，统筹抓好疫情防控、灾后恢复重建和经济社会发展各项工作，经济发展呈现极强的韧性，在巨大困难挑战中实现了主要经济指标两年平均增速保持增长、同比增速与全国差距整体缩小的成绩。展望2022年，全省经济恢复进程中新老问题交织，结构性矛盾凸显，经济下行压力较大，必须坚持稳字当头、

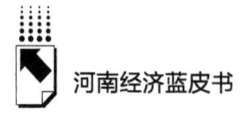

稳中求进，完整、准确、全面贯彻新发展理念，抓好重点任务落实，保持经济平稳恢复、向好发展，推动全省经济发展行稳致远，以优异成绩迎接党的二十大胜利召开。

分析预测篇重点反映2021年汛情疫情影响下的河南各产业、各行业发展现状、取得的成绩、面临的机遇挑战等，并对未来发展趋势进行了分析预测。

战略措施篇主要反映全省"十大战略"、全面建成小康社会、黄河流域生态保护和高质量发展等中央和省委省政府重大战略完成情况，并对下一步如何加快推进实施进行了研判。

专题研究篇立足新发展阶段，深入分析河南经济发展的阶段性规律，围绕构建新发展格局中影响现代化河南建设的短板瓶颈展开专题研究，并对存在的问题给出有针对性的对策建议。

关键词： 经济形势　新发展格局　河南

Abstract

2021 is a milestone year. In this year, we have ushered in the centenary of the Communist Party of China, successfully achieved the first centenary goal, and embarked on a new journey toward the second centenary goal. We have adhered to and taken the important instructions of the speech made by General Secretary Xi Jinping during his inspection of Henan Province as the general programme and guiding principle, seized the strategic opportunity to build a new development pattern, the policy opportunity to promote high-quality development in Central China in the new era, the historical opportunity to promote Ecological Conservation and High-quality Development of the Yellow River Basin, and coordinated the epidemic prevention and control, flood control and disaster relief and economic and social development. During the process of Completing the Process of Building A Moderately Well-off Society in All Aspects with the whole country, the economy of Henan Province has shown the characteristics of a slow and steady development, moving forward under pressure with optimized structure and improved quality, enabling a good starting and new beginning in the "14th Five-Year Plan".

In the Blue Book of Henan's Economy (2022), Henan has fully implemented the spirit of the 19th National Congress of the Communist Party of China and the Plenary Sessions of the 19th Central Committee of the Communist Party of China, conscientiously implemented the deployment of the 11th Congress of Henan Province of the Communist Party of China and the Provincial Party Committee Economic Work Conference, anchored the "Two Guarantees", and focused on the "Ten Strategies" and the construction of a new development pattern to conduct research, so as to provide a high-quality decision-making reference for the party committee, the government and the social public. This annual blue book is divided into such four sections as Main Report, Analysis and Forecast, Strategic Measures and Special Research.

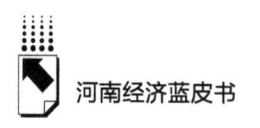

The Main Report- "Analysis and Outlook on the Economic Situation of Henan Province from 2021 to 2022" believes that in 2021, facing the complex domestic and foreign situations and the intertwined and superimposed effects of the flood and epidemic situation, Henan has adhered to the guidance of Xi Jinping Thought on Socialism with Chinese Characteristics for a New Era, thoroughly implemented various decisions and deployments made by the provincial party committee and the provincial government, and coordinated efforts to such works as epidemic prevention and control, post-disaster recovery and reconstruction, and economic and social development, which enabled a strong resilience of economic development and the results of maintaining the average growth rate of major economic indicators in the past two years and narrowing the gap between the provincial year-on-year growth rate and that of the whole country despite enormous difficulties and challenges. Looking forward to 2022, in the process of economic recovery in the province, new and old problems will be intertwined with prominent structural contradictions and great downward pressure of economy. There is a must to adhere to the principle of stability, seek progress while maintaining stability, fully, accurately and comprehensively implement the new development concept, pay close attention to the implementation of key tasks, maintain a steady recovery and good development of the economy, promote the steady and long-term economic development of the whole province, and welcome the successful holding of the 20th National Congress of the Communist Party of China with excellent achievements.

Analysis and Forecast Part focuses on the reflection of the development status, achievements, opportunities and challenges of various industrial sectors and industries in Henan Province under the influence of the flood control and epidemic prevention in 2021, and analyzes and forecasts the future development trend.

Strategic Measures Part, mainly reflects the completion of major strategies made by the central party committee, provincial party committee and provincial government, such as the Henan's "Ten Strategies", Completing the Process of

Abstract

Building A Moderately Well-off Society in All Aspects, Ecological Conservation and High-quality Development of the Yellow River Basin, and makes analysis and study on the solutions to accelerate the implementation in the next step.

Monographic Study Part, based on the new development stage, deeply analyzes the periodic law of Henan's economic development, conducts special research through focusing on the short boards and bottlenecks affecting the modernization of Henan in the construction of a new development pattern, and gives targeted countermeasures and suggestions for the existing problems.

Keywords: Economyic Situation; New Development Stage; Henan

目 录

Ⅰ 主报告

B.1 2021~2022年河南省经济形势分析与展望 …… 河南省统计局 / 001
  一 2021年河南省经济运行的基本情况及特点……………… / 002
  二 2021年河南省经济高质量发展取得的成效……………… / 005
  三 2022年河南省经济发展面临的机遇与挑战……………… / 007
  四 2022年河南省经济高质量发展的对策建议……………… / 010

Ⅱ 分析预测篇

B.2 2021~2022年河南省农业农村经济形势分析与展望
  ……………………………………………… 李跃苏 吴 娜 / 013
B.3 2021~2022年河南省工业形势分析与展望 …… 王予荷 张 静 / 022
B.4 2021~2022年河南省服务业形势分析与展望
  ………………………… 陈向真 范 鹏 杜晓宁 陈 琛 / 032
B.5 2021~2022年河南省固定资产投资形势分析与展望
  ……………………………………………… 朱丽玲 呼晓飞 / 041
B.6 2021~2022年河南省消费品市场形势分析与展望
  ………………………………… 赵清贤 李 伟 周文瑞 / 050

B.7　2021~2022年河南省对外贸易形势分析与展望
　　　……………………………………………………　付晓莉　付喜明 / 059
B.8　2021~2022年河南省财政形势分析与展望
　　　……………………………………………………　郭宏震　赵艳青 / 070
B.9　2021~2022年河南省金融业形势分析与展望
　　　………………………………………… 宋　杨　袁彦娟　马云路 / 078
B.10　2021~2022年河南省就业形势分析与展望 ………… 王玉珍 / 085
B.11　2021~2022年河南省能源形势分析与展望
　　　………………………………………… 常冬梅　秦红涛　刘金娜 / 095

Ⅲ　战略措施篇

B.12　改革开放以来河南省全面建成小康社会成就综述
　　　……………………………………………………　刘朝阳　崔　岚 / 104
B.13　河南实施优势再造战略问题研究
　　　……… 崔红建　叶　丹　牛　勇　李　力　赵　辉　时少峰 / 118
B.14　河南省文旅文创融合战略发展研究
　　　………………………… 王笑天　杨　奕　谢　顺　张　飞 / 130
B.15　河南实施以人为核心的新型城镇化战略研究
　　　………………………………………… 许　桢　杜　鹏　张奕琳 / 139
B.16　河南省实施绿色低碳转型战略问题研究
　　　………………………………………… 薛东峰　张志祥　高志东 / 151
B.17　河南省实施制度型开放战略问题研究
　　　………………………… 马　健　孙敬林　王卫红　张　伟　王淑娟 / 159
B.18　河南省实施创新驱动战略问题研究 ………　孙　磊　贾　梁 / 173
B.19　河南省黄河流域生态保护和高质量发展问题研究
　　　………………………………………… 杨冠军　郝占业　王军美　梁童昕 / 183
B.20　河南省制造业数字化转型发展研究 ……… 李　玉　王一嫔 / 195

目 录

Ⅳ 专题研究篇

B.21 河南融入新发展格局研究
　　　　　　……………… 罗勤礼　张喜峥　张亚丽　雷茜茜 / 207

B.22 人口老龄化对河南经济增长的影响研究
　　　　　　……………………… 马　召　王琪斐　王韶光 / 224

B.23 河南省巩固拓展脱贫攻坚成果实践问题研究
　　　　　　……………………… 梁增辉　郑　方　申付亮 / 235

B.24 河南省生态环境保护现状分析及对策研究
　　　　　　………………………………… 赵　伟　段志峰 / 246

B.25 加快构建河南绿色发展产业体系研究
　　　　　　……… 洪　波　仝宝琛　冶伟平　任静雯　郭小强 / 255

B.26 "十四五"时期河南房地产发展趋势展望
　　　　　　………………………………… 顾俊龙　贾云静 / 265

B.27 加压奋进　开创航空港区高质量发展新局面
　　　　　　……… 曹青梅　常伟杰　杨　博　吴　沛　宋嘉慧 / 278

B.28 "双循环"背景下加快推进河南农业高质量发展研究
　　　　　　………………………………… 宗　方　王　静 / 288

B.29 河南省县域经济发展研究
　　　　　　……… 王　茜　张乾林　刘晓源　樊　怡　张　艺　魏　巍 / 300

B.30 推动河南在中部地区实现高质量发展的问题研究
　　　　　　……… 曹　雷　崔　岚　李莹莹　刘倩倩 / 311

B.31 河南省营商环境评价专项问题研究
　　　　　　………………………… 杨冠军　郝　兵　魏　巍 / 323

B.32 后　记 …………………………………………………… / 333

皮书数据库阅读**使用指南**

CONTENTS

I Main Report

B.1 Analysis and Outlook on the Economic Situation of Henan
Province in 2021 to 2022　　*Henan Province Bureau of Statistics* / 001
 1. The Basic Situation and Characteristics of Henan Province's
  Economic Operation in 2021　　/ 002
 2. The Achievements that Henan Province Obtained in High-Quality
  Economic Development in 2021　　/ 005
 3. The Opportunities and Challenges that Henan Province Faces
  in Economic Development in 2022　　/ 007
 4. The Countermeasures and Suggestions for High-Quality Economic
  Development of Henan Province in 2022　　/ 010

II Analysis & Forecast Part

B.2 Analysis and Outlook on the Rural and Agricultural Economic Situation
of Henan Province in 2021 to 2022　　*Li Yuesu, Wu Na* / 013

CONTENTS

B.3　Analysis and Outlook on the Industrial Situation of Henan Province in 2021 to 2022　*Wang Yuhe, Zhang Jing* / 022

B.4　Analysis and Outlook on the Service Industry Situation of Henan Province in 2021 to 2022　*Chen Xiangzhen, Fan Peng, Du Xiaoning and Chen Chen* / 032

B.5　Analysis and Outlook on the Fixed Asset Investment Situation of Henan Province in 2021 to 2022　*Zhu Liling, Hu Xiaofei* / 041

B.6　Analysis and Outlook on the Consumer Goods Market Situation of Henan Province in 2021 to 2022　*Zhao Qingxian, Li Wei and Zhou Wenrui* / 050

B.7　Analysis and Outlook on the Foreign Trade Situation of Henan Province in 2021 to 2022　*Fu Xiaoli, Fu Ximing* / 059

B.8　Analysis and Outlook on the Financial Situation of Henan Province in 2021 to 2022　*Guo Hongzhen, Zhao Yanqing* / 070

B.9　Analysis and Outlook on the Financial Industry Situation of Henan Province in 2021 to 2022
　　　Song Yang, Yuan Yanjuan and Ma Yunlu / 078

B.10　Analysis and Outlook on the Employment Situation of Henan Province in 2021 to 2022　*Wang Yuzhen* / 085

B.11　Analysis and Outlook on the Energy Situation of Henan Province in 2021 to 2022　*Chang Dongmei, Qin Hongtao and Liu Jinna* / 095

Ⅲ　Strategic Measures Part

B.12　A Summary of Henan Province's Achievements in Completing the Process of Building A Moderately Well-off Society in All Aspects Since the Reform and Opening-up　*Liu Chaoyang, Cui Lan* / 104

B.13　A Research on the Implementation of Advantage Recreating Strategy in Henan　*Cui Hongjian, Ye dan, Niu Yong, Li Li, Zhao Hui and Shi Shaofeng* / 118

B.14　A Research on the Strategic Development of Cultural Tourism and Cultural Innovation Integration in Henan Province
　　　Wang Xiaotian, Yang Yi, Xie Shun and Zhang Fei / 130

B.15　A Research on the Implementation of New Urbanization Strategy with People as the Core in Henan　　*Xu Zhen, Du Peng and Zhang Yilin* / 139

B.16　A Research on the Implementation of Green and Low-carbon Transformation Strategy in Henan Province
　　　　Xue Dongfeng, Zhang Zhixiang and Gao Zhidong / 151

B.17　A Research on the Implementation of Institutional Opening Strategy in Henan Province
　　　　Ma Jian, Sun Jinglin, Wang Weihong, Zhang Wei and Wang Shujuan / 159

B.18　A Research on the Implementation of Innovation Driven Strategy in Henan Province　　*Sun Lei, Jia Liang* / 173

B.19　A Research on Ecological Conservation and High-quality Development of the Yellow River Basin in Henan Province
　　　　Yung Guanjun, Hao Zhanye, Wang Junmei and Liang Tongxin / 183

B.20　A Research on the Digital Transformation and Development of Manufacturing Industry in Henan Province　　*Li Yu, Wang Yipin* / 195

Ⅳ Monographic Study Part

B.21　A Research on Henan's Integration into the New Development Pattern
　　　　Luo Qinli, Zhang Xizheng, Zhang Yali and Lei Xixi / 207

B.22　A Research on the Impact of Population Aging on the Economic Growth of Henan Province　　*Ma Zhao, Wang Qifei and Wang Shaoguang* / 224

B.23　A Research on the Practical Problems of Consolidating and Expanding the Achievements of Poverty Alleviation in Henan Province
　　　　Liang Zenghui, Zheng Fang and Shen Fuliang / 235

B.24　Analysis of the Ecological Environment Protection in Henan Province and Research on the Countermeasures
　　　　Zhao Wei, Duan Zhifeng / 246

CONTENTS

B.25　A Research on Accelerating the Construction of Green Development Industrial System in Henan
Hong Bo, Tong Baochen, Ye Weiping, Ren Jingwen and Guo Xiaoqiang / 255

B.26　An Outlook on the Real Estate Development Trend in Henan during the 14th Five Year Plan Period　　*Gu Junlong, Jia Yunjing* / 265

B.27　Go Ahead to Create A New Situation of High-quality Development of Airport Economy Zone
Cao Qingmei, Chang Weijie, Yang Bo, Wu Pei and Song Jiahui / 278

B.28　A Research on Accelerating the High-quality Development of Agriculture in Henan under the Background of "Dual Circulation"
Zong Fang, Wang Jing / 288

B.29　A Research on the Development of County Economy in Henan Province
Wang Qian, Zhang Qianlin, Liu Xiaoyuan, Fan Yi, Zhang Yi and Wei Wei / 300

B.30　A Research on Promoting Henan's High-quality Development in Central China　　*Cao Lei, Cui Lan, Li Yingying and Liu Qianqian* / 311

B.31　A Research on Special Problems of Business Environment Assessment in Henan Province　　*Yang Guanjun, Hao Bing and Wei Wei* / 323

B.32　Postscript　　　　　　　　　　　　　　　　　　　　　　/ 333

主报告
Main Report

B.1
2021~2022年河南省经济形势分析与展望

河南省统计局*

摘　要： 2021年是河南极不平凡的一年。面对纷繁复杂的国内外形势和汛情疫情的交织叠加影响，全省上下以习近平新时代中国特色社会主义思想为指导，全面贯彻党的十九大和十九届历次全会精神，深入落实省委省政府各项决策部署，坚持稳中求进工作总基调，统筹抓好疫情防控、灾后恢复重建和经济社会发展各项工作，顶压力迎难而上，破难题砥砺前行，经济发展呈现极强的韧性。展望2022年，全省经济运行形势机遇与挑战并存。下一步要把稳增长放在更加突出的位置，锚定"两个确保"，围绕实施"十大战略"抓好重点任务落实，保持经济平稳恢复、向好发

---

* 课题组成员：陈红瑜，河南省统计局局长；赵德友，博士，河南省统计局副局长；李鑫，河南省统计局综合处处长；徐委乔，河南省统计局综合处副处长；李丽，河南省统计局综合处副处长；张旭，河南省统计局综合处。执笔人：李丽、张旭。

展，以优异成绩迎接党的二十大胜利召开。

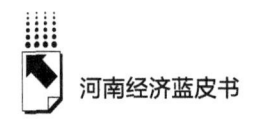

关键词： 经济形势　产业转型　营商环境　河南

2021年是河南发展历程中极为关键、极不平凡的一年。面对复杂严峻的发展环境和诸多风险挑战，特别是特大洪涝灾害和新冠肺炎疫情交织叠加对全省经济发展带来的严重冲击，省委省政府团结带领全省上下以习近平新时代中国特色社会主义思想为指导，深入贯彻习近平总书记视察河南重要讲话重要指示精神，坚持稳中求进工作总基调，统筹抓好疫情防控、灾后恢复重建和经济社会发展各项工作，顶压力迎难而上，破难题砥砺前行，经济发展呈现较强的韧性，在巨大困难挑战中实现了主要经济指标两年平均增速保持增长、同比增速与全国差距整体缩小的成绩。展望2022年，全省经济发展机遇与挑战并存，要把稳增长放在更加突出的位置，锚定"两个确保"，围绕实施"十大战略"抓好重点任务落实，保持经济平稳恢复、向好发展，以优异成绩迎接党的二十大胜利召开。

一　2021年河南省经济运行的基本情况及特点

初步核算，2021年全省地区生产总值58887.41亿元，按可比价格计算，同比增长6.3%，两年平均增长3.6%；其中第一、第二、第三产业增加值分别为5620.82亿元、24331.65亿元、28934.93亿元[①]，同比分别增长6.4%、4.1%、8.1%。

（一）生产持续恢复

1. 农业生产稳定向好

粮食产量虽因灾减产但仍处于高位。2021年，河南省粮食生产受洪涝

---

① 合计数和部分数据因小数取舍而产生的误差均未做机械调整，下同。

灾害影响虽有所减产，但总产量仍居全国第2位，达1308.84亿斤，已连续5年稳定在1300亿斤以上。畜牧业生产持续向好。全年全省猪牛羊禽肉产量641.17万吨，增长19.1%；牛奶产量212.15万吨，增长1.0%。2021年末，全省生猪存栏4392.29万头，增长13.0%，已恢复到2017年末水平。

2. 工业生产继续恢复

河南省深入开展"万人助万企"活动，坚持"一链一策"加快建设先进制造业集群，落实重点事项、重点项目、重点园区、重点企业"四个清单"，工业经济运行延续稳定恢复态势。全年全省规模以上工业增加值同比增长6.3%，两年平均增长3.3%。多数行业保持增长。全省40个工业行业大类中有33个行业增加值实现增长，增长面达82.5%。五大主导产业支撑作用明显。全省五大主导产业增加值同比增长9.6%，高于全省规上工业平均水平3.3个百分点，拉动全省规上工业增长4.4个百分点。多数省辖市增长较快。13个省辖市规上工业增速高于全省，其中三门峡、南阳、郑州、濮阳4个省辖市实现两位数增长。

3. 服务业恢复较好

河南统筹推进服务业重点产业发展、重大工程建设和重要领域改革，促进生产性服务业向专业化和价值链高端延伸，生活性服务业向高品质和多样化升级，先进制造业和现代服务业深度融合，服务产品供给水平显著提升。2021年，全省服务业增加值增长8.1%，增速分别高于生产总值、第二产业增加值1.8个、4.0个百分点；两年平均增长4.8%。全省货物运输量、周转量分别增长16.2%、20.1%，邮政、电信业务总量分别增长28.2%、33.8%。12月末，全省金融机构人民币存、贷款余额分别增长7.8%、10.5%。

（二）需求稳步改善

1. 固定资产投资稳步恢复

河南强化"项目为王"的鲜明导向，滚动开展"三个一批"活动，出台实施铁路、水利工程等投融资体制改革意见，推行企业投资承诺制，固定资产投资稳步恢复。全年全省固定资产投资同比增长4.5%，两年平均增长

4.4%。工业投资快速增长。全年全省工业投资增长11.7%，高于全国0.3个百分点，自2021年6月以来整体呈加快趋势。基础设施投资及房地产开发投资小幅增长。全年全省基础设施投资、房地产开发投资同比分别增长0.3%、1.2%，分别低于全部投资增速4.2个、3.3个百分点。投资增长动力有所增强。全年全省新开工项目完成投资同比增长8.0%，高于全部投资增速3.5个百分点。各地积极推动重大项目开工建设，周口、驻马店、开封、平顶山、焦作、信阳、商丘7个省辖市新开工亿元及以上项目完成投资增速超过20%。多数省辖市增长较快。16个省辖市固定资产投资增速高于全省，其中漯河、鹤壁、开封等12个省辖市实现两位数增长。

2. 消费品市场持续复苏

河南不断完善应急保供机制，全力做好市场供应，举办系列促消费活动，培育消费平台，着力搞活流通，消费市场恢复新活力。全年全省社会消费品零售总额同比增长8.3%；两年平均增长1.9%，比第一季度加快1.9个百分点，与上半年持平，比前三季度加快0.3个百分点。基本生活类消费较快增长。全省着力稳定市场供应，确保居民基本生活，限额以上粮油食品类、饮料类、日用品类商品零售额同比分别增长10.6%、11.3%、14.3%，均高于限额以上商品零售额增速。多数省辖市增长较快。12个省辖市社会消费品零售总额增速高于全省，其中漯河、开封、鹤壁、三门峡、平顶山、濮阳、驻马店7个省辖市实现两位数增长。

2021年，面对新冠肺炎疫情、洪涝灾害等因素对全省经济发展带来的不利影响，省委省政府带领全省人民团结一心、攻坚克难、顶压前行，推动经济保持逐步恢复、稳定向好态势。概括来看，全年经济运行形势具备"收窄""接近""超过"等特征。一是增速虽仍低于全国但整体差距收窄。全年全省地区生产总值、规模以上工业增加值、固定资产投资、社会消费品零售总额增速与全国差距较第一季度分别缩小1.1个、4.9个、10.6个、1.6个百分点。二是经济总量接近6万亿元。自2005年河南地区生产总值迈上万亿元台阶后，用五年迈上2万亿元台阶，再用三个三年接连"进阶"，相继迈上3万亿元、4万亿元、5万亿元三个台阶，2021年生产总值 5.89 万亿元，已接近 6 万亿元。三是部分指标增速超过全国。全年全省工业投资、进出口总值增速分别高于全国 0.3 个、1.5 个百分点。这些成绩的取得，表明全省正在开展的"万人助万企"活动有效释放了经济存量，正在建设的"三个一批"重大项目有效创造了经济增量，正在推进的深层次改革有效激发了经济常量，正在构建的一流创新生态有效撬动了经济变量，充分证明了省委省政府关于经济工作各项具体部署的精准有效。

二 2021 年河南省经济高质量发展取得的成效

2021 年，全省各地、各部门坚定不移地贯彻新发展理念，促进经济稳定恢复，同时着力深化改革、扩大开放、培育壮大新动能，经济运行展现出较强的韧性和活力，发展的质量和效益稳步提升。

（一）创新发展的动能持续增强

新产业、新业态、新产品快速发展。2021 年，全省工业战略性新兴产业增加值增长 14.2%，高于全省规上工业平均水平 7.9 个百分点；传感器、光纤、工业机器人、服务机器人等产品产量增速均在 25% 以上；新能源汽车、可穿戴智能设备商品零售额分别增长 92.9%、41.0%，限额以上批发零售企业通过公共网络实现的零售额增长 13.8%。企业研发费用快速增长。1~11 月全省规模以上工业企业研发费用增长 37.5%，分别高于营业收入增速和四项费用（销售费用、管理费用、研发费用、财务费用）合计增速 21.7 个和 23.8 个百分点；规模以上服务业企业研发费用增长 19.5%，分别高于营业收入增速和四项费用合计增速 9.6 个和 15.1 个百分点。郑洛新自创区发展态势较好。2021 年前三季度自创区实现地区生产总值 742.62 亿元，增长 8.6%，增速高于全省 1.5 个百分点，高于上年同期 8.5 个百分点。截至 2021 年 9 月底，自创区拥有高新技术企业 2300 家，较 2020 年同期增长 28.9%；拥有省级及以上创新平台载体 1283 家，较 2020 年同期增长 21.8%。

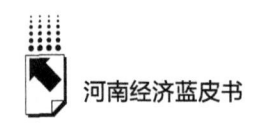

（二）协调发展的特点日益凸显

产业结构转型迈出新步伐。2021年，全省电子信息产业、高技术制造业增加值分别增长24.0%、20.0%，分别高于全省规上工业增速17.7个、13.7个百分点。投资结构调整取得新进展。全省工业投资、高技术制造业投资分别增长11.7%、32.1%，分别高于全省固定资产投资增速7.2个、27.6个百分点。城乡差距继续缩小。全省农村居民人均可支配收入增长8.8%，增速高于城镇居民2.1个百分点，城乡居民收入倍差为2.12，比上年缩小0.04；预计常住人口城镇化率将继续提升。

（三）绿色发展的底色较为亮丽

节能降耗扎实推进。2021年前三季度全省单位GDP能耗同比下降2.2%，1~11月全省规模以上工业单位增加值能耗下降7.45%。清洁能源快速发展。全年全省风能、生物质能、太阳能等清洁能源发电量分别增长137.0%、54.8%、20.9%。绿色产品产量快速增长。全年全省锂离子电池、新能源汽车产量分别增长42.9%、14.4%。

（四）开放发展的成绩较为亮眼

对外贸易取得新突破。全省进出口总值8208.07亿元，创河南省进出口规模历史新高；增长22.9%，高于全国平均水平1.5个百分点。其中，出口5024.06亿元，增长23.3%；进口3184.02亿元，增长22.3%。进出口增速均高于全国平均水平，进出口总值居中部地区第1位、全国第10位。郑欧班列开行稳步增长。全年累计开行班列1546班次，实现每周16列去程、18列回程的高频次往返对开，班次、货值、货重分别增长37.6%、40.1%、41.2%。

（五）共享发展的步伐较为坚实

居民收入持续增长。全省居民人均可支配收入26811元，增长8.1%。按常住地分，城镇居民人均可支配收入37095元，增长6.7%；农村居民人均可支配收入17533元,增长8.8%。民生支出不断增加。全年全省一般公共预算支出中,教育、社会保障和就业支出分别增长2.4%、1.2%。

三 2022年河南省经济发展面临的机遇与挑战

展望2022年,河南发展依然是机遇与挑战并存。一方面,河南面临的内外部环境总体有利,经济持续恢复,增长潜力巨大,重大战略叠加效应不断增强,综合竞争优势不断扩大,经济运行有望保持在合理区间;另一方面,河南经济恢复进程中新老问题交织,结构性矛盾凸显,供需两端乏力,经济下行压力较大,推动全省经济高质量发展仍面临不少挑战。

(一)多重因素支撑,经济有望保持恢复向好态势

从外部看,随着各国前期救助政策和疫苗接种后的经济重启,全球经济总体保持复苏态势,特别是部分资源出口型新兴经济体和发展中经济体复苏步伐有所加快。我国发展仍处于重要战略机遇期,尤其是"十三五"以来我国经济实力跃上新的大台阶,已经全面建成小康社会,经济运行总体平稳,结构持续优化,创新驱动态势良好,民生大局总体稳定,经济长期向好的基本面没有改变,发展韧性强、潜力大、回旋空间广阔,经济运行总体平稳持续恢复。随着改革开放深入推进,发展动能持续增强,我国经济将继续保持稳中有进态势;2022年我国将继续实施积极的财政政策和稳健的货币政策,经济工作稳字当头、稳中求进,着力稳定宏观经济大盘,保持经济运行在合理区间,保持社会大局稳定。

从河南自身看,支撑全省经济发展的积极因素和有利条件依然较多。一是具有干事创业的良好氛围。省第十一次党代会确定了"两个确保",作出了实施"十大战略"的重要部署,着力建设国家创新高地、加快建设现代产业体系等将推动全省实现更高质量发展。特别是2021年以来开展的"万人助万企""三个一批"等活动,在全省营造了抓产业、抓投资、抓转型、抓企业发展的良好氛围,各地开展工作有目标、有方向、有抓手,极大地提

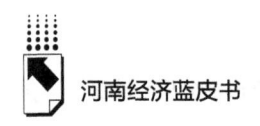

升了全省上下的士气和信心，凝聚起加压奋进推动经济社会发展的磅礴力量。

二是具备较强的发展潜力。从工业看，近年来全省战略性新兴产业、高技术制造业增加值占规模以上工业增加值的比重逐年提高，工业投资保持较快增长势头，对今后全省经济的平稳较快增长将持续发挥作用。从投资看，"三个一批"重点项目将陆续被纳入2022年投资项目统计名录库中，从而拉动全省投资增长。从消费看，全省常住人口接近1亿，消费主体多，市场空间广阔。从城镇化看，2020年河南城镇化率低于全国8.46个百分点，仍有较大的提升空间。河南城镇化率每提高1个百分点，就意味着有100万左右的人口要进城，这将带动基建、房地产、公共服务等诸多行业的发展。

三是拥有国家级战略叠加支撑。河南有郑州航空港经济综合实验区、郑洛新国家自主创新示范区、中国（河南）自由贸易试验区、郑州国家中心城市、黄河流域生态保护和高质量发展、新时代推动中部地区高质量发展等多个国家战略叠加，构成了引领带动全省经济社会发展的战略组合。只要措施得当，定会逐渐转变为发展势能，不断推动全省经济社会高质量发展。

（二）内外风险挑战交织叠加，经济下行压力较大

从外部看，当前新冠病毒仍在全球肆虐，尤其是奥密克戎变异毒株的快速传播使各国卫生系统不堪重负，我国外防输入压力不减；全球供应链瓶颈仍未消退，国内产业链供应链保持顺畅运转难度仍然较大；以美国为代表的部分西方国家在多个领域对我国重点打压，加之部分"一带一路"沿线国家政局不稳，互利合作将遇到更大困难。外部环境不稳定性不确定性增多。

从河南自身看，结构性问题、供需两端乏力使经济下行压力加大。一是产业发展后劲不足，这是全省经济下行压力加大的主因。工业净增入库企业数量少、个头小、带动能力不足。2021年全省规模以上新建成工业企业入库705家，停业、破产、注销等退库企业292家；若加上小升规后算总账，大体上是进3家退2家。2021年新投产入库的工业企业仅拉动全省工业增长1.2个百分点，而10家重点老牌骨干企业拉动全省工业增长2.6个百分

点。工业投资比重长期走低，对工业增长难以形成有力拉动。最近几年全省工业投资占固定资产投资的比重已从2017年的43.7%降至2021年的30.5%。虽然2021年6月以来工业投资保持较快增长，但形成有效产能尚需时日，对工业的拉动作用仍未明显显现。工业结构不合理，缺乏现实增长点。目前河南能源原材料行业增加值占规模以上工业的比重高达44.1%。在当前能耗"双控"、资源环境约束趋紧的背景下，相关产业发展和企业经营遇到较大困难，2021年仅增长2.0%，对工业增长的贡献率只有13.8%；中下游制造业以中小企业居多，面对原材料价格高企无力议价，又因缺乏产品竞争力，不敢在产品端同步涨价，出现"增收不增利"现象，2021年1~11月装备制造业、消费品制造业的营业收入利润率同比分别下降0.4个、0.7个百分点，导致广大中下游企业生产难以快速扩张，从而影响全省工业增速的回升。

二是内需恢复动力偏弱。在投资领域，目前河南在建的百亿元及以上工业项目仅有1个，2021年无新增百亿元以上工业项目，而周边省份超百亿元规模的工业投资项目相对较多。此外，受银行机构房地产贷款集中度监管、房地产企业"三道红线"、重点城市"两集中"供地等政策实施的影响，居民购房预期持续减弱，房地产市场不断降温，河南房地产开发投资增速将持续低迷。在消费领域，汽车消费是近年来河南居民消费升级的重点，在限额以上批发零售业商品零售额中的占比接近四成。2021年以来，受芯片短缺问题制约，全省汽车类商品限额以上零售额从7月份起连续六个月下降。此外，终端消费品不能完全满足人民群众需要。由于全省商品市场上"豫记"品牌弱、层次低，不能满足省内居民多样化的消费需要，本地产品销售不景气，省外产品在全省销售额远大于省内产品。

三是支撑外贸高速增长的因素有所减弱。全省外贸结构存在严重失衡，全年手机出口值占全省出口总值的54.3%。目前，随着欧美等发达国家工业生产已超过或接近疫情前的同期水平，支撑出口高速增长的订单转移效应正在减弱。考虑到目前河南外贸商品中除手机外尚缺乏强有力的新增长点，2022年全省外贸将难以持续保持较快增长的态势。

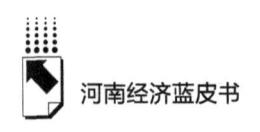

四 2022年河南省经济高质量发展的对策建议

2022年，要以习近平新时代中国特色社会主义思想为指导，全面贯彻党的十九大和十九届历次全会及中央经济工作会议精神，深入贯彻习近平总书记视察河南重要讲话重要指示精神，落实省第十一次党代会和省委十一届二次全会暨省委经济工作会议部署，坚持稳字当头、稳中求进，着力稳住经济大盘，锚定"两个确保"，围绕实施"十大战略"抓好重点任务落实，保持经济平稳恢复、向好发展，推动全省经济发展行稳致远，以优异成绩迎接党的二十大胜利召开。

（一）着力抓产业结构转型升级

产业结构不优是制约河南经济快速发展的主因。如果不下大力气解决产业结构问题，河南未来发展受到的影响将会越来越严重。要用先进适用技术改造提升传统产业。传统支柱产业是全省经济发展的重要支撑，目前占规上工业的比重高达48.4%。但在当前能耗"双控"、资源环境约束趋紧的背景下，保持正常生产增速难度很大。因此，必须以先进适用技术改造提升传统行业，实现降本增效，扭转发展颓势，巩固其支撑地位。要大力发展新兴产业。全省战略性新兴产业增长虽快但规模相对偏小，与发达省份甚至周边省份差距较大，对经济增长的带动作用不强，是全省产业结构的短板。因此，必须突出创新引领，大力推动新一代信息技术、高端装备等战略性新兴产业发展，全力提升规模，提高对经济增长的带动性。抓好未来产业的前瞻布局。选取全省具有一定基础、能够抢抓机遇率先布局的前沿科技，谋划布局一批未来先导产业，这将是今后缩小河南与先进省份差距的关键所在。

（二）着力抓产业项目建设

河南仍处于工业化中期向后期转化阶段，抓项目建设、抓产业投资应是这一时期投资工作的重点。因此，必须突出"项目为王"鲜明导向，滚动开展"三个一批"活动,瞄准全省在新型基础设施、灾后重建、产业转型等领域的短板弱项,加快实施一批标志性、关键性重大项目,增强发展后劲。

(三)着力保市场主体

一是加大对小微企业发展的扶持力度。全省小微工业企业占全部规上工业单位数的85%左右,是全省企业的主体,抓好小微企业将对全省经济形成有力支撑。但调查显示,由于超过五成的小微企业无法享受惠企政策,加之申请程序繁杂、政策执行力度不够,小微工业企业生产经营遭遇困境,2021年1~11月利润总额、平均用工人数分别下降6.6%、8.1%。因此,必须在实施"万人助万企"活动中重点加大对小微企业的扶持力度。二是加强调查单位管理。企业不升规入库就无法纳统,就反映不了经济发展水平,名录库中也存在一定数量的生产经营异常波动的企业,有必要加强调研和跟踪监测,深入了解企业的困难和问题,真正做到因企施策、精准帮扶,避免由企业经营不善、政策贯彻执行不到位等因素而导致退库。

(四)着力抓大市、抓龙头

一是抓大市经济。郑州、洛阳在全省经济发展中的地位举足轻重。抓好郑州、洛阳经济增长的问题,就牵住了推动全省经济企稳回升的"牛鼻子"。二是抓龙头企业。要实现经济发展,必须依靠大企业龙头作用的有效发挥。要大力加强优质企业培育和引进,支持大企业兼并重组、做强做优,支持中小企业专精特新发展,与龙头企业形成链条,发挥集聚效应。

(五)着力抓平台扩效应

近年来,一系列国家战略规划和战略平台相继落地河南,共同构成了引领带动全省经济社会发展的战略组合,也取得了很大成绩,但全国各地相同或相似的战略平台陆续获批,表明新一轮以高质量发展为导向的区域竞争正在展开。在此轮竞争中,河南在将平台优势转化为发展优势上的成效还不显

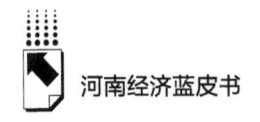

著,将"过路经济"转化为"落地经济"的成效还不显著,在吸引或培育"含金量"高、附加值大的产业链上所下功夫相对还不够。下一步要把各种国家战略机遇用足用活用好,把各方面的积极性和主动性调动起来,有针对性地加强主导产业发展谋划,在延链补链强链上多下功夫,在培育多元化产业格局上多下功夫,在新一轮发展中抢占先机。

(六)着力抓营商环境

营商环境是经济发展的助推器。目前河南营商环境虽显著提升,但仍然存在部分干部思想观念转变不到位、统筹推进力度不够、对标先进主动性不高、政策贯彻不到位等问题。下一步要紧盯营商环境抓落实,解放思想、对标先进、对接国际,在政务效率、要素配置、法治保障、市场监管、权益保护等企业关心的软环境核心问题上寻求新的突破,把政策的含金量彻底释放出来,缩小营商环境与市场主体预期之间的差距,打造审批最少、流程最优、体制最顺、机制最活、效率最高、服务最好的"六最"营商环境,持续吸引人才流、资金流、企业流涌入河南。

(七)着力抓监测预警

省市县三级相关职能部门要紧紧围绕工业、投资、市场等重点领域,持续加大对重点行业、重点企业的经济运行监测预警,科学分析研判经济运行走势,通过调度及时解决经济运行过程中存在的突出困难和问题,力促全省经济实现加快恢复。

分析预测篇

Analysis & Forecast Part

B.2

2021~2022年河南省农业农村经济形势分析与展望

李跃苏 吴 娜[*]

摘 要： 2021年，河南统筹推进疫情防控、防汛救灾、灾后重建和农业农村发展，扎实实施乡村振兴战略，持续深化农业供给侧结构性改革，全省农业实现总体平稳运行。展望2022年，全省农业发展仍面临一些问题和挑战，但随着乡村振兴战略深入实施和乡村建设稳步推进，农业供给侧结构性改革持续深化，全省农业农村经济有望保持平稳发展态势。

关键词： 农业农村 经济形势 乡村振兴 河南

2021年，在以习近平同志为核心的党中央坚强领导下，全省上下统筹

---

[*] 李跃苏，河南省统计局农业农村统计处处长；吴娜，河南省统计局农业农村统计处副处长。

推进疫情防控、防汛救灾、灾后重建和农业农村发展，认真贯彻落实中央及省委关于"三农"工作的重大决策部署，坚持农业农村优先发展，扎实实施乡村振兴战略，持续深化农业供给侧结构性改革，全省农业实现总体平稳运行。2021年，全省实现农林牧渔业增加值5908.57亿元，同比增长6.4%，对全省经济增长的贡献率达10.6%，农业农村"稳定器""压舱石"作用更加凸显，为应对疫情灾情影响、稳定经济社会发展提供了有力支撑。

一 全省粮食及重要农产品供给总体稳定

（一）粮食产量稳中有降

河南省委省政府牢记习近平总书记殷殷嘱托，切实扛稳粮食安全政治责任，把"国之大者"放在心上、扛在肩上、落在干上，扎实推进疫情防控、灾后恢复重建，及时开展病虫害防治，努力畅通农资供应，强化技术指导服务，最大限度减轻了特大洪涝灾害、疫情和各种病虫害影响，粮食生产形势稳定。2021年受特大洪涝灾害影响，河南秋粮有所减产，但全年粮食产量仍达1308.84亿斤，同比减少56.32亿斤，下降4.1%（见图1）。其中，夏

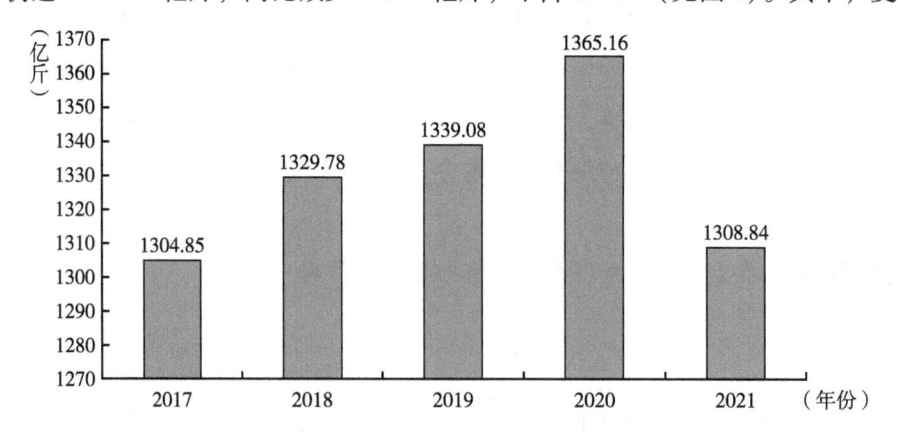

图1 2017~2021年河南粮食总产量

资料来源：河南省统计局。

粮产量760.64亿斤，位居全国第1，同比增加9.89亿斤，增长1.3%，再创历史新高；秋粮产量548.20亿斤，同比减少66.21亿斤，下降10.8%。河南粮食产量仍居全国第2位，已连续五年稳定在1300亿斤以上。河南克服了疫情、灾情等重重困难，用全国1/16的耕地，生产了全国1/10的粮食、1/4的小麦，牢牢守住了"中原粮仓"，不仅解决了自身1亿人的吃饭问题，每年还调出原粮及其制成品600亿斤左右，为保障国家粮食安全作出了重要贡献，彰显了农业大省的责任与担当。

（二）经济作物总体稳定

全省积极克服疫情和灾情的双重影响，继续实施供给侧结构性改革，持续调整种植结构，努力做好经济作物生产调度、技术服务和产销对接等工作，全力抓好蔬菜、食用菌、油料、中药材等民生商品的稳产保供工作，产量整体稳定。

1. 蔬菜及食用菌产量较为稳定

2021年河南蔬菜及食用菌产量7607.15万吨，同比下降0.1%。其中，蔬菜产量7428.99万吨，同比下降0.1%；食用菌产量178.16万吨，同比增长0.4%。

2. 油料产量略有减少

2021年全省油料产量657.27万吨，同比下降2.3%。其中，油菜籽产量49.44万吨，同比增长7.6%；花生产量588.20万吨，同比下降1.1%。

3. 中药材种植平稳发展

2021年河南中草药材播种面积239.32万亩，同比增长0.01%；产量167.92万吨，同比下降4.4%。

二 全省畜牧业生产和供应持续恢复

（一）生猪产能持续恢复

生猪稳产保供取得阶段性成效，全省生猪生产呈现良好恢复势头。2021

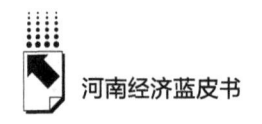

年12月末,河南生猪存栏4392.29万头,同比增长13.0%。其中,能繁母猪404.62万头,同比增长0.5%。2021年,河南生猪出栏5802.77万头,同比增长34.6%;猪肉产量426.78万吨,同比增长31.4%。2021年以来,河南生猪量足,母猪存栏优化,生猪生产持续增长,生猪出栏量也在加速恢复。

(二)牛羊禽等生产形势较好

2021年,肉牛肉羊养殖规模不断扩大,禽类产业得到积极发展,畜禽产品有效供给水平得到进一步提升。2021年12月末,全省牛存栏400.30万头,同比增长2.2%;羊存栏2012.29万只,同比增长2.4%;家禽存栏72172.92万只,同比增长2.5%。2021年,全省牛出栏235.94万头,同比下降2.2%;牛肉产量35.53万吨,同比下降3.2%;羊出栏2359.05万只,同比增长0.7%;羊肉产量28.87万吨,同比增长0.8%;家禽出栏112158.06万只,同比增长1.2%;禽肉产量149.98万吨,同比增长1.3%;禽蛋产量446.42万吨,同比下降0.7%;牛奶产量212.15万吨,同比增长1.0%。

三 全省乡村振兴稳步推进

(一)优势特色农业发展良好

全省持续调整种养结构,优化品种,提升品质。河南在保障国家粮食安全的基础上,按照布局区域化、经营规模化、生产标准化、发展产业化的思路,每年投入20亿元大力调整优化农业结构,重点发展优质专用小麦。2021年全省优质专用小麦面积1533万亩,占全部小麦种植面积的18.0%,比2020年提高2.1个百分点。2021年全省花生种植面积1939.39万亩,比2020年增加46.63万亩,同比增长2.5%。2021年全省十大优势特色农业产值6066.78亿元,占全省农林牧渔业总产值的比重为57.8%,在疫情汛情叠加影响下保持平稳发展,比2020年提高1.3个百分点。

（二）农业农村支出快速增长

全省大力实施乡村建设行动，持续加大对农业农村的支出力度。2021年，全省农业农村财政支出420.18亿元，同比增长12.2%。

（三）粮油食品类销售额快速增长

全省消费需求不断恢复，粮油食品类销售额快速增长。2021年，全省限额以上批发和零售业商品中粮油食品类销售额1705.59亿元，同比增长13.0%。其中，粮油类增长47.6%，干鲜果品类增长12.1%。

（四）返乡下乡人员持续增加

2021年，全省新增返乡下乡创业人员20.23万人，完成年度目标任务的134.9%，带动就业76.33万人；开展返乡农民工创业培训6.96万人次，完成年度目标任务的139.1%；开展返乡农民工创业辅导17.84万人次，完成年度目标任务的178.4%。

（五）农村居民收入增速高于城镇居民

2021年，河南加大农村劳动力职业技能培训力度，扎实做好农民工群体稳就业工作。随着疫情防控常态化，生产生活秩序稳定，牛羊禽蛋奶等产品价格持续高位运行，农村居民收入稳步增长。2021年，全省农村居民人均可支配收入17533.29元，同比名义增长8.8%，高于城镇居民2.1个百分点，城乡居民收入比由上年的2.16调整至2.12。

四 2022年全省农业农村经济存在的主要问题

（一）2022年粮食稳产面临挑战

一是2021年受土地湿度大影响，河南省部分地区小麦播种时间推迟，

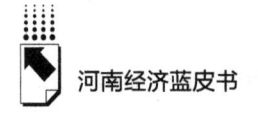

晚播小麦超过1200万亩，晚播小麦面积大、冷冬风险高，加之小麦面临拔节期干旱、孕穗期"倒春寒"、扬花期赤霉病、灌浆期干热风、成熟期"烂场雨"5个关口，稳定小麦生产面临多重考验。二是近年来自然灾害频发多发，气候变化影响风险大增。三是2021年以来，受生产成本提升、国际市场价格传导、社会库存较低等因素影响，国内化肥、农药等农资价格持续高位运行，造成粮食生产成本增加。

（二）生猪养殖业全面亏损影响产能恢复

生猪价格震荡下跌。从2021年2月开始，全省生猪价格开始快速下跌，5月份生猪价格继续承压下跌，猪价再次回归个位数，9月份猪价跌至12.59元/公斤，12月份虽有所回升，但仍只有16.95元/公斤，同比下降48.6%。

养殖成本不断攀升。玉米、豆粕价格持续上涨，不断刷新历史，生猪养殖成本不断攀升。玉米价格从2020年1月的1.90元/公斤上涨至2021年12月底的2.66元/公斤，同比升高11.3%。豆粕从2020年1月的3.10元/公斤上涨至2021年12月底的3.64元/公斤，同比升高7.7%。

猪粮比不断下降。2021年全省生猪养殖猪粮比从1月份的12.83∶1不断下降，其中6月（4.95∶1）、9月（4.34∶1）和10月（4.54∶1）进入过度下跌一级预警区间（低于5∶1）。生猪降价与饲料价格上涨叠加，再加上灾情疫情影响，生猪养殖业已全面亏损，且短期内扭亏难度较大，导致养殖场（户）补栏积极性降低。部分小规模养殖场（户）已经加快淘汰劣势母猪，缩减规模，规避风险，随着生猪补栏扩张步伐的进一步变慢，必将出现大量母猪被淘汰，严重影响生猪产能恢复。

（三）第一产业投资由增转降且降幅震荡扩大

由于汛情疫情叠加影响，市场、土地因素制约畜牧业投资增长等，全省第一产业投资增速呈现前高后低逐月回落态势，下半年以来降幅震荡扩大，已由2021年1~2月的增长39.8%转变为1~12月的下降10.4%。第一产业投资下降除受猪肉价格持续回落、生猪养殖企业利润下降导致畜牧业投资拉动减弱外，主要受新项目、大项目投资乏力影响。2021年，第一产业新开工项目完成投资同比下降19.3%，而第二和第三产业分别增长21.6%和下降0.1%；其中亿元及以上新开工项目第一产业完成投资同比下降18.7%，而第二和第三产业分别增长22.8%和下降3.9%。新项目、大项目投资的大幅下降，将严重影响第一产业的发展后劲。

（四）部分农产品价格波动较大

2021年以来，部分畜禽产品价格波动较大。生猪最贵时35.55元/公斤，最便宜时12.59元/公斤；鸡蛋最贵时10.58元/公斤，最便宜时7.90元/公斤。另外，主要蔬菜价格涨多跌少。河南部分地区受汛情及阴雨天气影响，蔬菜生产受限，整体产量、上市量下降，叠加冬季蔬菜生产量减少，跨省调运成本上升，导致下半年以来蔬菜价格不断上涨。河南省地方经济社会调查队数据显示，2021年12月蔬菜价格普遍回落，但仍大幅高于2020年同期，其中大白菜上涨75.53%，胡萝卜上涨53.25%，白萝卜上涨43.57%。价格波动影响农户稳定收益和生产安排，不利于市场稳定。

（五）农民增收压力较大

受疫情及经济下行影响，中小微企业经营困难，农民就业渠道变窄，农民工资性收入和经营性收入受到不同程度的制约。

（六）农业恢复重建任务艰巨

2021年河南遭受的特大暴雨洪灾，造成部分地区大量农田被淹，各类农田水利设施毁损严重，农作物大面积绝收，除高标准农田以外，农业恢复重建还面临资金等多方面压力。

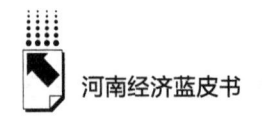

五　促进全省农业农村经济平稳发展的对策建议

(一) 继续加大农业技术指导和灾后重建力度

加强对农民在农业种植、后期管理等方面的技术指导和各项服务，最大限度防止病虫害发生。加大对受灾地区灾后恢复重建的资金和政策支持力度，最大限度为稳产保供打好基础。强化农资供应，确保种子、农药、化肥等物资稳价保障，努力确保农业生产形势稳定。

(二) 加大对生猪养殖的支持力度

加大对生猪养殖场（户）的支持力度，在严格遵守畜禽养殖用地政策前提下，在养殖用地、金融贷款、财政补贴等方面给予长效性政策支持，避免养殖场（户）过度淘汰能繁母猪，损害基础生产能力。

(三) 持续加大农业投资力度

一是围绕乡村振兴战略和乡村建设行动，实施农村公路升级改造，加快农村村组道路建设、垃圾污水收集处理、安全饮水保障、农田水利建设、改厕等工程建设。二是加快推进灾后重建相关项目开工进程，尽快建成一批重大农业设施，为稳定农业生产，保障供给提供有效支撑。

(四) 继续加强农产品价格监测预警

建议多部门协调联动，通过信息互通、综合分析、协调联动，加强对畜禽、蔬菜的生产、流通、销售各环节监测，及时向养殖主体、蔬菜种植户发布预警信息，引导养殖主体和蔬菜种植户及时调整生产计划，规避风险，提升抗风险能力，努力确保畜禽产品和蔬菜等农产品价格维持在合理区间，促进畜禽和蔬菜生产稳定健康发展。同时，加强对农产品市场价格监测和市场供应情况的监管,严厉打击囤积居奇、哄抬物价等违法违规行为,努力维护农产品市场稳定。

(五)多措并举促进农民增产增收

要继续推进农业供给侧结构性改革,加大科技投入力度,聚焦种业振兴,大力发展高产、优质、高效、绿色农业,统筹推进农业产业园、农业产业强镇等产业发展平台建设,继续推进优势特色农业发展,不断提高全省农民收入。以全面实施乡村振兴为契机,不断优化返乡下乡创业政策,帮助更多农民实现"家门口就业"并不断提高收入。积极适应外出务工形势要求,继续加大对农村转移劳动力的专业技术培训力度,为提高农民工资性收入提供支撑。继续完善农村基本经营制度,深化农村集体产权制度改革,加快乡村旅游、休闲农业、文化体验、健康养老、电子商务等新产业新业态发展,不断拓宽农民增收渠道。

2022年是党的二十大召开之年、"十四五"时期的关键之年,也是乡村振兴全面展开的关键一年。展望2022年,全省农业发展仍面临一些问题和挑战,但随着乡村振兴战略的深入实施和农业供给侧结构性改革的持续深化,粮食产能将保持稳定,生猪产能将继续恢复,优势特色农业快速发展,农业产业持续升级,乡村建设稳步推进,全省农业农村经济有望保持平稳发展态势。

B.3
2021~2022年河南省工业形势分析与展望

王予荷 张 静*

摘 要： 2021年，河南工业经济面临错综复杂的国内外宏观经济形势，同时又受到新冠肺炎疫情叠加洪涝灾害的冲击，在困难形势下，全省工业战线坚持稳中求进工作总基调，坚持新发展理念，持续优化工业产业结构，深入开展"万人助万企"活动，推进落实一系列助企纾困的政策措施，全省工业经济保持稳定恢复态势，工业高质量发展取得积极成效，工业企业经济效益有所改善。本文通过分析当前河南工业经济发展情况，指出河南工业发展中存在的突出问题、面临的机遇与挑战，并提出加快河南工业发展的对策建议。

关键词： 工业经济 工业形势 原材料价格 高质量发展 河南

2021年是"十四五"规划开局之年。面对错综复杂的国内外宏观经济形势，以及新冠肺炎疫情和洪涝灾害对工业经济的阶段性强烈冲击，全省上下以习近平新时代中国特色社会主义思想为指导，深入贯彻落实党中央、国务院和省委省政府各项决策部署，坚持稳中求进工作总基调，坚持新发展理念，持续优化产业结构，抓市场主体，深入开展"万人助万企"活动，推进落实一系列助企纾困政策措施，全省工业经济保持稳定恢复态

---

* 王予荷，河南省统计局工业统计处处长；张静，河南省统计局工业统计处副处长。

势。但由于疫情恢复仍然存在较高的不确定性，世界经济复苏放缓，通胀压力上升，宏观经济形势依然复杂严峻，阻碍河南工业经济稳定增长的因素依然存在。

一 2021年河南工业经济运行态势分析

（一）河南工业经济持续稳定恢复

1. 工业增长稳中趋缓

2021年，在同期基数偏低以及春节期间"就地过年"，企业开工时间明显延长等因素共同作用下，第一季度全省规模以上工业实现较快增长。第二季度，随着基数效应逐步减退，原材料价格高企不落，国家对钢铁企业产能宏观调控等因素的影响日益凸显，规模以上工业增速逐步回落。进入7月份，洪涝灾害与疫情因素叠加，能耗"双控"日趋严格，"限电"措施影响，诸多因素造成工业企业正常生产受到严重影响，全省工业增速进一步放缓。2021年，全省规模以上工业增加值同比增长6.3%，低于全国平均水平3.3个百分点，增速较第一季度回落10.0个百分点，较上半年回落4.2个百分点，较前三季度回落1.6个百分点。剔除基数效应影响，从两年平均增速看，第一季度规模以上工业增加值两年平均增速为4.1%，上半年为5.4%，前三季度为3.8%，全年为3.3%，保持稳定恢复态势。

2. 八成以上工业行业增加值实现增长

2021年，河南40个工业行业大类中，33个行业增加值实现增长，增长面为82.5%。其中，黑色金属矿采选业、化学纤维制造业、电气机械和器材制造业等15个行业实现两位数增长；计算机、通信和其他电子设备制造业，农副食品加工业，医药制造业，非金属矿物制品业等17个行业增速高于全省规模以上工业平均增速。

计算机、通信和其他电子设备制造业，农副食品加工业，非金属矿物

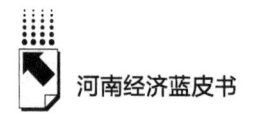

制品业，医药制造业，电气机械和器材制造业，有色金属冶炼和压延加工业，烟草制品业，木材加工和木竹、藤棕草制品业，金属制品业，食品制造业10个行业对全省工业增加值增长的支撑作用明显，10个行业对工业增加值增长的贡献率合计达到85.0%，支撑全省规模以上工业增长5.4个百分点。

增加值占比前10位的重点行业中，除化学原料和化学制品制造业、煤炭开采和洗选业、黑色金属冶炼和压延加工业受安全生产监管、环保管控、粗钢产能压减等因素影响同比负增长外，其他7个行业均实现稳定增长，其中非金属矿物制品业，计算机、通信和其他电子设备制造业，农副食品加工业，电气机械和器材制造业4个行业增速高于全省规模以上工业平均增速。

3. 工业企业利润持续增长

2021年，全省规模以上工业企业实现营业收入54006.42亿元，同比增长13.1%，增速较2020年提高17.2个百分点；实现利润总额2581.17亿元，增速由2020年的同比下降转为同比增长1.6%。全省40个工业大类行业中，22个行业利润总额实现同比增长，行业增长面为55.0%。

营业收入占比前10位的行业中，受2021年以来大宗商品价格总体高位运行推动，化学原料和化学制品制造业利润增长130%，有色金属冶炼和压延加工业利润同比增长98.0%，黑色金属冶炼和压延加工业利润增长64.1%，煤炭开采和洗选业增长46.2%；计算机、通信和其他电子设备制造业在苹果新款手机生产销售形势较好的带动下，利润同比增长15.1%；受2021年7月份洪涝灾害影响，全省电力供应企业损失较大，电力、热力生产和供应业转为亏损；受生猪价格持续走低、水泥价格下跌、芯片供应短缺等因素影响，农副食品加工业、非金属矿物制品业、汽车制造业利润同比分别下降22.0%、3.9%、18.4%。

（二）工业高质量发展取得积极成效

2021年，河南在工业经济稳增长的目标引领下，坚持将制造业高质量发展作为主攻方向，积极构建先进制造业体系，持续提升产业链现代化水平和竞争力，深化推进传统产业"三大改造"，工业稳增长与调结构的协同性不断提升，创新引领作用明显增强，产业结构升级取得积极成效。

2021年，全省主导产业、战略性新兴产业、高新技术产业增加值同比分别增长9.6%、14.2%、9.9%，分别高于规模以上工业增加值平均增速3.3个、7.9个、3.6个百分点。战略性新兴产业、高新技术产业增加值占规模以上工业增加值的比重较上年同期分别提高1.6个、3.9个百分点；传统支柱产业、高载能行业增加值同比均增长2.1%，低于规模以上工业增加值平均增速4.2个百分点。

1. 规模以上制造业支撑作用显著增强

2021年，全省制造业占规模以上工业的比重达84.3%，制造业增加值增长7.7%，高于规模以上工业平均增速1.4个百分点，对规模以上工业增长的贡献率高达103.0%，较上年提高160个百分点。其中，装备制造业、消费品制造业增加值分别同比增长9.7%、8.4%，分别高于规模以上工业平均增速3.4个、2.1个百分点，对工业增长的贡献率分别达40.5%、36.5%，较上年分别提高220个、16.3个百分点。制造业发展加快，对经济增长的带动力不断增强，将有利于巩固实体经济基本盘。

2. 高技术制造业增势强劲

2021年，全省高技术制造业增加值占规模以上工业增加值的比重为12.0%，较上年提高0.9个百分点，高技术制造业增加值同比增长20.0%，高于规模以上工业平均增速13.7个百分点，对规模以上工业增长的贡献率达到36.2%，较上半年提高10.9个百分点，对工业增长的带动力进一步提升。从细类行业看，电子及通信设备制造业拉动作用最为显著，其全年工业增加值同比增长23.5%，对高技术制造业增长的贡献率达72.9%，拉动高技术制造业增长14.6个百分点。从高技术类产品产量看，光纤产量同比增长41.8%，光缆增长23.8%，微型计算机设备增长17.0%，程控交换机增长26.2%，智能电视增长55.8%，环境监测专用仪

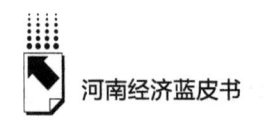

器仪表增长135.6%。

3. 工业战略性新兴产业较快发展

2021年，全省工业战略性新兴产业占规模以上工业的比重为24.0%，较上年提高1.6个百分点，工业战略性新兴产业增加值同比增长14.2%，高于规模以上工业平均增速7.9个百分点，拉动规模以上工业增长3.2个百分点，其对规模以上工业增长的贡献率达到51.1%。八大领域中，新一代信息技术产业、高端装备制造业、生物产业、新能源产业、数字创意产业均实现两位数增长。锂离子电池、工业机器人、新能源汽车等新动能产品产量同比分别增长46.1%、29.9%、16.1%。

（三）工业企业经济效益有所改善

2021年以来，随着全省"万人助万企"活动的深入开展，疫情和汛情冲击影响的逐步减弱，以及保供稳价、助企纾困政策效果持续显现，全省主要效益指标持续改善，与全国平均水平的差距不断缩小，河南工业经济发展的韧性增强，活力逐步激活。

1. 原材料制造业利润高速增长

2021年以来，受大宗商品价格总体高位运行推动，原材料制造业利润保持高速增长态势，全省原材料制造业实现利润总额914.34亿元，同比增长55.7%，高于规模以上工业平均水平54.1个百分点。其中，石油、煤炭及其他燃料加工业利润总额增长460%，化学原料和化学制品制造业增长130%，有色金属冶炼和压延加工业利润增长98.0%，黑色金属冶炼和压延加工业增长64.1%。

2. 企业资金使用效率有所提升

2021年，全省规模以上工业企业每百元营业收入中的费用为6.85元，同比降低0.16元。12月末，规模以上工业企业每百元资产实现的营业收入为102.7元，同比增加7.2元；人均营业收入为135.0万元，同比增加24.8万元；产成品存货周转天数为12.6天，同比减少0.6天；应收账款平均回收期为40.0天，同比减少0.5天。

二 河南工业经济发展中存在的突出问题

（一）传统支柱产业、高载能行业生产形势不佳

受"能耗"双控、"限电"措施、环保管控、安全生产监管、粗钢持续压减产能限制产量等诸多因素影响，全省传统支柱产业、高载能行业生产受限。2021年，全省五大传统支柱产业工业增加值增长2.1%，低于规模以上工业平均增速4.2个百分点，占规模以上工业的比重达48.4%，但对全省规模以上工业增长的贡献率仅为16.7%，仅拉动规模以上工业增长1.1个百分点。其中冶金、化学、轻纺、能源产业增速均低于全省工业平均增速。六大高载能行业增加值增长2.1%，低于全省工业平均增速4.2个百分点，对规模以上工业增长的贡献率仅为12.8%，仅拉动规模以上工业增长0.8个百分点，其中煤炭开采和洗选业下降9.7%，黑色金属冶炼和压延加工业下降3.7%，化学原料和化学制品制造业下降0.7%，其他行业增速也均低于规模以上工业平均增速。

（二）规模以上小微工业企业经营状况堪忧

2021年以来，国内外疫情反复，上游原材料价格上涨，叠加环保限产、限电措施影响，且小微企业长期处于产业链弱势地位，人力财力有限，多数惠企政策门槛较高，小微企业不具备政策享受资格，企业面临巨大的生产经营压力。2021年1~11月，全省规模以上小微企业单位数占全部规模以上工业单位数的85.4%，实现利润总额仅占全部规模以上利润总额的33.2%，实现营业收入仅占全部规模以上营业收入的35.6%，小微企业利润和营业收入比重偏低，且有进一步萎缩的趋势。小微企业利润总额同比下降3.3%，营业收入同比增长14.3%，分别低于全部规模以上工业企业14.0个、1.5个百分点。

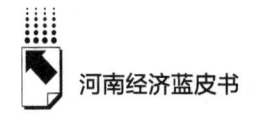

（三）原材料价格上涨加剧中下游行业成本压力

2021年以来，由于需求旺盛叠加供应整体偏紧，煤炭、化工、钢材等大宗商品价格高企不落，造成产业链上游的基础原材料行业原材料价格上涨，并向中下游传递，装备制造业、消费品制造业行业成本压力快速上升，利润空间压缩。第一季度全省工业生产者购进价格同比上涨2.7%，涨幅高于出厂价格0.9个百分点，第二季度上涨9.7%，涨幅高于出厂价格5.0个百分点，第三季度上涨11.3%，涨幅高于出厂价格5.1个百分点，工业品购进价格涨幅持续提高，且高于出厂价格涨幅。河南居于产业链中下游企业的市场竞争力较弱，难以通过提高销售价格消化原材料涨价造成的成本上涨，企业盈利空间萎缩，导致生产难以快速扩张。

（四）工业经济增长后劲仍待提振

2020年以来，河南工业固定资产投资力度持续减弱，其占固定资产投资的比重由"十三五"初期的近五成降至目前的不足三成。2020年，全省工业投资仅增长2.7%，2021年上半年增长7.7%，仍低于固定资产投资增速，工业投资增速偏低，意味着后期工业增长缺乏新的增长点，对工业经济可持续发展产生不利影响。2021年6月以来，全省工业投资在多项惠企政策效应显现下实现"V"形反转，增速整体呈加快趋势，2021年全省工业投资同比增长11.7%，高于固定资产投资7.2个百分点，但工业在建项目形成产能，成为拉动工业经济增长的有效动力尚需时间，对工业增长的拉动作用尚未显现。

三 2022年河南工业经济形势判断及建议

2022年，国内外宏观经济形势依然复杂严峻，疫情冲击及各种衍生风险将持续影响宏观经济。拉动河南工业加快增长的有利因素，一是作为"十大战略"重点任务，河南将在2022年大力实施传统产业提质发展行动、新兴产业培育壮大行动、未来产业前瞻布局行动。二是在全球疫情情况下，世界经济整体上在复苏，国际市场需求扩大，将带动国内工业生产加快。三是国际大宗商品价格的上涨带来的输入性影响，以及国内部分能源原材料产品的供给偏紧等对工业经济的短期冲击在2022年将逐步减弱和改善，国内工业经济将继续呈现恢复增长态势。四是各级政府前期出台的推动工业经济恢复发展的一系列措施的积极效应逐步显现。

同时，制约工业经济较快增长的因素仍然存在。一是由于疫情的影响，全球供应链产业链仍然运行不畅，堵点依然明显，贸易摩擦仍有可能加剧，国际不稳定不确定因素仍然较多，依然偏紧的宏观经济形势不会有根本性缓解。二是工业品价格短期内仍处高位，企业成本上升压力较大，私营和中小微工业企业稳定恢复尚不牢固。三是工业发展后续动力有待提高，目前规模以上工业企业单位数较"十三五"初期已减少超过3000家，其中的新增单位对工业增长的拉动力也相对较弱，从工业投资项目看，虽然2021年全省工业投资在多项惠企政策效应带动下增速逐步加快，但工业在建项目形成产能，成为拉动工业经济增长的有效动力尚需时日。据此判断，2022年河南工业经济将持续恢复，总体呈现平稳增长、稳中有进的运行态势。

面对依然复杂严峻的宏观经济形势，河南工业发展要坚持稳字当头、稳中求进、稳中提质、稳中增效，完整、准确、全面贯彻新发展理念，继续坚持把工业高质量发展作为主攻方向，强化先进制造业的战略地位和支撑作用，突出创新引领，出台更有针对性的政策措施，巩固和扩大全省工业经济稳定恢复增长态势，实现工业经济平稳向好发展。

（一）聚焦"补链、延链、固链"，突破发展瓶颈

依托现有优势产业集群，在"补链、延链、固链"上花心思、下功夫。狠抓项目招引，加大优势产业集群产业链缺失环节招商力度，补全产业链

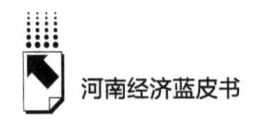

条。基于传统产业和主导产业，加大科技投入和技术革新，不断提高深加工产品和高端产品份额，拉长产业链。依托现有龙头企业，做强产业链条，同时积极承接产业转接，引进大项目和龙头企业，利用龙头企业的带动力，对整条产业链进行招商，形成新产业链条。强化开发区载体支撑，把开发区作为推动制造业高质量发展的主阵地、主战场和主引擎，提升开发区产业承载能力，从而融入全省重点产业链体系。

（二）提高科技创新水平，支撑工业高质量发展

围绕产业链部署创新链，推动财政资金、产业基金更多投向技术创新、模式创新，解决实体经济发展的技术瓶颈问题。加大制造业创新中心等创新平台资金支持和市场化力度，加强制造业领域关键共性技术研发及市场应用，破解行业发展瓶颈，推动整个行业加快发展。依托省内外新型研发机构等平台，深化产学研合作，着重激发企业创新活力。

（三）发挥中心城市带动作用，注重区域协调发展

充分发挥郑州国家中心城市和洛阳、南阳副中心城市的引领作用，带动全省制造业高质量发展。推进郑州都市圈、洛阳都市圈聚焦优势、错位发展，引导优势产业链对接，培育发展高端制造与战略性新兴产业集群。以黄河、淮河、汉江流域地区为重点，因地制宜发展特色产业，培育壮大优势产业集群，打造制造业高质量发展协同带。深入贯彻落实县域治理"三起来"要求，实现县域制造业均衡发展，引导各县（市）立足区位特点、资源禀赋、产业基础等，聚焦培育特色鲜明、具有较强竞争力的主导产业，培育百亿级特色产业集群。

（四）全力优化营商环境

着力打造廉洁高效的政务环境、开放公平的市场环境、公正透明的法治环境、诚信包容的社会环境，为工业高质量发展提供坚强保证；重视和发挥

好行业龙头骨干企业在特殊时期的重要作用，研究制定更有针对性的扶持政策，降低企业成本费用，切实帮助企业松绑减负；落实国家减税降费、金融服务等政策，制定配套政策措施或实施细则，着力缓解中小微企业现金流短缺问题，引导各类金融机构加大对中小微企业的支持力度，帮助中小微企业纾困解难。

B.4 2021~2022年河南省服务业形势分析与展望

陈向真 范鹏 杜晓宁 陈琛[*]

摘 要： 2021年，受新冠肺炎疫情和"7·20"特大暴雨灾害的双重影响，河南服务业恢复进程面临前所未有的压力。全省积极落实"六稳""六保"相关政策，根据行业特点出台有针对性的扶持措施，推动服务业持续恢复。服务业对经济的拉动作用进一步增强，成为稳增长的主要力量，同时，新兴服务业持续保持快速增长，对经济的支持能力进一步提升。但目前河南服务业仍面临结构不合理、恢复不均衡、效益不理想、用工不旺盛等问题，需要进一步强优势、补短板、挖潜力、增活力，并加大对服务业市场主体的帮扶力度，推动服务业持续稳定增长。

关键词： 新兴服务业 市场主体 稳增长 河南

2021年，河南上下坚持以习近平新时代中国特色社会主义思想为指引，积极落实中央和省委省政府出台的"六稳""六保"相关政策措施，克疫情，战洪水，统筹疫情防控、抗洪救灾和经济恢复各项工作，河南服务业呈现较强的韧性和活力，多数行业稳步恢复。但受2020年基数不断抬高的影响，增速前高后低，且目前国内疫情多点散发，消费需求偏弱，服务业持续恢复的基础尚不稳固，恢复过程依然存在诸多不确定性。

---

[*] 陈向真，河南省统计局服务业统计处处长；范鹏，河南省统计局服务业统计处副处长；杜晓宁，河南省统计局服务业统计处；陈琛，河南省统计局服务业统计处。

一 拉动能力增强，服务业成为稳增长主要力量

从国民经济核算情况来看，2021年，全省第三产业增加值28934.93亿元，同比增长8.1%，两年平均增长4.8%，对GDP增长的贡献率为63.1%，拉动GDP增长4.0个百分点，是全省经济增长的主要拉动力量。从投资情况看，第三产业投资占比进一步提高，2021年1~11月，全省第三产业投资增长2.9%，占全部投资的比重为66.3%，较2021年初提高1.2个百分点。受益于郑州航空港货运枢纽地位的提升，全省航空运输业和仓储业投资快速增长，2021年1~11月，两个行业投资分别增长67.8%和37.0%，高于全部投资增速63.0个和32.2个百分点。住宿和餐饮业投资在常态化疫情防控下快速增长，2021年1~11月，全省住宿和餐饮业投资增长32.6%，高于全部投资增速27.8个百分点。从税收情况看，第三产业税收占全部税收的比重进一步提高，2021年1~11月，全省第三产业税收收入2865.21亿元，占全部税收的58.3%，较2021年初提高4.3个百分点。其中，房地产业，批发和零售业，金融业，公共管理、社会保障和社会组织，租赁和商务服务业五个行业，占服务业税收收入的比重合计达82.6%，对服务业整体税收支撑作用较强。从用电量情况看，2021年1~11月，全省第三产业用电618.45亿千瓦时，较2020年同期增长18.0%，增速高于全社会用电量增速9.6个百分点，占全社会用电量的23.1%，较2020年同期提高2.1个百分点。其中，批发和零售业，交通运输、仓储和邮政业，住宿和餐饮业，信息传输、软件和信息技术服务业，租赁和商务服务业，教育等行业均保持了20.0%以上的增速。

二 总体运行平稳，主要行业恢复情况较好

（一）交通运输恢复情况良好

铁路客货运持续增长，运输结构持续优化。2021年1~11月，全省铁

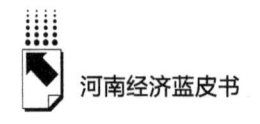

路客货周转量较2020年同期增长11.8%，高于全国0.4个百分点。铁路客运量占全省客运量的比重为24.9%，较2020年同期提高6.2个百分点。高铁客运量占全省全部铁路客运量的比重为60.5%，较2020年同期提高4.4个百分点。公路运输增长较快，2021年1~11月，全省公路客货周转量较2020年同期增长26.7%，两年平均增长14.4%。河南公路运输恢复情况好于全国，增速居全国第4位，高于全国11.0个百分点。

（二）电信、邮政继续高速增长

电信业高速增长，2021年1~11月，全省完成电信业务总量896.95亿元（按2020年不变价计算），较2020年同期增长33.1%，两年平均增长35.0%，增速居全国第5位，高于全国5.1个百分点；完成电信业务收入664.31亿元，较2020年同期增长6.5%，量价齐涨。邮政业继续保持高速增长，2021年1~11月，全省邮政行业业务总量累计完成494.48亿元，较2020年同期增长29.6%，增速居全国第11位，高于全国2.9个百分点。

（三）金融运行总体平稳

全省金融运行总体平稳，各项存款增加较多，各项贷款稳定增长，社会融资规模保持增长。2021年12月末，金融机构本外币各项存款余额为83456.2亿元，同比增长7.6%，较年初增加5903.1亿元。其中，人民币各项存款余额为82430.2亿元，同比增长7.8%，较年初增加5984亿元。2021年12月末，金融机构各项贷款余额为70540.8亿元，同比增长10.0%。其中，人民币各项贷款余额为69444.6亿元，同比增长10.5%。

（四）商贸流通稳中趋缓

2021年上半年，全省消费市场恢复态势明显，社会消费品零售总额增速不断回升，但受后期疫情叠加暴雨灾害影响，社会消费品增速明显回落。随着疫情形势趋于稳定和灾后恢复工作的持续开展，消费品市场下滑态势得以快速扭转，2021年，全省社会消费品零售总额24381.70亿元，同比增长

8.3%，较2019年同期增长3.9%，市场恢复态势得以延续。随着全省多项保民生、促消费、稳增长政策的实施，全省与全国的差距逐步缩小，2021年，全省社会消费品零售总额增速低于全国4.2个百分点，较1~11月收窄0.5个百分点。

（五）房地产开发和销售趋于平稳

2021年以来，全省继续坚持落实"房住不炒"政策要求，全省房地产市场预期下降，市场需求受到影响，下半年以来，房地产开发市场下行趋势逐渐趋缓，降幅收窄。2021年全省房地产开发投资7874.35亿元，同比增长1.2%，增速比1~11月、前三季度、上半年分别回落1.6个、4.3个、10.3个百分点。全省房屋施工面积62688.17万平方米，同比增长7.3%，增速比1~11月、前三季度、上半年分别回落1.2个、2.2个、3.1个百分点。2021年全省商品房销售面积13277.19万平方米，同比下降5.8%，增速比1~11月、前三季度、上半年分别回落4.1个、8.2个、20.1个百分点。

（六）规模以上服务业[①]稳步恢复

2021年以来，全省规模以上服务业稳步恢复，但受2020年基数不断抬高的影响，全省规模以上服务业增速稳中有降，同时暴雨灾害和新冠肺炎疫情的双重叠加影响，使降幅有所扩大。2021年1~11月，全省规模以上服务业企业共实现营业收入6718.81亿元，较2020年同期增长12.7%，两年平均增长5.2%。暴雨灾害以来回落幅度加大的问题得到遏制，回落幅度趋

---

① 根据《国家统计局规模以上服务业统计报表制度》，规模以上服务业统计范围为辖区内年营业收入2000万元及以上服务业法人单位，包括交通运输、仓储和邮政业，信息传输、软件和信息技术服务业，水利、环境和公共设施管理业三个门类和卫生行业大类。辖区内年营业收入1000万元及以上服务业法人单位，包括租赁和商务服务业、科学研究和技术服务业、教育三个门类，以及物业管理、房地产中介服务、房地产租赁经营和其他房地产业四个行业小类。辖区内年营业收入500万元及以上服务业法人单位，包括居民服务、修理和其他服务业，文化、体育和娱乐业两个门类，以及社会工作行业小类。

于平稳。作为单位数最多、营业收入占比最高的交通运输、仓储和邮政业，2021年1~11月营业收入较2020年同期增长18.1%，较1~10月回落1.8个百分点，回落幅度收窄；两年平均增长3.7%，较1~10月回落0.7个百分点；对全省规模以上服务业的贡献率为58.5%。其中，受2021年国家粮食调控政策影响，内含多家中储粮机构的装卸搬运和仓储业2021年1~11月营业收入较2020年同期增长82.0%，保持了2021年以来的高速增长态势。

三 持续快速增长，新动能支撑有力

（一）服务业新经济、新业态持续快速成长

2021年1~11月，信息传输、软件和信息技术服务业营业收入较2020年同期增长14.4%，两年平均增长11.1%，对全省规模以上服务业的贡献率为20.4%。其中互联网和相关技术服务业、软件和信息技术服务业同比分别增长26.1%、25.6%，保持快速增长态势。随着数字经济改造实体经济的持续推进，互联网及相关服务业保持快速增长。2021年1~11月，互联网数据服务较2020年同期增长74.0%，互联网信息服务较2020年同期增长35.9%，互联网安全服务较2020年同期增长26.2%，互联网接入及相关服务较2020年同期增长23.7%，均保持快速增长态势。服务业新业态发展活跃，消费市场线上线下融合发展加快，快递市场规模加速扩张，已经成为疫情防控常态化背景下服务业复苏和高质量发展的加速器和动力支撑。2021年1~11月，全省快递服务企业业务量累计完成39.17亿件，较2020年同期增长43.3%；快递业务收入298.20亿元，占邮政行业收入的比重为66.0%，较上半年提高4.6个百分点。2021年1~11月，全省规模以上多式联运和运输代理业企业营业收入增长37.6%，两年平均增长27.2%。随着"互联网+"推动现代新兴服务业数字经济、共享经济高速发展，全省移动互联网快速增长，接入流量同比增长996.8%，保持高速增长态势。

（二）生产性服务业发展势头较好

2021年1~11月，全省规模以上生产性服务业企业营业收入5098.52亿元，较2020年同期增长15.5%，增速高于全部规模以上服务业企业营业收入2.8个百分点。物流枢纽地位进一步增强，与之相关的行业保持高速增长。2021年1~11月，装卸搬运和仓储业、多式联运和运输代理业、航空运输业行业营业收入分别增长82.5%、41.4%、34.5%。成功获批2家国家示范物流园区、5个国家骨干冷链物流基地承载城市，安阳、商丘两大国家物流枢纽被纳入国家建设名单，建成投用国家技术转移中心，新培育6家国家级科技企业孵化器，2021年前10个月全省技术合同成交额较2020年同期增长60.62%。获批2家国家"两业"融合发展试点，全面完成国家物流降本增效综合改革试点任务，物流费用与GDP比率有望实现9年连降。

（三）新产业新业态带动新的就业岗位

大数据、云计算、物联网等新产业、新业态的快速发展，以及直播带货、线上消费的盛行，带动新就业岗位的增加。2021年1~11月，全省规模以上互联网和相关服务、快递业期末用工人数分别为5.68万人、6.14万人，较2020年同期分别增长13.7%、4.3%，比全省平均水平分别高出17.7个、8.3个百分点。

四 当前河南省服务业值得关注的问题

（一）行业结构不合理，新产业拉动能力不足

从营业收入占比来看，2021年1~11月，全省规模以上服务业占比前5的行业大类依次为铁路运输业，道路运输业，商务服务业，电信、广播电视和卫星传输业，专业技术服务业，占规模以上服务业营业收入的比重分别为

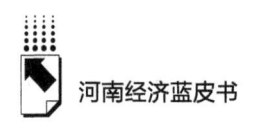

15.5%、13.8%、12.6%、10.9%、8.2%。从拉动能力来看，全省拉动能力超过1%的行业大类为装卸搬运和仓储业、铁路运输业、商务服务业、软件和信息技术服务业，分别拉动规模以上服务业增长3.6个、2.5个、1.8个、1.1个百分点。交通运输、仓储和邮政业占比由2020年的40.9%上升至42.9%。新产业、新业态虽然增速较快，但规模相对较小，拉动作用不够明显。

（二）恢复情况不均衡，全省增速持续低于全国

2021年1~11月，全省规模以上服务业企业营业收入较2020年同期增速比全国低7.8个百分点，十个行业门类较2020年同期增速均低于全国；两年平均增速比全国低4.9个百分点，连续10个月低于全国平均水平。截至2021年11月，规上服务业企业中有10个行业大类增速为负，有11个行业大类两年平均增速为负，水上运输业、航空运输业、房地产租赁经营、公共设施管理业、体育5个行业大类营业收入两年平均下降超过10.0%。

（三）经营效益不理想，企业增收不增利

2021年1~11月，全省规模以上服务业营业利润553.45亿元，较2020年同期下降5.7%，降幅较1~10月收窄2.9个百分点；两年平均下降10.9%，降幅较1~10月收窄0.6个百分点。有近1/4的企业亏损，亏损企业总亏损额为257.16亿元，比2020年同期多111.91亿元。分行业看，租赁和商务服务业，水利、环境和公共设施管理业，文化、体育和娱乐业3个行业门类营业利润较2020年同期下降较多，分别下降47.1%、24.4%、13.9%。

（四）用工需求趋弱，企业用工人数持续下降

从2020年初起，聚集性、流动性、接触性服务活动受限、消费减少，广大住餐、文旅企业经营困难。2021年上半年虽稍有恢复，但下半年的极端天气和反复疫情，使许多企业经营再受重挫、雪上加霜。2021年11月

末,全省规模以上服务业企业共吸纳用工143.28万人,较2020年同期下降4.0%,降幅较1~10月扩大0.2个百分点,连续6个月降幅扩大。

五 2022年河南省服务业经济走势预判

从有利因素看,服务业经济稳定恢复的积极因素将持续增多。一方面,政策层面,中央经济工作会议明确2022年稳字当头,坚持稳中求进的工作总基调。稳增长、打造新增长点将成为货币、财政等各项经济政策的主线,各地区各部门将推出有利于经济稳定的政策,政策发力适当靠前。在数字经济、工业互联网、新基建、新能源、碳中和等增长预期较强的领域,服务业大有可为。另一方面,企业层面,企业家对未来发展呈较为乐观的态度。2021年第四季度规上服务业企业经营状况综合指数为55.9[1],比第三季度回升3.7;宏观经济信心指数为63.8,行业信心指数为60.4,企业经营信心指数为59.0,均处于50.0的荣枯线以上和景气区间,企业经营信心整体强于2020年,为服务业企业持续平稳恢复提供了强大支撑。

从不利因素看,国际环境复杂严峻,国际需求减弱,国内也面临需求收缩、供给冲击、预期转弱三重压力,经济恢复的基础仍需巩固。变异毒株奥密克戎已在多个国家及地区传播,严防境外疫情输入压力依然较大,国内疫情多点散发现象时有发生,预期2022年服务业市场恢复发展仍面临较大风险挑战。近期国家出台的一些互联网平台、教育、房地产等行业政策,在规范行业发展的同时也容易造成相应行业的快速回落,要预防相应行业出现的政策性失速风险。

2022年全省服务业经济稳增长动力与压力并存,预计2022年全省服务业将继续保持恢复性增长态势,但是增速将逐步回落至相对平稳水平。下阶

---

[1] 根据规模以上服务业季度生产经营景气状况调查结果,企业经营状况综合指数=(本季度经营状况良好的比例+本季度经营状况一般的比例)/2。

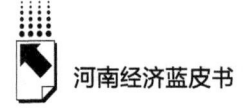

段,一是要积极落实省委省政府出台的各项稳增长措施,进一步提升精准施策水平,加大对服务业重点行业、企业的帮扶力度。二是要进一步培育经济高质量发展新动能,推动服务业动能转换,结构优化。三是要进一步增强忧患意识,妥善应对经济运行面临的各项风险挑战,积极推动服务业经济稳中向好,为实现"两个确保"和中原更加出彩贡献力量。

B.5
2021~2022年河南省固定资产投资形势分析与展望

朱丽玲　呼晓飞*

摘　要： 2021年以来，"7·20"特大暴雨灾害与新冠肺炎疫情叠加给河南省项目建设带来严峻挑战。在"项目为王"鲜明导向下，全省围绕"三个一批"活动聚精会神抓项目、促投资，实现了固定资产投资持续稳定恢复。同时，由于疫情变化和国内经济发展面临需求收缩、供给冲击、预期转弱三重压力影响，加之外部环境更趋复杂严峻和不确定，固定资产投资稳定增长仍面临较多挑战。2022年，应统筹抓好疫情防控、灾后重建和经济社会发展，深入开展"万人助万企"活动，解决好企业因灾情、疫情遇到的困难，帮助企业渡过难关，推动河南省固定资产投资持续稳定增长。

关键词： 固定资产投资　项目建设　河南

2021年，河南省树立"项目为王"工作导向，把项目建设作为经济工作的主抓手，一批重点项目先后开工，全省固定资产投资持续恢复性增长，工业投资保持较快增长，新开工项目规模不断扩大。进入下半年，"7·20"特大暴雨灾害、新冠肺炎疫情等对项目建设产生了较大影响，基础设施投资增速低迷，房地产开发投资增速回落，继而导致整个投资增速回落。

---

* 朱丽玲，河南省统计局固定资产投资统计处副处长；呼晓飞，河南省统计局固定资产投资统计处。

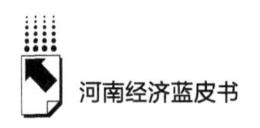

一 2021年全省固定资产投资运行基本情况

（一）投资增速前高后低，与全国平均水平差距逐渐缩小

2021年，受基数抬高等因素影响，全省固定资产投资增速在年初较高的基础上逐月走低，至上半年止跌企稳。但7月下旬以来，史上罕见的特大暴雨给河南省经济社会发展造成重大损失，灾后重建过程又叠加新冠肺炎疫情影响，部分在建项目临时停工，导致下半年投资增速继续小幅回落（见图1）。2021年全省固定资产投资（不含农户，下同）增长4.5%，分别比第一季度、上半年、前三季度回落10.1个、3.3个、0.6个百分点；与全国平均水平的差距由第一季度的11.0个百分点逐季缩小到0.4个百分点；比2019年增长9.0%，两年平均增长4.4%，高于全国0.5个百分点。

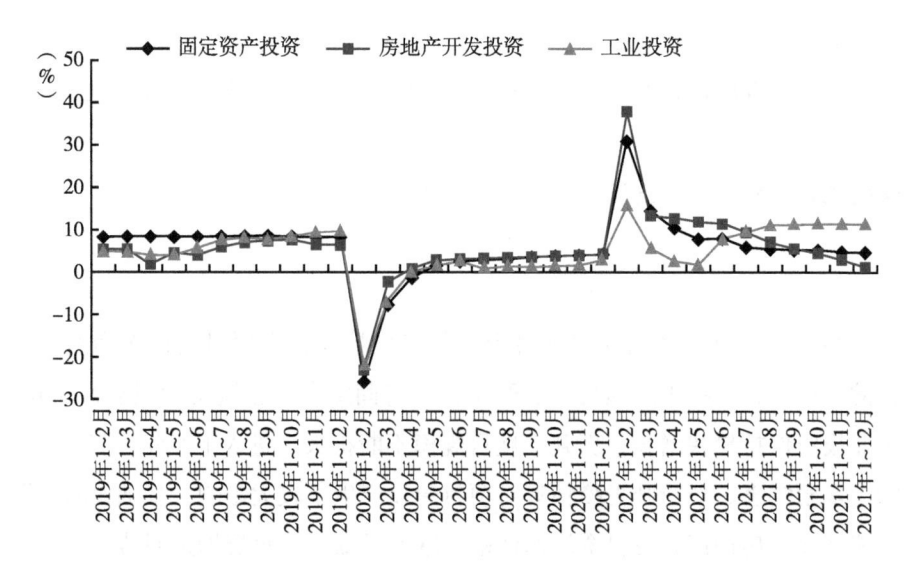

图1 2019年以来河南省固定资产投资分月增速

资料来源：河南省统计局。

（二）工业投资保持较快增长，新开工工业项目拉动明显

为推动全省工业投资平稳增长，河南省委省政府先后出台多项措施，统筹各类要素保障，全省工业投资增速在全部投资增长持续放缓的态势下连续加快。2021年，全省工业投资增长11.7%，分别比第一季度、上半年、前三季度加快6.0个、4.0个、0.6个百分点，拉动固定资产投资增长3.3个百分点，是全部投资增长的重要支撑。分行业看，制造业投资占比高、增速快。2021年，全省制造业投资增长12.7%，占工业投资比重达81.4%；采矿业投资增长7.7%，电力、热力、燃气及水生产和供应业增长7.5%。分工业主要板块看，主导产业投资增长快于传统支柱产业投资和高耗能行业投资。五大主导产业投资增长10.4%，其中装备制造业投资增长7.3%，电子制造业投资增长33.8%，食品制造业投资增长18.4%，新型材料制造业投资下降14.8%，汽车制造业投资下降6.0%。传统支柱产业投资增长8.3%，高耗能行业投资增长8.4%。高技术制造业投资保持快速增长。全省高技术制造业投资同比增长32.1%，占工业投资比重为11.9%，拉动工业投资增长3.2个百分点。占比较高的电子及通信设备制造业投资增长19.3%，医药制造业投资增长34.0%，计算机及办公设备制造业投资增长59.0%。在建项目个数增加，新开工工业项目形成有效支撑。全省工业在建项目同比增加967个，计划总投资增长13.5%，其中亿元及以上工业项目增加631个，计划总投资增长13.9%。新开工工业项目计划总投资同比增长31.3%，完成投资增长22.3%，项目个数同比增加1204个，直接拉动全省工业投资增长9.9个百分点。

（三）新开工项目规模不断扩大

2021年，全省上下掀起大抓项目、抓大项目、上新项目的热潮，沿大别山高速鸡公山至商城（豫皖省界）段项目、河南鲁华港东智慧建材城项目、河南鲁山抽水蓄能电站项目、大运河通济渠（郑州段）遗址生态公园、河南省林州（豫冀省界）至桐柏高速公路林州段（沿太行高速公路安阳段）

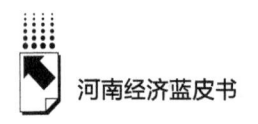

工程、郑州比亚迪新能源产业园建设项目等93个计划总投资超过20亿元的项目相继开工建设，全省新开工项目规模不断扩大，拉动全省投资增长。2021年，全省新开工项目数同比增加1918个，计划总投资同比增长7.1%，完成投资增长8.0%，拉动全部投资增长2.3个百分点。其中，亿元及以上新开工项目数同比增加548个，计划总投资增长6.0%，完成投资增长7.0%。

二 全省固定资产投资存在的问题

2020年以来，全省投资增速均不高，两年平均增长4.4%，大幅低于往年。新冠肺炎疫情反复是主要的影响因素，但房地产调控政策对房地产市场的影响更加明显，且作用持续显现。

（一）基础设施投资增速较低，新开工项目投资下降，续建项目下拉明显

2021年，由于部分续建重点项目建设接近尾声、投资力度减弱以及汛情疫情影响等，全省基础设施投资增速持续回落，连续多月低于全部固定资产投资增速，甚至出现负增长，与疫情发生前的高速增长态势形成鲜明的对比。2021年，全省基础设施投资同比仅增长0.3%，分别比第一季度、上半年回落25.4个、9.3个百分点，比前三季度加快0.5个百分点。新开工基础设施项目规模大幅下降。全省新开工基础设施项目计划总投资同比下降14.4%，完成投资下降8.4%，下拉全省基础设施投资增速3.1个百分点。其中，亿元及以上新开工基础设施项目计划总投资下降18.0%，完成投资下降14.5%。从新开工基础设施项目平均规模看，2021年全省新开工基础设施项目平均计划总投资为1.6亿元，2020年平均规模为2.1亿元。一批重点基础设施项目临近完工，完成投资减少，下拉全省投资增速。仅郑州市轨道交通3号线工程、郑州市轨道交通4号线工程、郑州市轨道交通5号线工程、郑州南站建设项目、洛阳市城市轨道交通1号线工程、郑西高速公路

尧山至栾川段项目、国道310洛三界至豫陕界段南移新建工程、洛阳市王城大道快速路机场路至南环路一期建设工程、渑池至淅川高速公路渑池至洛宁段项目（洛阳段）、洛阳市北环路与洛吉快速互通立交工程10个重点基础设施项目合计下拉全省基础设施投资增速5.7个百分点。

（二）房地产开发投资增长放缓，增速低于全部投资

2021年，全省房地产开发投资增长1.2%，分别比第一季度、上半年、前三季度回落12.3个、10.3个、4.3个百分点，拉动全省投资增长0.4个百分点。2020年下半年以来，中央先后出台"三道红线、两个上限、两个集中"等一系列调控政策，加大对消费贷、经营贷违规进入房地产市场的清理力度，开发企业融资环境持续收紧，加之受到灾情、疫情影响，导致居民购房意愿下降，房地产市场销售低迷，致使房地产开发投资增速持续回落。

（三）民间投资增速低迷

受灾情疫情因素影响，全省民间投资增速持续低迷。2021年，全省民间投资增长4.4%，分别比第一季度、上半年、前三季度回落9.3个、1.6个、0.1个百分点，拉动全省投资增长3.0个百分点。分产业看，民间投资主要集中在第三产业，第三产业民间投资增长2.9%，低于民间投资增速1.5个百分点，占民间投资的比重为60.0%。分行业看，民间投资集中在工业和房地产开发投资，其中工业民间投资增长9.6%，占民间投资的比重为36.0%；房地产开发民间投资增长1.2%，占民间投资的比重为38.8%。

三 2022年固定资产投资形势展望

综合国内外经济发展形势和河南省固定资产投资运行面临的机遇和困难因素，初步预计2022年全省固定资产投资有望保持稳定增长。

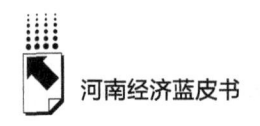

（一）2022年投资发展的机遇

1. 国家战略实施和大项目落地是投资增长的重要动力

中部地区崛起、黄河流域生态保护和高质量发展两大国家战略，再次显著提升了河南在全国发展大局中的地位，为河南实现转型升级、跨越发展提供了重大历史机遇。按照"项目跟着规划走、要素跟着项目走"和"加快形成以国内大循环为主体、国内国际双循环相互促进的新发展格局"要求，立足河南资源禀赋、产业基础、环境条件、发展阶段等实际情况，河南省发展和改革委员会初步梳理出4.4万个"十四五"谋划项目，将有力推动全省投资增长。2021年12月，中央经济工作会议指出："要保证财政支出强度，加快支出进度。实施新的减税降费政策，强化对中小微企业、个体工商户、制造业、风险化解等的支持力度，适度超前开展基础设施投资。"这些政策的出台实施将有利于促进以政府投资为主导的基础设施投资的增长。

2. 实现"十四五"目标需要投资保持一定增长

《河南省国民经济和社会发展第十四个五年规划和二〇三五年远景目标纲要》指出，"十四五"时期河南省主要经济指标年均增速要高于全国平均水平，经济总量再迈上两个新的大台阶。现代化经济体系建设取得重大进展，经济结构更加优化，制造业比重保持基本稳定，产业基础高级化、产业链现代化水平明显提升，形成10个万亿级产业和10个千亿级新兴产业集群，新型基础设施建设走在全国前列。考虑到经济发展中投资先行的规律和河南省经济发展水平相对较低，要实现"十四五"目标、逐步缩小与全国的差距，投资需要保持一定的增长。

3. 政策环境更加优化，有利于投资活力释放

2021年，河南省委省政府发出项目建设最强"动员令"，全省上下进一步强化"项目为王"的鲜明导向，聚精会神抓项目、促投资、增动能，在全省掀起了项目建设新高潮。在新冠肺炎疫情和特大暴雨灾害双重考验下，全省上下团结一心、攻坚克难，以"万人助万企"激活存量，以项目建设扩大增量，"三个一批"活动滚动实施。各地各部门出台多项措施不断强化项目要素服务保障，拓宽多元融资渠道，着力破解用地需求瓶颈，创新用能环境保障机制，保障"三个一批"项目建设需求。同时，为深化"放管服"改革、不断优化营商环境，河南印发《河南省深化企业投资项目承诺制改革实施方案》，在全省推行企业投资项目承诺制，变事前审批为事中事后监管服务，打造"审批少、流程优、效率高、服务好"的投资环境，提升企业投资项目审批效率，激发投资活力。

（二）面临的挑战

1. 保持投资高速增长难度加大

河南经济社会发展的不平衡不充分问题比较突出，主要人均指标与全国平均水平有明显差距，创新能力还不强，社会事业发展仍存在短板，发展质量和效益相对不高。协同推进经济社会发展和民生改善、资源能源利用和生态保护治理、发展和安全还有差距。当前，河南省经济实力不足导致投资潜力不足，在防风险和经济下行压力的双重作用下，保持投资高速增长面临较大困难。

2. 项目建设面临更多要素制约

近年来，全省各地不断加大招商引资力度，积极承接东部地区产业转移项目，相关投资不断增长。然而，随着环保治理要求提高和人口红利减弱，项目成本上升，承接产业转移和招商引资面临更多制约因素，间接影响未来项目投资的增速。土地方面，近年来河南用地供需结构性矛盾突出，新增建设用地指标有限，土地占补平衡难度大，用地组卷报批耗时长，部分线性工程用地指标落实较难。资金方面，长期以来，河南企业融资较多依赖银行贷款，企业债券和上市融资等直接融资占比仅为5.8%左右，比全国平均水平低7.3个百分点，在中部六省中排末位。中小企业、民营企业融资难问题仍较突出，一些地方中小企业综合贷款成本仍在7.0%~11.0%，企业相当一部分利润流向银行，影响了企业规模扩张、转型发展和效益提升。许多新兴产业项目、新型基础设施项目缺乏金融机构传统意义上的抵押品，无法取得银行贷款。"防风险"背景下，作为基础设施投融资主力的各级政府投融资

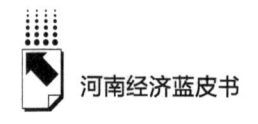

平台公司，目前正处于市场化转型过程中，投融资能力有待进一步提升。环保方面，生态环境部制定的《重点区域2021～2022年秋冬季大气污染综合治理攻坚方案（征求意见稿）》拟将河南省18个省辖市（含济源示范区）全部纳入京津冀大气污染防治范围，生态环境要素制约趋紧，停产限产时间长，一定程度上影响项目实施。

3. 土地购置面积增速连续大幅度下降，影响2022年房地产开发投资增长潜力

作为房地产开发投资的先行指标，受"三道红线、两个上限、两个集中"等一系列调控政策及融资环境持续收紧、部分房地产开发企业风险暴露影响，企业拿地积极性不高，2021年全省房地产企业土地购置面积下降24.0%，土地成交价款下降17.6%。考虑到房地产市场降温趋势短期内难以恢复，开发投资增速或将持续低迷，对2022年投资增长将产生抑制作用。

四 做好2022年河南省固定资产投资工作的政策建议

2022年将召开党的二十大，这是党和国家政治生活中的一件大事。做好2022年投资工作，需全面贯彻新发展理念，坚持以"项目为王"的导向，以"三个一批"为抓手，推动全省固定资产投资稳定增长。

（一）抓好项目谋划

围绕确定的投资转型方向和重点领域，结合河南省优势特色资源，突出先进性、规模性、全局性，依托国家重大项目库持续深入谋划重大项目。组织各地、各有关部门积极谋划储备好2022年重点项目，明确总体目标、主要任务、具体举措和项目清单，根据项目建设的轻重缓急，按照近期、中期和远期列出项目推进时序，做好项目谋划与"三个一批"活动的有效衔接。

（二）保障灾后重建基础设施项目建设

对纳入灾后重建的项目，按轻重缓急进行分类，给予不同的资金保障政

策，避免"撒胡椒面"式的资金安排，防止出现"半拉子"工程，确保在建项目早日建成并尽快发挥作用。将重建项目作为"三个一批"项目的重点，扎实推进，抓实抓牢村民住房重建、水毁水利设施加固重建等，确保好事办好、实事办实。

（三）因城施策促进房地产业平稳发展

一是以防风险与保民生为着力点，加强预期引导，引导购房者对房地产市场进行合理预期。二是建立多元供给住房保障制度，更好满足购房者的合理住房需求，相关部门要增加保障性住房供给，解决困难群体和新市民住房问题。三是增强服务意识，结合"万人助万企"活动，及时发现并解决房地产开发项目建设中的问题，确保面上服务深化精准、点上个性问题及时化解，有力有效保证项目快落地、早投产，提高房地产市场稳定性。

（四）持续优化营商环境，不断缓解项目建设中的要素制约

按照市场化、法治化、国际化要求，深化"放管服效"改革，全面实行企业投资项目承诺制、"一枚印章管审批"，加快落实向市县、开发区放权赋能改革，以优质的制度供给、服务供给、要素供给，营造一流营商环境。坚持全程服务，确保"三个一批"项目早日见效，建立完善台账管理制度，实施项目建设全生命周期服务管理、跟踪问效，认真解决规划、审批、环评、土地、融资、用工等方面存在的问题，确保签约项目早开工、开工项目早投产、投产项目早达效。

B.6
2021~2022年河南省消费品市场形势分析与展望

赵清贤 李伟 周文瑞[*]

摘 要： 2021年上半年全省消费品市场恢复明显，下半年虽然受"7·20"特大暴雨灾害和疫情多点散发等不确定性因素影响，消费品市场增速有所放缓，但除7月、8月受影响较为明显外，全省消费品市场总体保持恢复态势。展望2022年，各项促消费政策持续发力，生活消费供应保障有力，消费升级态势日趋明显，全省消费品市场平稳发展的基本面依然存在，但宏观经济发展面临需求收缩、供给冲击、预期转弱三重压力，疫情防控形势仍不容松懈，消费品市场可能呈低位平稳运行态势。

关键词： 消费品市场 消费政策 消费升级 河南

2021年，在以习近平同志为核心的党中央坚强领导下，全省上下认真落实中央和省委省政府各项决策部署，积极应对"7·20"特大暴雨灾害和新冠肺炎疫情多点散发等多重考验，持续做好"六稳""六保"工作，全省消费品市场总体保持恢复态势。

---

[*] 赵清贤，河南省统计局贸易外经统计处处长；李伟，河南省统计局贸易外经统计处副处长；周文瑞，河南省统计局贸易外经统计处四级调研员。

一 2021年消费品市场运行情况及特点

2021年下半年以来,受暴雨灾害和疫情多点散发叠加影响,全省消费品市场出现较大下滑,随着灾后重建工作持续推进和疫情防控形势的巩固,灾情疫情对消费品市场的影响逐渐减弱,市场又呈平稳恢复态势。2021年,全省社会消费品零售总额24381.70亿元,同比增长8.3%。其中限额以上单位消费品零售额6498.73亿元,同比增长7.8%,增速比上年提高7.7个百分点。

(一)消费品市场恢复态势延续

由于2020年基数较小,且随着疫情防控形势的日益稳固,2021年上半年全省社会消费品零售总额同比增速较高,市场呈加快恢复态势。其中,1~2月同比增长31.6%,1~6月同比增长17.1%。7~8月由于受暴雨灾害和疫情叠加影响,消费品市场持续走低,7月、8月分别同比增长3.3%、-4.4%。但随着灾后重建深入推进,疫情防控形势不断巩固,消费品市场下滑态势得到快速扭转,9月同比增长2.7%,增速比8月提高7.1个百分点。第四季度受低基数因素减弱、汽车"缺芯"、新冠肺炎疫情多点散发等多重因素影响,各月增速较缓,但市场平稳恢复态势延续,10~12月分别同比增长2.2%、0.7%、2.6%。

(二)城乡市场同步恢复,乡村市场恢复较快

2021年,全省城镇市场零售额同比增长8.4%,比2019年增长3.8%;其中,城区增长8.1%,比2019年增长0.5%。乡村市场零售额同比增长8.0%,比2019年增长4.2%,增速较第一季度提高5.3个百分点,提高幅度高于城镇市场1.9个百分点。

(三)商品零售恢复态势延续,餐饮收入受影响较为明显,尚未恢复至正常水平

2021年,全省商品零售额同比增长7.7%,比2019年增长5.1%。因餐

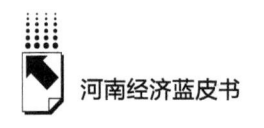

饮企业多为临街店铺、消费者多为到店消费且具聚集性等特点，受暴雨灾害和疫情多点散发等突发事件影响较为明显，再加上2020年同期基数较小等因素，餐饮收入尚未恢复到正常水平。2021年，全省餐饮收入同比增长13.7%，但仍较2019年下降5.8%。

（四）生活类商品平稳较快增长

2021年下半年以来，全省消费品市场虽受到暴雨灾害影响和两轮新冠肺炎疫情多点散发冲击，但在省委省政府的坚强领导下，居民生活保障供应充足，与居民生活关系密切的生活类商品零售额始终保持平稳较快增长。2021年，全省限额以上粮油食品类、饮料类、烟酒类、日用品类零售额分别同比增长10.6%、11.3%、26.2%、14.3%，分别高于限额以上零售额增速2.8个、3.5个、18.4个、6.5个百分点。

（五）消费升级类商品恢复良好

虽然2021年7月、8月灾情疫情影响下全省消费市场总体下滑，但新能源汽车依然保持较高增速，全省限额以上新能源汽车零售额分别比上年同期增长44.1%、48.8%；9~12月随着灾后重建深入推进和疫情影响减弱，全省限额以上新能源汽车零售额分别同比增长118.5%、102.5%、87.0%、65.5%，远高于限额以上零售额增速。2021年，全省限额以上新能源汽车零售额同比增长92.9%，高于全省限额以上零售额增速85.1个百分点。

2021年，限额以上体育娱乐用品类、金银珠宝类零售额分别同比增长14.3%、13.8%，分别高于全省限额以上零售额增速6.5个、6.0个百分点，增速分别比上年提高14.5个、24.3个百分点；限额以上化妆品类零售额同比下降0.9%，但降幅比上年收窄19.9个百分点；限额以上书报杂志类零售额同比增长11.4%，高于限额以上零售额增速3.6个百分点，增速比上年提高4.6个百分点。

（六）石油类零售额较快增长，拉动作用增强

受油价上涨、居民出行基本正常等因素影响，2021年全省限额以上石

油及制品类商品零售额同比增长11.0%,高于限额以上零售额增速3.2个百分点,拉动全省限额以上零售额增长1.3个百分点,拉动点数比上年提高2.3个百分点。

二 2021年河南省消费品市场存在的问题

2021年上半年,全省消费品市场较快增长,恢复态势明显。但下半年受暴雨灾害和新冠肺炎疫情多点散发、汽车"缺芯"等因素影响,住宿餐饮业恢复放缓,汽车类商品零售额持续走低,中西药品类增速回落明显,家居类增长较缓。

(一)住宿餐饮业尚未恢复到正常水平

由于多为临街店铺和具有聚集性消费等特点,全省餐饮企业受暴雨灾害和疫情多点散发叠加影响较为明显。疫情多点散发使不少会议取消或转为线上,人员流动相对减少,住宿企业随疫情防控形势好转恢复较缓。在受灾情疫情影响较为明显的2021年第三季度,全省住宿业、餐饮业零售额由增转降,分别比上年同期下降8.9%、9.5%,降幅分别比第二季度扩大9.9个、10.8个百分点。第四季度虽然灾情疫情叠加影响相对减弱,但在部分地区仍有新冠肺炎疫情多点散发,住宿餐饮业恢复依然较缓。2021年,全省住宿业零售额、餐饮业零售额分别较2019年下降14.6%、5.2%,均未恢复到2019年正常水平。

(二)汽车持续"缺芯"及居民收入预期减弱,汽车对全省消费品市场影响明显

2021年6月以来,受新冠肺炎变异病毒席卷全球影响,海外汽车产业链条特别是马来西亚的汽车芯片产能大幅下降,虽然调查数据显示第四季度"缺芯"问题有所缓解,但疫情多点散发短期内会导致餐饮、旅游等行业的个体私营从业人员收入下降,消费预期减弱,居民购买新车和汽车更新换代

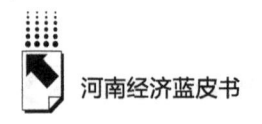

意愿均受到削弱,汽车零售持续走低对全省消费品市场影响比较明显。2021年12月,汽车市场零售额降幅有所收窄,但下降态势尚未得到根本扭转,全省限额以上汽车类商品零售额同比下降7.0%,降幅比11月缩小3.9个百分点。若扣除汽车类商品,全省限额以上零售额同比增长7.5%,比11月提高3.7个百分点,提高幅度大于全省限额以上零售额0.3个百分点。

(三)中西药品类零售额增速回落

2020年居民对口罩、酒精等防疫物资需求明显上升,零售额增长明显,基数相对较高,2021年居民储备的防疫物资相对充足,且部分地区为配合疫情防控工作,要求药店对咳嗽类、感冒类、部分清热解毒和消炎类等家庭常用常备药进行了下架处理,2021年全省限额以上中西药品类商品零售额同比增长4.4%,增速较上年回落21.4个百分点。

(四)家居类商品零售额增长较缓

在"房住不炒"政策指引下,全省房地产市场低位运行,地产相关类商品增速放缓。2021年,全省限额以上家用电器和音像器材类、家具类零售额分别同比增长5.2%、2.0%,增速分别低于全省限额以上零售额2.6个、5.8个百分点;限额以上建筑及装潢材料类零售额同比下降0.2%,增速低于限额以上零售额8.0个百分点。

三 2022年河南省消费品市场增长的有利条件和制约因素

(一)消费品市场增长的有利条件

1. 新发展格局加快构建,消费的基础性作用将日益显现

国家推动形成以国内大循环为主体、国内国际双循环相互促进的新发展格局,将扩大内需战略同深化供给侧结构性改革有机结合起来。新发展格局下供需两端精准发力，有机高效统一的国内市场正加快形成，分配机制不断优化，居民收入稳步提高得到制度保障。同时消费品市场稳步增长，消费升级不断深入，消费对经济增长的基础性作用将日益显现。

2. 促消费政策不断发力，推动消费品市场平稳健康发展

2021年国家先后出台了《关于提振大宗消费重点消费促进释放农村消费潜力若干措施的通知》《国务院办公厅关于服务"六稳""六保"进一步做好"放管服"改革有关工作的意见》。河南省出台了《河南省人民政府办公厅关于进一步扩大消费的若干意见》《关于切实做好灾后促消费工作的通知》。各项促消费政策不断发力推动重点领域消费提振，深入挖掘消费潜能，促进消费持续升级，有力助推全省消费品市场持续恢复。

3. 新消费理念深入人心，消费升级态势日益稳固

随着居民收入水平持续提高，品质消费逐渐成为时尚，智能消费、绿色消费等新消费理念深入人心。2021年，可穿戴智能设备、智能家用电器和音像器材等智能产品限额以上零售额增速分别高于全省限额以上零售额增速33.2个、14.7个百分点；新能源汽车限额以上零售额增速高于全省限额以上零售额增速85.1个百分点。暴雨灾害和新冠肺炎疫情多点散发影响下，消费升级态势非但未受到较大遏制，甚至部分消费升级类商品较快恢复。限额以上化妆品类、金银珠宝类、体育娱乐用品类、文化办公用品类零售额增速同比提高幅度分别高于全省限额以上零售额增速提高幅度12.2个、16.6个、6.8个、7.6个百分点。

（二）消费品市场平稳运行的压力依然存在

1. 居民收入相对较低，消费扩大空间较小

2019年、2020年、2021年，河南居民人均可支配收入占全国的比重分别为77.8%、77.1%、76.3%，占比持续缩小。从收入增长情况看，2019年、2020年、2021年，河南居民人均可支配收入增速分别低于全国0.1个、0.9个、1.0个百分点，与全国增速差呈扩大态势。从消费占收入比重看，2019年、2020年河南居民人均消费支出占人均可支配收入的比重分别为

68.3%、65.1%，分别低于全国1.8个、0.8个百分点，到2021年，占比提高到68.6%，与全国平均水平持平。消费占比提高表明河南居民消费热情较高，但更反映出消费进一步扩大的空间相对较小，再加上灾情之后新冠肺炎疫情多点散发时有反复，必然导致居民捂紧钱袋子，减少当期消费，增加预防性消费储蓄的倾向明显上升。

2. 城镇市场受突发事件影响较为明显

城镇居民收入水平相对较高，商业化水平远高于乡村，城镇市场社会消费品零售总额占全省社会消费品零售总额的比重高达81.2%，城镇市场稳定是全省消费品市场平稳发展的重要因素。但城镇市场商业相对集中，居民比较密集且人员流动较快，暴雨等自然灾害的影响程度明显大于乡村，疫情防控难度和疫情散发带来的影响也较乡村更为明显。2022年虽然再次发生类似特大暴雨等自然灾害的可能性不大，但新冠肺炎疫情仍在全球范围内蔓延，国内疫情防控形势仍不容松懈，疫情多点散发的可能性不能完全排除，受疫情防控影响，跨区域流动、集聚性消费还没有完全开放，旅游、住宿等服务性消费依然具有很大的不确定性。

3. 汽车销售下行态势仍可能延续

自2021年7月开始，全省限额以上汽车类商品零售额持续下降，其原因主要有三点。一是汽车"缺芯"问题尚未完全消除。德尔塔新冠变异病毒席卷全球和奥密克戎变异病毒的出现导致海外汽车芯片产能大幅下降，全球供应链能否在2022年上半年恢复仍有待观察。二是基础原材料供给成本提高导致促销力度下降。受美元超发影响，大宗原材料如钢、铝、锂等价格大幅上涨，汽车生产企业普遍降低促销优惠力度，导致部分消费者处于观望期。三是新冠肺炎疫情多点散发影响居民消费。一方面疫情防控"动态清零"的政策对近距离密切接触消费有一定冲击。短期内直接封停了除生活必需品外的多数接触性消费，汽车消费场景需要试驾和面谈，隔离和封停对汽车消费影响较大。另一方面新冠肺炎疫情多点散发短期内会导致餐饮、旅游等行业的个体私营从业人员收入降低，生活水平下降，消费预期有所降低。

（三）2022年全省消费品市场展望

2022年，随着各项促消费政策效应的日渐显现，居民基本生活类商品平稳增长，绿色消费、环保消费、智能消费等观念深入人心，消费升级态势日渐明显。但我国经济发展面临需求收缩、供给冲击、预期转弱三重压力，疫情变化和外部环境仍存在诸多不确定性，燃油汽车、家居类等传统商品对消费品市场增长的拉动作用仍有可能减弱。全省消费品市场平稳发展的因素仍然存在，但下行压力依然较大，消费品市场将呈低位平稳运行态势。

四 加快河南省消费品市场发展的政策建议

（一）稳定就业，提高居民收入和消费预期

要坚决贯彻国家新的减税降费政策，加大对中小微企业和个体工商户等抗风险能力较低群体的支持力度，统筹推进疫情防控和经济社会发展工作，科学有序地松绑地摊经济，帮助个体户和灵活就业人员纾困解难。继续鼓励大众创业、万众创新。加大对"双创"活动的政策扶持力度，降低创业门槛，切实保护知识产权和研究成果，提高人民创业、创新积极性。

（二）着力营造安全的消费环境

坚持疫情防控常态化常抓不懈，特别是疫情清零后依然要坚持进店扫码等常态化防控措施，尽最大可能降低疫情反复的风险。顺应疫情防控常态化要求，鼓励企业加快实现线上线下融合，积极提倡非接触消费。严把消费产品和服务质量关，加快推进消费品和服务标准制定完善。进一步规范市场经营秩序，重点加大对侵犯消费者隐私权行为的打击惩戒力度，切实维护消费者权益。

（三）培育新的消费热点，推动消费持续升级

一是着力培育新的消费热点。紧扣居民绿色消费理念，提高绿色农产

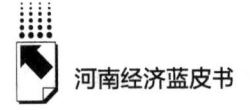

品、节能家电、新能源汽车和绿色建材等绿色消费品的市场供应能力。顺应实物消费智能化、个性化发展趋势，大力发展智能家居、智能穿戴等智能产品，提高定制家具、个性化商品的市场供应能力和产品质量。积极推进5G基站建设，加快新能源产业链布局，加大特高压、新能源汽车充电桩等新基建的推进力度。二是鼓励地摊经济、夜经济发展。加大对地摊经济的规范引导，合理规划地摊经济开放区域和开放时间，拓展各阶层居民消费空间，提高中低收入者收入水平。打造夜经济特色商业街区、特色商业圈，加强商业、文化与旅游的结合，推动游、购、娱融合发展，推动夜间消费。三是加快发展服务消费。加快旅游消费、文化娱乐消费、教育消费、康养消费发展，推动线上线下消费融合，促进消费扩容提质。

B.7 2021~2022年河南省对外贸易形势分析与展望

付晓莉 付喜明*

摘 要： 2021年，河南外贸进出口交出了一份十分抢眼的成绩单。面对新冠肺炎疫情和"7·20"特大暴雨灾害的双重考验，在以习近平同志为核心的党中央坚强领导下，全省上下共克时艰，统筹做好防汛抗疫和促进外贸稳增长工作，推出一系列稳外贸政策措施，有力推动了外贸促稳提质，展现出较强的韧性后劲。全省贸易结构进一步优化，主要贸易方式均实现增长，外贸市场持续拓展。2022年，全球经济仍然存在较大的不确定性，国内经济也面临较大挑战，宏观环境依旧复杂严峻，外贸发展面临诸多不稳定不确定因素。全省上下将继续坚持稳字当头、稳中求进，立足新发展阶段、贯彻新发展理念、构建新发展格局，坚持深化改革、扩大开放，扎实做好"六稳""六保"工作，结合河南实际，锚定"两个确保"、全面实施"十大战略"，持续优化口岸营商环境，打造内陆开放高地，推动开放强省建设，以高水平开放助力经济高质量发展。

关键词： 外贸 营商环境 新发展格局 河南

2021年，面对严峻复杂的国内外形势和新冠肺炎疫情的冲击，在以

---

* 付晓莉，郑州海关统计分析处处长；付喜明，郑州海关统计分析处预警监测科科长。

习近平同志为核心的党中央坚强领导下，我国经济继续保持增长态势，河南在遭受汛情疫情双重考验之下，外贸进出口规模再创历史新高。据郑州海关统计，2021年，河南贸易进出口总值首次突破8000亿元大关，达8208.07亿元，增长22.9%，高于全国平均水平1.5个百分点。其中出口5024.06亿元，增长23.3%；进口3184.02亿元，增长22.3%。贸易顺差1840.04亿元，扩大25.1%。

一 2021年河南省外贸进出口主要特点

（一）进出口规模创历史新高

2021年，世界经济增长和全球贸易复苏，全省外贸进出口创历史新高，展现出河南外贸日益提升的竞争力。全省进出口总值连续5年保持5000亿元以上规模，2021年连跨7000亿元、8000亿元两大台阶。其中出口增速高于全国出口平均水平2.1个百分点，进口增速高于全国进口平均水平0.8个百分点。从美元值来看，2021年河南进出口总值首次突破1000亿美元大关，达1271亿美元，增长30.7%。

（二）以加工贸易为主，一般贸易占比提升，保税物流增速最快

2021年，河南加工贸易方式进出口5081.48亿元，增长21.0%，占全省外贸进出口总值的61.9%，比2020年减少1.0个百分点；一般贸易方式进出口2748.12亿元，增长24.2%，占全省外贸进出口总值的33.5%，比2020年增加0.4个百分点；保税物流方式进出口325.26亿元，比2020年增长43.7%。

（三）外商投资企业占比高，民营企业增速快

2021年，河南省外商投资企业进出口3795.32亿元，下降7.5%，占全省外贸进出口总值的46.2%；民营企业进出口3694.35亿元，增长82.2%，占45.0%；国有企业进出口650.78亿元，增长31.3%，占7.9%。

（四）美国、东盟、欧盟、中国台湾地区和韩国是河南外贸前五大市场

2021年，美国、东盟、欧盟（27国，不含英国）、中国台湾地区和韩国为河南前五大贸易伙伴，分别进出口1837.28亿元、925.48亿元、873.22亿元、835.91亿元和724.76亿元，分别增长37.6%、6.4%、3.3%、20.4%和50.4%（见表1），上述五市场合计占全省外贸进出口总值的63.3%，拉动全省外贸增长14.5个百分点。此外，河南对RCEP其他成员国进出口2216.85亿元，增长17.6%；对"一带一路"沿线国家进出口1825.43亿元，增长16.4%。

表1 2021河南省进出口主要市场情况

单位：亿元，%

国家和地区	进出口值 绝对值	进出口值 增长	出口值 绝对值	出口值 增长	进口值 绝对值	进口值 增长
美国	1837.28	37.6	1784.43	39.0	52.85	3.6
东盟（10国）	925.48	6.4	391.44	21.3	534.04	-2.4
欧盟（27国,不含英国）	873.22	3.3	772.53	4.2	100.69	-2.9
中国台湾地区	835.91	20.4	38.00	-0.3	797.91	21.6
韩国	724.76	50.4	146.27	20.6	578.49	60.4
日本	319.91	-3.5	179.70	-15.8	140.22	19.0
中国香港地区	317.46	52.2	313.05	50.3	4.41	1480.4
澳大利亚	236.40	23.0	113.29	26.9	123.11	19.6
墨西哥	201.63	30.3	64.75	62.8	136.88	19.1
英国	199.15	6.5	190.93	7.2	8.21	-6.3

资料来源：郑州海关。

（五）以手机产业链为主的机电产品进出口占全省外贸进出口比重超六成

手机、劳动密集型产品、人发制品、铝材是主要出口产品。2021年，河南机电产品出口3330.53亿元，增长18.1%，占全省出口的66.3%；其

中手机出口 2727.17 亿元，增长 17.8%，占全省出口的 54.3%；河南手机出口数量占全国的 8.5%，出口金额却占全国的 28.9%。劳动密集型产品出口 314.63 亿元，增长 4.3%，其中家具及其零件出口 86.02 亿元，增长 33.0%；纺织纱线、织物及其制品出口 79.93 亿元，下降 19.4%；服装及衣着附件出口 64.87 亿元，下降 14.0%。人发制品出口 180.46 亿元，增长 75.0%；铝材出口 167.35 亿元，增长 82.8%。集成电路、音视频设备及其零件、金属矿砂是主要的进口商品。2021 年，河南机电产品进口 2194.38 亿元，增长 17.6%，占全省进口的 68.9%；其中集成电路进口 1156.29 亿元，增长 16.8%；音视频设备及其零件进口 441.97 亿元，增长 40.5%，二者合计占全省进口的 50.2%。金属矿及矿砂进口 521.00 亿元，增长 40.6%；其中铜矿砂进口 207.45 亿元，增长 38.6%；铁矿砂进口 120.58 亿元，增长 31.5%（见表 2）。2021 年，河南机电产品进出口占全省外贸进出口的 67.3%，其中手机、集成电路和音视频设备及其零件三项商品进出口占全省外贸进出口的 52.7%。

表 2 2021 年河南省主要进出口商品情况

单位：亿元，%

主要进口商品	进口值	增长	主要出口商品	出口值	增长
机电产品	2194.38	17.6	机电产品	3330.53	18.1
其中：集成电路	1156.29	16.8	其中：手机	2727.17	17.8
音视频设备及其零件	441.97	40.5	劳动密集型产品	314.63	4.3
金属矿及矿砂	521.00	40.6	其中：家具及其零件	86.02	33.0
农产品	91.41	8.7	纺织纱线、织物及其制品	79.93	-19.4
美容化妆品及洗护用品	75.69	24.2	服装及衣着附件	64.87	-14.0
未锻轧铜及铜材	52.53	52.2	人发制品	180.46	75.0
原油	45.82	18.0	铝材	167.35	82.8
纸浆、纸及其制品	16.63	36.4	农产品	142.83	19.5
煤及褐煤	13.03	-43.5	未锻造银	122.57	68.4
初级形状的塑料	10.75	33.5	基本有机化学品	74.64	68.8
天然及合成橡胶（包括胶乳）	10.33	21.3	陶瓷产品	37.19	30.0

资料来源：郑州海关。

（六）郑州市进出口占全省的七成以上，10个地市进出口超百亿元

2021年，郑州、济源、三门峡、许昌等10个省辖市（示范区）外贸进出口超百亿元，进出口总值合计占全省的93.8%；其中郑州进出口5892.11亿元，增长19.1%，占全省的71.8%。增速方面，许昌、济源、鹤壁等10个省辖市（示范区）超过全省平均水平（见表3）。

表3 2021年河南省各省辖市（示范区）进出口值统计

单位：亿元，%

省辖市（示范区）	进出口值 绝对值	进出口值 增长	出口值 绝对值	出口值 增长	进口值 绝对值	进口值 增长
郑州市	5892.11	19.1	3552.85	20.5	2339.27	17.0
开封市	93.26	39.7	80.29	47.0	12.97	6.9
洛阳市	232.40	20.4	190.20	10.4	42.21	103.1
平顶山市	41.93	21.9	40.00	31.5	1.93	-51.4
安阳市	63.89	-2.1	31.26	32.6	32.63	-21.7
鹤壁市	55.60	44.9	50.33	39.5	5.27	129.5
新乡市	112.94	11.0	90.11	0.1	22.83	93.8
焦作市	169.45	24.5	127.67	24.7	41.78	24.0
濮阳市	115.87	32.5	60.03	48.0	55.84	19.1
许昌市	254.59	88.6	212.67	79.0	41.92	159.4
漯河市	59.21	32.6	40.93	18.4	18.27	81.0
三门峡市	271.13	42.8	31.90	66.6	239.22	40.1
商丘市	54.33	27.5	41.80	27.9	12.53	26.2
周口市	102.28	-4.3	87.30	-0.3	14.98	-22.7
驻马店市	74.15	19.7	68.23	19.8	5.92	18.1
南阳市	165.60	28.6	136.97	34.5	28.63	6.3
信阳市	63.05	8.5	34.38	-1.3	28.67	23.3
济源示范区	386.27	61.3	147.13	64.1	239.14	59.7

资料来源：郑州海关。

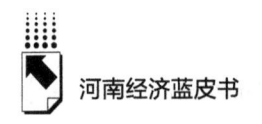

二 2021年全省外贸进出口呈现的主要亮点

（一）龙头产业带动作用增强，促进全省外贸保持两位数增长

根据河南省委省政府工作部署，郑州海关细化"万人助万企"活动实施方案，克服汛情疫情双重挑战，全力以赴保通关，服务企业复工复产。2021年，河南进出口总值首次突破8000亿元大关，规模居中部六省第1位、全国第10位。扎实做好"六稳"工作，全面落实"六保"任务，坚决执行各项减税降费措施。制定出台深化"证照分离"改革任务分工方案，分类推进12项审批制度改革，加强事中事后监管。对照海关总署有关工作通报，深入分析查摆问题短板，巩固压缩整体通关时间成效。伴随着苹果新款手机的热销，2021年，河南省进口集成电路1156.29亿元，增长16.8%；音视频设备及其零件441.97亿元，增长40.5%，二者合计占全省进口的50.2%，二者合计拉动河南进口增长11.3个百分点。同期，河南出口手机2727.17亿元，增长17.8%，占全省出口的54.3%，拉动全省出口增长10.1个百分点。

（二）开拓新兴市场能力增强，贸易市场日益多元化

2021年，河南对"一带一路"沿线国家进出口1825.43亿元，是2013年的2.8倍，占全省进出口总值的22.2%；河南对RCEP其他成员国进出口2216.85亿元，增长17.6%，占全省进出口总值的27.0%。此外，河南对拉丁美洲、中东、非洲市场外贸分别增长36.1%、33.9%、18.3%。除了传统的主要贸易伙伴之外，河南对"一带一路"沿线国家、拉丁美洲等市场的外贸持续保持增长，贸易伙伴更趋多元化。

（三）"四路协同"加快发展，口岸营商环境不断优化

河南外贸深度融入共建"一带一路"，空中、陆上、网上、海上"四条

丝路"融合发展，郑州海关支持郑州建设国际航空货运枢纽和中欧班列集结中心示范工程，推动跨境电商高质量发展，率先在全国开展跨境进口药品试点，助力河南开放强省建设。2021年，河南航空运输进出口4503.78亿元，增长13.5%，占全省进出口总值的54.9%；水路运输2388.03亿元，增长25.6%，占29.1%；公路运输进出口1201.44亿元，增长76.4%；铁路运输进出口102.15亿元，增长18.7%。"放管服"改革进一步深入，持续精简单证办理手续，提高电子化程度。海关积极推进"两步申报""两段准入""提前申报"等改革，不断优化通关作业流程，推行"不见面"业务办理，运用"互联网+海关"等开展网上申报，无接触办理，最大限度减轻疫情、汛情对全省整体通关时间的影响。国际贸易"单一窗口"成效显著，货物申报等主要业务应用率稳定在100%，极大地提高了通关效率。2021年，河南进口整体通关时间35.65小时，比全国平均水平快0.99小时，较2017年压缩66.2%；出口整体通关时间0.63小时，比全国平均水平快1.11小时，较2017年压缩91.5%，完成国务院提出的进出口整体通关时间较2017年压缩50%的目标。

（四）推动开放载体提质增效，对外开放平台不断完善

近年来，全省上下重视对外开放，口岸、海关特殊监管区等开放平台更加完善，河南自贸试验区获批建设，航空港区开放龙头地位逐步确立，跨境电商发展走在全国前列。2021年许昌保税物流中心（B型）正式运营、洛阳综合保税区通过验收，开封、郑州经开综合保税区（二期）建设积极推进。加强综合保税区事中事后监管，有序推进综合保税区、保税物流中心（B型）申建。在海关总署2021年公布的2020年综合保税区绩效评估结果中，郑州新郑、郑州经开和南阳卧龙3个综合保税区较2019年分别提升6个、4个和16个位次，其中新郑综合保税区居全国第3位，南阳卧龙综合保税区由C类晋级到B类。推动指定监管场地提质增效，规范关区各类指定监管场地建设。

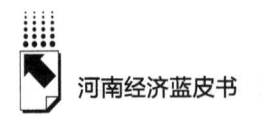

三 当前河南省外贸发展环境存在的问题

（一）外贸稳定增长存在不确定性

河南省外贸龙头企业较少，对富士康等外商投资企业依赖严重，即便是现有一些进出口表现抢眼的民营企业有部分也是由富士康投资成立。2021年，河南综合保税区进出口5077.95亿元，增长23.2%，占全省进出口总值的61.9%，非富士康业务外贸占比相对较低，导致河南外贸发展的稳定性和可持续性偏弱，外贸稳定增长存在不确定性。2021年，安阳、周口2个省辖市进出口呈负增长。

（二）进出口商品结构平衡度相对较差

河南省进出口商品主要集中于手机及其零附件，2021年，河南省进口集成电路和音视频设备及其零件占全省进口总值的50.2%；出口手机占全省出口总值的54.3%，进出口商品主要集中于手机产业链的相关商品。2021年，综合保税区拉动全省外贸进出口增长14.3个百分点。河南省外贸对手机的依赖度高，外贸商品结构失衡状态较为显著，出口与进口之间也存在规模失衡，2021年河南省出口规模是进口的1.58倍，应对外贸波动的抗风险能力相对较差。

（三）制度型开放的能力明显不足

"十四五"规划明确提出加快推进制度型开放，但河南作为内陆地区，制度型开放的能力还存在明显不足，在商务部评选发布的全国四批61项最佳实践案例中，截至2021年7月涉及河南自贸试验区的仅有3项，制度创新成效不够明显。2021年11月，中国社会科学院财经战略研究院与中国社会科学出版社发布《中国城市竞争力报告No.19——超大、特大城市：健康基准与理想标杆》，对全国291个城市的综合经济竞争力进行评价，郑州的综合竞争力、可持续竞争力、城市营商软环境竞争力的指数分别为0.614、0.564、0.663，分别居第21位、第18位、第22位，落后于武汉、成都、长沙、合肥、西安等中西部城市。郑州作为全省对外开放的龙头和标杆，还有较大的提升空间。全省制度型开放还有较大的改善和提升空间。

（四）交通区位优势的发挥不够充分

河南连接东西、贯通南北，拥有航空口岸、铁路口岸两大枢纽口岸和汽车整车进口口岸、药品进口口岸等功能性口岸，海关指定监管场地齐全，但还没有形成绝对优势，产业企业支撑不够，过而不驻、流而不聚的问题明显，郑州铁路枢纽地方运量占比仅为10%，中欧班列（郑州）本省货源占比约为25%。2021年河南以铁路运输方式的进出口仅占全省外贸的1.2%。因此，河南区位交通优势的发挥还不够充分，推动区位交通优势向枢纽经济优势转变的压力较大。

四 2022年河南省外贸形势展望及相关建议

2021年12月，联合国贸发会议（UNCTAD）发布全球贸易更新报告，预计2021年货物贸易额将达到约22万亿美元的创纪录水平。由于新冠肺炎疫情在我国总体上得到有效控制，产业链供应链相对境外明显处于安全地位，再加上受新冠肺炎疫情因素影响2020年外贸部分高峰期错峰到2021年初，2021年河南外贸首次突破8000亿元。展望2022年，全球经济复苏放缓、物流网络中断及运输成本增加、地缘政治冲突，以及影响国际贸易的政策等因素，将使2022年的全球贸易前景存在很大不确定性，不同国家的贸易增长水平仍不平衡。当前，全球供应链的瓶颈尚未有效缓解，原材料、运输成本仍然处于高位。受到2021年外贸较大基数的影响，2022年全省外贸进出口实现稳增长的压力较大。

（一）推动全省协同开放发展

在巩固郑州外贸龙头地位的基础上，大力挖掘其他地市外贸发展潜力，发挥郑州航空、铁路口岸和综合保税区等开放平台优势,全方位拓展开放空间,积极融入"一带一路"建设,在更广领域、更高层次上进行全球经济合作,促进更高水平开放。加快郑汴、郑许一体化和洛阳、南阳副中心城市建设,提升自贸区开封、洛阳片区发展效能,将郑州市开放发展的经验做法向其他省辖市复制推广,提升其他省辖市的开放发展水平,努力实现对外开放由"一枝独秀"向"百花齐放"转变。

(二)积极优化企业产业结构

坚持"项目为王",滚动推进"三个一批",深入开展"万人助万企"活动,抓项目、促投资、增动能。对标四川、天津、重庆、辽宁、安徽的外贸优势项目,不断争取在先进制造、科技研发、总部经济、先进物流领域的好项目、大项目落户河南。吸引和培育更多的外贸龙头企业落户本地,持续增强河南外贸支柱的数量与质量。抓紧全球产业重构的历史机遇,积极融入全球供应链,提升河南各产业参与全球贸易的能力,补齐产业链短板,丰富河南进出口商品品种与结构,不断增强抗风险能力。发挥市场在资源配置中的主导作用,积极培育河南本土企业在"高、精、特、新"方面的创造力,提升企业竞争力,增强企业发展后劲,持续提升河南外贸质量与效益。

(三)着力提升开放平台发展质量

统筹发挥口岸、海关特殊监管区等开放平台作用,加快推动"口岸经济""临空经济"发展。加快郑州国际航空货运枢纽建设,推动更多航线落地郑州,完善航空物流、仓储、分拨功能,推进郑州国际航空邮件枢纽口岸建设,积极发展航空物流和智能终端制造等临空产业。加快郑州中欧班列集结中心示范工程建设,尽快出台实施建设方案,科学规划布局,推动铁路口岸优化整合升级,探索实施铁路东站口岸与郑州经开综合保税区的资源共享、功能互补,促进汽车整车进口等业务发展。加快综合保税区创新升级,加大产业项目引进力度,持续推动综合保税区高水平开放、高质量发展。发挥海关指定监管场地作用，积极打造进口药品国内分拨中心，扩大水果、冰鲜水海产品等指定监管场地规模。

（四）持续优化口岸营商环境

深入推进"放管服"改革，审批事项全部实现全流程网上办理，不断提高电子化程度，让数据多跑路，让企业少跑腿。狠抓国务院关于推进自由贸易试验区贸易投资便利化改革创新若干措施、国家十部门联合出台的进一步深化跨境贸易便利化改革优化营商环境措施落实，提升跨境贸易便利化水平。RCEP正式生效后，在通关便利化、原产地规则、关税减让等方面都将给外贸企业带来新的机遇，落实好RCEP相关方案，为全省外贸企业提供更加便捷、高效的营商环境。有关单位要认真落实省政府关于推动综合保税区和保税物流中心高质量发展的意见，更好地发挥综合保税区等特殊区域开放带动作用。加强对既有综合保税区的管理，拓展产业支撑，提升发展质量，不断发挥综合保税区对全省外贸的集聚带动作用。

（五）继续做好疫情防控工作

根据境外疫情的变化和有关国家放弃疫情"清零"政策的实际情况，继续加强对境外疫情的监测预警，落实落细常态化疫情防控各项措施，在全省各口岸单位和境外输入病例收治医院做好疫情防控能力培训和演练，做好入境人员医学隔离观察、航空器终末端消毒，落实有关熔断措施，坚持人物同防，扎紧"四个口袋"，做好闭环管理，进一步加强常态化疫情防控，筑牢疫情防控防线。在境外疫情持续扩散的情况下，在河南打造一个安全、可靠的产业链供应链生产经营环境，为全省外贸稳增长提供必要的安全保障。

B.8 2021~2022年河南省财政形势分析与展望

郭宏震 赵艳青*

摘 要： 2021年河南财政收支运行呈现平稳向好态势，为全省经济社会发展提供了有力支撑。但同时，受灾情、疫情冲击，叠加基数效应减弱等因素影响，财政运行"紧平衡"状态更加突出。2022年，河南将以习近平新时代中国特色社会主义思想为指导，坚定树立以政统财、以财辅政的理念，积极的财政政策要更加提质增效、更可持续，在锚定"两个确保"、支持实施"十大战略"中彰显财政更大作为。

关键词： 财政收支 财政运行 财政政策 河南

2021年是河南发展进程中极不平凡的一年。面对历史罕见的"7·20"特大暴雨灾害、新冠肺炎疫情反弹和内外部环境变化带来的巨大压力，全省各级财政部门以习近平新时代中国特色社会主义思想为指导，在省委省政府的坚强领导下，扎实做好"六稳"工作，全面落实"六保"任务，严格执行党中央关于财经工作的方针政策和工作部署，坚持省委"紧日子保基本、调结构保战略"的思想，积极的财政政策更加提质增效、更可持续，切实发挥稳定经济的作用，助力现代化河南建设。全年财政收支运行呈现平稳向好态势，为全省经济高质量发展提供了有力支撑。

---

* 郭宏震，河南省财政厅政策研究室主任；赵艳青，河南省财政厅政策研究室。

一 2021年河南省财政运行情况分析

2021年7月下旬以来的灾情、疫情对河南经济产生不小影响,主要经济指标增速出现不同程度回落,全省上下迎难而上,统筹推进疫情防控、灾后重建和经济社会发展各项工作,全省生产需求持续恢复,经济稳住底盘、恢复向好。在此基础上,全省财政实现了收支平衡,运行总体平稳。2021年,全省一般公共预算收入4347.4亿元,增长4.3%;一般公共预算支出10419.9亿元,增长0.5%。2021年1~11月,全省收入规模、增速分别居全国第8位、第28位,支出规模、增速分别居全国第6位、第15位,灾后恢复重建以及科技、教育、住房保障等重点民生支出保障较好。

(一)财政收入平稳增长

2021年,全省一般公共预算收入增长4.3%,地方税收增长2.8%,其中国内增值税、企业所得税、个人所得税分别增长10.9%、0.1%、16.0%,非税收入增长7.2%。分区域看,17个省辖市及济源示范区一般公共预算收入合计增长9.2%。17个省辖市及济源示范区均为正增长,其中安阳、漯河、平顶山、开封分别增长17.0%、15.9%、14.2%、14.1%。10个省直管县(市)一般公共预算收入合计增长14.0%,其中兰考、长垣、固始分别增长36.2%、21.3%、19.1%。

(二)房地产相关税收下降较多

受房地产市场恢复相对缓慢叠加疫情影响,全省房地产相关税收降幅呈扩大趋势。2021年1~11月,全省房地产业税收下降10.1%,较2019年同期下降21.4%,两年平均下降11.3%,依旧未恢复至疫情前水平。房地产企业所得税、城镇土地使用税、土地增值税分别下降20.5%、15.7%、11.8%,降幅同比分别扩大8.2个、22.8个、0.5个百分点。从房地产行业相关统计指标看,2021年,全省房地产开发投资增长1.2%,增速延续

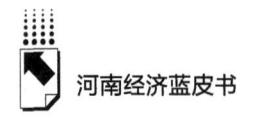

2021年1～3月以来的下降趋势，低于全国平均水平3.2个百分点；商品房销售面积下降5.8%，低于全国平均水平7.7个百分点；房地产开发企业土地购置面积下降24.1%，比全国平均水平扩大8.6个百分点；土地成交价款下降17.6%，低于全国平均水平20.4个百分点，反映出全省房地产市场恢复依旧较慢，后期相关税收恢复增长面临较大压力。

（三）重点支出保障有力

2021年，全省一般公共预算支出10419.9亿元，增长0.5%，财政支出结构加快调整，聚焦服务乡村振兴、创新驱动、科教兴省、人才强省战略和改善民生目标，分科目看，科技、农业农村、教育等重点支出分别增长38.1%、12.2%、2.4%，尤其是全省科技支出351.2亿元，增长38.1%，锚定建设国家创新高地目标，积极培育创新驱动发展优势。由于各级财政部门积极筹措资金，全力以赴支持防汛救灾及灾后重建，灾害防治及应急管理支出136.6亿元，增长222.1%。

（四）地方政府债券加速发行

为有效保障全省重大项目和重点领域资金需求，发挥地方政府债券对稳投资、扩内需、补短板的积极作用，2021年全省共发行政府债券3413.4亿元，其中一般债券1135.9亿元，专项债券2277.5亿元，总量居全国第6位。同时，为拓宽发行渠道，增强个人和中小机构对经济发展的参与度和获得感，首次通过银行柜台发行5亿元政府债券。从资金投向看，新增一般债券主要用于市政建设、社会事业、交通基础设施、农林水利、生态环保等领域，新增专项债券主要用于市政及产业园区基础设施、社会事业、保障性安居工程、城乡冷链物流基础设施等领域。

（五）财税体制改革扎实推进

完善财政体制机制、深化预算管理制度改革、深入推进财政管理改革等7个方面的32项具体改革任务均按时间节点积极推进。一是预算管理制度更加完善。自编制2021年省级预算起，全面推进省级部门支出零基预算管理改革；建立绩效评价结果"四个挂钩"机制，加快推进绩效指标体系建设，预算管理一体化加快推广，全省已实现使用一体化系统编制2022年预算。二是财政体制改革进一步健全。财政事权和支出责任划分改革全面推进，已出台医疗卫生领域、教育领域、科技领域等7个省与市县财政事权和支出责任划分改革方案，初步构建了"1+1+N"的财政事权与支出责任划分体系。深化省与市县财政体制改革，研究出台了《深化省与市县财政体制改革方案》，全面启动省财政直管县改革。三是建立常态化直达资金机制，扩大直达资金范围，优化资金分配下达流程，从严从快抓好直达资金分配使用管理，重点向财政困难地区倾斜，强化信息技术支撑，不断完善资金监管。四是财政资金引导撬动更加有力。通过建立健全政府、国企、社会资金多元投入机制，不断拓宽创新经费来源渠道，形成支持科技创新工作合力。2021年省财政设立了总规模1500亿元的新兴产业投资基金和150亿元的创业投资基金，引导社会资本积极支持保障科技企业和产业发展；联合省科技厅设立省级科技研发计划联合基金，引导企业高校院所等共同投入基础应用研究。

二 2022年财政形势分析

当前国际环境复杂严峻，国内疫情多点散发和汛情等自然灾害对经济运行的冲击显现，经济恢复的基础仍需巩固。同时，河南省发展不平衡、不充分、不协调、不适应的问题仍然存在，改革创新发展任务艰巨繁重，财政运行环境不容乐观，预计2022年，财政紧平衡和收支矛盾加剧或将延续。

从全国看，2021年我国经济持续稳定恢复，经济发展和疫情防控保持全球领先地位，主要指标实现预期目标，但外部环境更趋复杂严峻和不确定，国内经济面临需求收缩、供给冲击、预期转弱三重压力。目前支撑经济增长的仍是出口和房地产，但由于内外部环境复杂多变，未来这两项动能或将减弱，特别是国内疫情多点散发和汛情等自然灾害对经济运行的冲击显

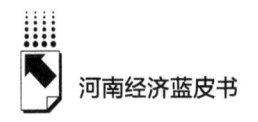

现，经济恢复的基础仍需巩固。同时，中美竞争、共同富裕要求GDP仍要保持一定增速，2022年稳增长重要性提升，我国发展仍处于重要战略机遇期，继续发展具有多方面的优势和条件。预计2022年我国GDP增长目标或在5.5%左右。

从河南看，长期存在产业竞争力不强、产业结构不优、科技创新能力不足等突出问题，自身结构性矛盾依然存在，受洪涝灾害和新冠肺炎疫情的叠加影响，全省部分经济指标增速出现回落，2021年GDP增长6.3%。但河南经济体量大、底盘稳、韧性强，经济稳定恢复、长期向好的基本面没有改变。随着河南省第十一次党代会各项工作部署的贯彻落实，预计2022年全省GDP增长目标或在7%左右。

从财政自身看，当前，构建新发展格局战略机遇、新时代推动中部地区高质量发展政策机遇、黄河流域生态保护和高质量发展历史机遇叠加，为河南高质量发展创造了宝贵条件，各领域改革对财政加大资金政策支持倾斜力度的期望很高。与此同时，河南人口多、底子薄的基本省情尚未根本改变，收支矛盾突出的问题在一定时期内仍然持续存在。加之近两年市县为弥补大规模减税降费政策对财政收入减收的影响，不断加大盘活存量资源资产力度，后续可用于盘活的资源资产则相对有限，多渠道筹集收入难度加大。综合分析，2022年财政收支平衡压力将更加突出，预计全省一般公共预算收入增长目标或在5%左右。

三 2022年财政政策建议

2022年，河南财政工作要以习近平新时代中国特色社会主义思想为指导，全面贯彻落实党的十九大和十九届历次全会精神和习近平总书记视察指导河南工作时的重要讲话精神，以中央经济工作会议和全国财政工作会议精神为指引，认真落实省第十一次党代会和省委经济工作会议部署，坚持"紧日子保基本、调结构保战略"，扎实落实积极的财政政策要提升效能，更加注重精准、可持续，坚持有保有压和政府过紧日子，加强财政资源统筹，不断深化财税体制改革，在锚定"两个确保"、支持实施"十大战略"中彰显财政更大作为。

（一）聚焦省委决策部署强化财政作为

深刻理解把握省委对河南现代化建设的方向原则、机遇挑战、战略战术、路径举措的分析研判和决策部署。一是积极主动抓好财政研究。增强宏观思维，从战略和全局高度积极开展前瞻性研究，聚焦财政服务"两个确保""十大战略"，在强化财政保障、规范财政管理、推进财政改革、防控财政风险等方面加强研究，为省委省政府当好参谋助手。二是积极主动做好需求测算。密切跟进省委后续出台的各类具体措施、规划、方案，对标"两个确保""十大战略"的各项目标指标，加强与相关职能部门的沟通衔接，进行科学、精准、翔实的财力测算，明确资金需求，定好资金盘子。三是积极主动做好财政保障。强化财政统筹，集中一切可用的财政资金资源，建立大事要事保障清单管理制度，保障产业转型升级、科技创新、乡村振兴等重大战略任务资金需求。四是发挥财政资金四两拨千斤作用，综合采用财政贴息、担保补偿、保费补贴、政府采购等措施，引导银行、保险、担保等金融活水精准支持"十大战略"落地实施。

（二）加强财源建设提高财政可持续性

一是把厚植财源培育、壮大财政实力放到财政工作的突出位置，健全完善财源建设激励机制，加大财政资金统筹整合、盘活使用力度，夯实财政持续增收基础，着力构建厚植财源、增加财力的长效机制。二是促进县域经济发展。发挥好均衡性财政转移支付的作用，加大财力性转移支付力度，增强县乡财政保障能力。建立省对市县奖补制度，引导支持县域经济发展。创新开发区财政支持政策，打造县域经济发展增长极。三是完善税费制度。坚持税法统一、税负公平、调节有度，推进地方税体系建设，按照国家统一部署，研究调整完善税制结构，培育丰富地方税源，充分调动地方积极性。综合考虑财政承受能力，以及实施助企纾困政策需要，精准实施减税降费，激

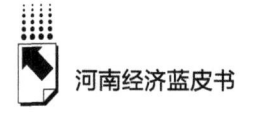

发市场主体活力。四是全面推进综合治税。稳步推进涉税信息共享，扩大涉税数据采集范围。完善综合治税信息系统功能，开展涉税数据分析对比，指导市县开展综合治税工作。

（三）规范财政管理提高资金使用效益

一是坚持政府过紧日子。坚持落实"过紧日子"要求。始终把开源节流、增收节支作为首要原则，科学制定支出政策，进一步压减一般性支出。不断硬化预算约束，严格按照预算安排支出，严格规范暂付性款项管理。二是调整优化支出结构。预算安排上突出重点，聚焦财政服务"两个确保"，围绕"十大战略"重点任务，坚持"三保"支出的优先顺序，注重结构调整，坚持有保有压，确保高质量完成各项重点任务。三是提高预算绩效管理质量。加快建立完善全方位、全过程、全覆盖的预算绩效管理体系，强化绩效目标管理，做实绩效运行监控，深入开展绩效评价，以财审联动机制、"四个挂钩"机制为抓手，强化绩效管理结果应用。推进预算绩效指标体系建设，持续夯实基础支撑。四是加快数字财政建设。规范和统一各级预算管理业务流程、管理要素和控制规则，推动全省各级加快部署预算管理一体化建设，强化全口径预算管理，全面提升预算管理现代化水平。

（四）切实保障和改善民生

继续增加基本民生保障投入，有效保障和改善民生特别是困难群众基本生活。认真做好重点民生实事资金保障，持续解决人民群众最关心最直接最现实的利益问题。一是稳步提高社会保障水平。落实财政支持农村重度残疾人照护服务机制，完善公共卫生服务补助资金动态监控机制，落实提高城乡低保补助、城乡居民最低基础养老金等标准，完善企业职工基本养老保险省级统筹制度，积极参与全国统筹。支持以社会保障卡为载体建立居民服务"一卡通"。二是集中财力补齐教育发展短板。深化基础教育改革，扩大优质普惠学前教育资源供给，推进义务教育优质均衡发展和城乡一体化，扎实做好"双减"工作。深化职业教育改革，支持实施高水平职业院校建设行动计划、职业教育产教融合发展行动计划等。三是支持深化医药卫生体制改革。推动医疗医药医保医养医改"五医联动",改革完善疾病预防控制体系,健全完善分级诊疗体系,持续推进医疗保障制度改革,推进中医药传承创新发展等。四是建立稳定的经费投入机制,推进城镇养老服务设施建设。聚焦"一老一小",深入推进普惠养老试点和普惠托育服务试点,支持加快构建以居家为基础、以社区为依托、以机构为补充、医养相结合的养老服务体系,支持多种托育机构发展模式。

(五)推进财政改革助力高质量发展

聚焦"两个确保""十大战略",在省直管县财政改革、预算管理、绩效管理等方面谋划财政领域重大改革和重大抓手,推动各项决策部署落地见效。一是推进省直管县(市)改革。着力构建激励市县高质量发展的财政格局,进一步放权赋能,最大限度赋予县(市)财政管理权限,增强基层公共服务保障能力。优化省与市县收入分配关系,研究调整完善税制结构,培育丰富地方税源,充分调动地方积极性。二是深化预算管理改革。健全预算管理机制。出台河南省"关于进一步深化预算管理制度改革的意见",从财政收入、财政支出、预算编制、预算执行和风险管理、风险防控等方面改善财政紧平衡状况,实现财政可持续。强化绩效目标管理,加强绩效评价结果应用,推进预算绩效指标体系建设,健全预算绩效管理体系。三是深化国资国企改革。发挥好省属金融企业作用,规范高效履行省属金融类国有企业出资人职责,畅通河南省新技术、新产业对接资本市场融资渠道,在服务省委重大战略上加力提效。健全以管资本为主的国资监管体制,推动投资集团调整优化总部职能定位和管控模式,有效发挥其国有资本运营平台功能作用。四是深化投融资体制改革。发挥地方政府债券撬动作用,推动项目申报数量和质量提升,充分发挥债券资金效益。加快新兴产业投资引导基金和创业投资引导基金设立,建立省市县协同联动机制,带动各地设立引导基金,充分发挥基金引导作用。

B.9
2021~2022年河南省金融业形势分析与展望

宋 杨 袁彦娟 马云路*

摘 要： 2021年，"7·20"特大暴雨灾害和疫情对河南经济社会发展造成连续冲击。在河南省委省政府的正确领导下，中国人民银行郑州中心支行有效落实稳健的货币政策，推动全省金融运行总体平稳，金融总量持续增长，结构不断优化，贷款利率创出新低，金融风险有所收敛，为全省灾后重建和经济高质量发展提供了有力支撑。

关键词： 金融业 融资结构 金融风险 河南

一 金融运行总体平稳，融资结构加快优化

（一）金融总量实现新突破

存款余额突破8万亿元。2021年，河南省金融机构本外币各项存款（下文如无特别说明，均为本外币口径）余额在2月末首次突破8万亿元，年末达到83456.2亿元，同比增长7.6%；较年初增加5903.6亿元，同比少增877.9亿元，其中住户存款较年初增加5725.1亿元，同比多增184.9亿

---

* 宋杨，中国人民银行郑州中心支行调查统计处副处长，经济师；袁彦娟，中国人民银行郑州中心支行调查统计处经济师；马云路，中国人民银行郑州中心支行调查统计处经济师。

元。存款余额、新增额分别居全国第9位、第10位。

贷款余额突破7万亿元。2021年,全省贷款余额在9月末首次突破7万亿元,年末达到70540.8亿元,同比增长10%,低于全国1.2个百分点;较年初增加6425.5亿元,同比少增796.1亿元,其中住户贷款、企(事)业单位贷款分别增加3029.8亿元、3423.9亿元。贷款余额、新增额分别居全国第8位、第12位。余额存贷比为84.5%,较上年同期提高1.9个百分点,高于全国平均水平1.3个百分点。

社会融资规模保持增长。全年全省社会融资规模增量为8767.5亿元,其中表内贷款增加6471.6亿元,表外融资减少1844.6亿元,非金融企业直接融资778.1亿元,政府债券净融资2361.6亿元。

(二)融资结构加快优化

直接融资持续恢复。非金融企业债券发行逐步从永煤违约事件的影响中恢复,2021年下半年月均发行261.8亿元,较上半年月均发行量增加137.4亿元。2021年末全省共有境内上市企业97家,其中主板68家、科创板4家、创业板23家、北交所2家,企业数量居全国第12位,总市值居全国第13位,其中2021年有10家企业实现IPO。新增企(事)业单位贷款延续中长期化趋势。全年全省新增企(事)业单位贷款中,中长期贷款占79.8%,高于上年同期4.3个百分点。重点领域和薄弱环节信贷投放力度加大。全年全省涉农贷款、小微企业贷款同比分别多增140.5亿元、256.4亿元,普惠小微贷款授信户数增加17.2万户;制造业、服务业(不含房地产业)、基础设施行业中长期贷款增速分别高于单位中长期贷款增速5.4个、3.1个、3.7个百分点;全省高新技术企业、科技型中小企业、专精特新"小巨人"企业获贷率分别达56.3%、39.1%、70.0%。

(三)企业贷款成本创历史新低

存贷款综合抽样统计显示,2021年末全省存量企业贷款利率为5.83%,创有统计以来的新低,较2020年同期下降22个BP(1 BP=0.01%),较2019

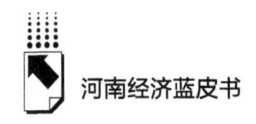

年5月高点下降57个BP。2021年12月当月新发企业贷款、小微企业贷款利率分别为5.09%、6.81%，较2019年11月高点分别下降171个、233个BP。

二 河南省金融发展质效提高

（一）金融组织体系更加完备

2021年末，24家全国性金融机构中有21家落户郑州，银证保法人金融机构242家（包括5家城商、106家农商行、31家农信社、82家村镇银行、6家财务公司、2家信托公司、2家金融租赁公司、1家消费金融公司、3家资金互助社、1家证券公司、1家保险公司和2家期货公司），全省共有银行业金融机构网点12726个，证券分支机构410家，期货分支机构99家，独立基金销售机构2家。地方金融组织稳步发展，2021年11月末，全省7类地方金融组织共849家，总资产2303.6亿元，较2021年初增加706亿元。

（二）金融业对GDP、税收贡献较大

2021年，全省金融业增加值3101.6亿元，占GDP的5.3%。全年全省金融业实现税收468亿元，占全部行业税收收入的8.9%；同比增长6.8%，高于全部行业2.9个百分点。全省银行业金融机构净利润578.2亿元，同比增长1.3%，高于上年同期13.8个百分点

（三）金融风险有所收敛

2021年末全省除农信系统外的银行业金融机构不良贷款余额1052.4亿元，不良率为1.8%，较上年同期下降0.1个百分点。农村中小金融机构风险化解稳步推进，257亿元专项债注资顺利完成，40家中小银行资本得到有效补充。高风险机构压降工作取得初步成效，数量净下降5家。河南能源债务风险初步化解，区域金融生态逐步修复。

三 当前河南省金融运行中存在的主要问题

（一）金融总量增长较为疲弱

一是存款增长低迷，银行负债稳定性下降。全省各项存款增速自2016年8月份以来持续低于贷款增速，其中非金融企业存款增速连续10个月为负，较2021年初累计减少381.6亿元，同比少增832.9亿元。由于获取一般存款难度较大，银行更加依赖同业负债，2021年11月末，全省金融机构同业负债较年初增加310.2亿元，同比多增418.3亿元。二是贷款增速降至历史低位。2021年末全省各项贷款增速为10%，为2015年有可比口径数据以来的历史低位，低于全国平均水平1.2个百分点，连续10个月低于全国。三是社融增量收缩明显。全年全省社融增量低于上年同期2700.4亿元，在中部六省排名由上年的第1位下降至第4位，分别较湖南、湖北、安徽少1693.7亿元、1070.3亿元、944.7亿元。

（二）融资结构有待优化

一是民营企业贷款增长缓慢，制造业中长期贷款增速回落。民营企业贷款增速自2021年7月以来连续回落，年末低于各项贷款5.6个百分点；较2021年初增加940.2亿元，同比少增388.7亿元。制造业中长期贷款同比增速下降明显，年末增速较11月末、4月末阶段高点分别低1.4个、15.7个百分点。

二是直接融资发展仍较滞后。2021年全省直接融资778.1亿元，居中部六省第5位，仅高于山西，低于上年同期141.1亿元。从融资渠道看，债券净融资同比少133.6亿元；2021年末全省境内上市公司数量分别较安徽、湖南、湖北少52家、35家、31家，上市公司市值不足广东省的1/10。

三是表外融资大幅萎缩，部分行业融资减少明显。2021年全省表外融资减少1844.6亿元，同比多减2164.8亿元。其中信托贷款减少1131.5亿元，主要是水利、环境和公共设施管理业，房地产业分别减少298.2亿元、239.3亿元；未贴现的银行承兑汇票减少752.1亿元，主要是批发和零售业、采矿业签发的银承分别减少303.2亿元、78.3亿元。

（三）金融风险依然易发多发

一是农信机构信用风险加快暴露。2021年全省农信机构不良贷款较年初增加644.1亿元，不良率较年初提高4.6个百分点，逾期90天以上贷款/不良贷款为100.5%，较年初提高0.6个百分点，后续资产质量劣变压力依然较大。不良贷款加速反弹的主要原因是，自2021年7月起全省开展农信系统不良贷款集中清收行动，省联社要求全面澄清机构风险底数，且关闭业务系统中的贷款核销等功能，使部分机构前期隐藏的不良资产集中暴露，同时叠加暴雨灾情及疫情反复等因素，导致不良贷款快速攀升。

二是房地产业的良性循环仍待推进，潜在风险不容忽视。商品房销售、土地成交均在下滑。2021年全省商品房销售额同比下降7.5%，低于上年同期11.4个百分点；房地产开发企业土地成交价款同比下降17.6%，低于上年同期28.2个百分点。房地产市场信用风险有所抬升，部分房企风险开始蔓延。2021年末全省银行业金融机构房地产领域不良贷款、逾期贷款同比分别增长59.4%、78.5%，新增不良贷款主要集中在洛阳市和郑州市。未来需防范房价大幅波动的风险。2021年12月8日，惠誉发布《惠誉评级2022年信用前景展望：中国房地产业报告》，对中国房地产行业展望为"恶化"，并预计2022年平均房价下滑5%，或触发更多违约事件。2021年末全省以住房为抵押的贷款占各项贷款的31.5%，房价下跌意味着抵押品价值缩水，将直接导致金融机构风险敞口扩大。

三是大型企业债务风险向金融体系传导压力大。2021年，河南广电、昊华骏化等大型企业资金链趋紧，到期债券兑付陆续出现险情。存量上市公司中森源电气、辅仁药业、林州重机、大有能源4家公司股票被列为特别处理股票，华英农业、华晶金刚石、科迪乳业、猛狮新能源、中孚实业5家公司被实施退市预警。

四 2022年河南省金融发展形势展望

（一）推动河南金融平稳较快发展的主要因素

一是我国发展处于重要战略机遇期，经济韧性强，长期向好的基本面不会改变，特别是沉着应对百年变局和世纪疫情，经济发展和疫情防控保持全球领先地位，体制优势和治理效能充分彰显，制造业发展迎来新机遇，经济转型获得更强动力，金融业改革开放取得积极成效。

二是河南省经济持续恢复，增长潜力巨大。省委省政府高瞻远瞩，科学谋划，明确"两个确保"，提出"十大战略"，将有利于扩大河南省综合竞争优势，增强战略叠加效应，经济运行有望保持在合理区间。

三是我国宏观经济治理能力不断增强，逆周期调节经验越来越丰富，跨周期政策设计前瞻性、针对性更加突出。2022年稳健的货币政策将更加灵活适度，人民银行将综合运用多种货币政策工具，保持流动性合理充裕，增强信贷总量增长的稳定性，加大对实体经济的支持力度。随着经济社会重点领域改革的深入及配套措施的完善，金融支持科技创新、绿色低碳、乡村振兴、小微企业、区域协调发展等领域还会有更广阔的空间。

（二）制约河南省金融发展的不利因素

一是疫情发展仍存在较多不确定性。新冠肺炎疫情袭击全球已经两年，全球累计接种疫苗超过85亿剂，感染死亡率明显下降。但新的变异毒株德尔塔与奥密克戎同时传播，导致全球单日新增确诊病例再创新高，不排除有新的变异毒株出现的可能，后续发展仍存在一定的不确定性。

二是外部环境更趋严峻复杂和不确定。全球正面临货币超发带来的不良后果，主要经济体债务水平攀升至历史高位。2022年发达经济体央行货币政策转向，又将使发展中国家面临资本外流、货币贬值等多重压力，存在引发新一轮全球经济金融动荡的风险。我国经济发展也面临需求收缩、供给冲

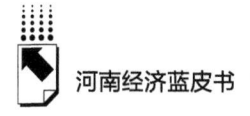

击、预期转弱三重压力。

三是河南经济发展长短期矛盾交织。经济增长的传统拉动力正在减弱，2021年全省传统支柱产业增加值同比增长2.1%，增速低于规模以上工业增加值4.2个百分点；新的增长动能有待提升，战略性新兴产业、高技术制造业增加值分别占规上工业的24%、12%。劳动力对经济增长的拉动作用下降，全省就业人员由2009年的5949万人降至2020年的4884万人，2020年出生人数历史首次跌破100万人。企业对宏观经济预期保守，投资扩产信心不足，银行家问卷调查显示，2021年第四季度企业贷款需求指数较2020年同期、第三季度分别下降2.4个、2.7个百分点。

2022年，中国人民银行郑州中心支行将继续在河南省委省政府的正确领导下，认真贯彻落实人民银行总行工作部署，认真落实稳健的货币政策，锚定"两个确保"，围绕"十大战略"，完善金融服务和管理，推进金融风险防范化解，为河南经济社会高质量发展提供更大的金融支持。

B.10
2021~2022年河南省就业形势分析与展望

王玉珍[*]

摘 要: 2021年,河南省就业工作在习近平新时代中国特色社会主义思想指引下,继续贯彻落实中央和省委省政府各项决策部署,深入实施就业优先战略,确保了就业工作的稳定发展。但由于继续受新冠肺炎疫情和经济下行压力等多重因素的制约,一些地区、行业的就业受到不同程度影响。本文在对2021年全省就业状况分析的基础上,研究河南省就业市场出现的特点及变化,指出当前就业工作中存在的主要矛盾和问题,预判2022年全省就业形势,并提出促进就业工作的对策建议。

关键词: 就业形势 就业政策 就业市场 河南

2021年,在河南省委省政府的正确领导下,全省上下全面贯彻落实党中央、国务院"稳就业""保就业"各项决策部署,特别是在下半年全省多地受到"7·20"特大暴雨灾害、新冠肺炎疫情双重因素叠加影响,各地各有关部门迅速行动起来,深入完善和落实积极就业优先战略,扎实有序做好就业困难人员、城镇失业人员、农民工和高校毕业生等重点群体就业工作,使全省就业工作承压前行、稳步恢复,"六稳""六保"各项稳就业政策任务落实成效日益显现,就业形势总体呈现逐渐平稳、稳中向好态势。

---

[*] 王玉珍,河南省统计局人口和就业统计处一级调研员,高级统计师。

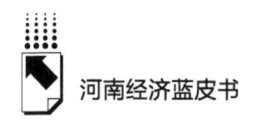

一 2021年河南省就业总体发展情况

2021年以来,在做好常态化疫情防控工作的同时,全省坚持以习近平新时代中国特色社会主义思想为指导,深入贯彻落实习近平总书记考察调研河南时的重要讲话指示精神,统筹推进"五位一体"总体布局,协调推进"四个全面"战略布局,坚持以民生为本和人才优先、惠民生与促发展相结合,统筹疫情防控、防汛救灾和经济社会发展,着力抓重点、补短板、强弱项、防风险、稳预期,持续推进实施就业优先政策。

(一)重点群体就业工作完成情况

1. 重点群体就业继续保持稳定

2021年全省就业主要指标走势平稳。城镇新增就业125.39万人,同比增长2.3%,完成年度目标任务的114.0%。城镇失业人员再就业40.46万人,同比增长9.8%,完成年度目标任务的161.8%。就业困难人员实现就业13.84万人,同比增长13.3%,完成年度目标任务的173.0%。

2. 失业群体、失业率保持稳定

2021年全省城镇登记失业人员为65.34万人,同比增加3.19万人,增长5.1%。城镇登记失业率为3.4%,控制在以4.5%为上限的年度预期目标范围内,分月度城镇登记失业率相对稳定。2021年以来分季度调查失业率稳定,均在目标可控制区间范围内。

(二)持续推动农村劳动力就地就近就业,增加有序转移就业

2021年,全省新增农村劳动力转移就业47.63万人,完成年度目标任务的119.1%。全省农村劳动力转移就业总量达3134.33万人,其中省内转移总量达1878.36万人,占全省农村劳动力转移就业总量的59.9%;省外输出总量达1255.97万人,占转移就业总量的40.1%。

2021年,全省新增返乡下乡创业人员20.23万人,完成年度目标任务

的134.9%，带动就业76.33万人。开展返乡农民工创业培训6.96万人次，完成年度目标任务的139.1%；开展返乡农民工创业辅导17.84万人次，完成年度目标任务的178.4%。

继续强化公益性岗位兜底保障，提升精准帮扶能力政策引导。2021年前10个月，全省新安置城乡公益性岗位人员1.68万人，累计帮助1624名零就业家庭成员、重度残疾人、大龄困难人员实现稳定就业，确保了"零就业家庭"的"动态清零"。

（三）新增市场主体继续带动发展，创业带动就业作用有效发挥

1. 新增市场主体继续带动发展

新登记市场主体持续增加，带动吸纳就业能力持续发挥。通过深入推进"放管服"改革，持续发挥创业扶持体系作用，为促进创新、创业营造了良好环境，取得了显著效果。截至2021年第三季度末，全省新登记各类市场主体110.59万户，同比增长9.5%，其中新登记各类企业35.57万户，同比增长8.5%；新登记个体工商户74.27万户，同比增长10.1%。

2. 创业带动就业作用有效发挥

2021年，全省开展创业培训累计达37.40万人次，完成年度目标任务的149.6%。扶持自主创业7.09万人，带动和吸纳就业24.97万人。新增发放创业担保贷款118.28亿元，完成年度目标任务的118.3%。其中，新增发放返乡农民工创业担保贷款82.82亿元，完成年度目标任务的138.0%。

（四）扎实有序推进高校毕业生就业

高校毕业生就业事关民生福祉、社会稳定和高质量发展。2021年全省应届普通高校毕业生达70.6万人，较上年增加5万人，总量居全国第1，加之疫情灾情叠加，就业形势十分严峻。河南省政府印发《河南省促进2021年高校毕业生更加充分更高质量就业若干政策措施》，实施高校毕业生就业"3215计划"，即企业吸纳30万人、政策性岗位招录20万人、自主创

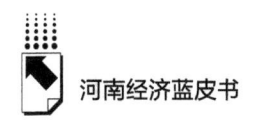

业和灵活就业15万人。截至2021年底，全省共促进高校毕业生就业65.90万人，总体就业率达93.3%。其中，各类企业吸纳就业30.20万人，政策性岗位招录（聘）20.10万人，实现自主创业和灵活就业15.60万人。

二 疫情环境下系列稳就业政策成效明显

（一）持续全面完善就业优先政策

2021年河南陆续出台一系列稳就业、保就业政策举措，如《关于支持多渠道灵活就业的实施意见》《全省人力资源社会保障系统服务"万人助万企"活动若干举措》《关于印发支持受灾地区防汛救灾、灾后重建若干措施的通知》《关于强化部分减负稳岗扩就业政策措施的通知》《关于对受洪涝灾害影响生产经营困难企业缓缴三项社会保险费有关问题的通知》《河南省促进2021年高校毕业生更加充分更高质量就业若干政策措施》《关于协助做好富士康等重点企业用工保障工作的通知》等，这些措施的贯彻实施，为做好全省就业创业工作提供了有力的政策保障。

2021年，河南省级公共就业和人才服务机构举办招聘会201场。其中，省人才交流中心举办综合招聘会52场、大中城市联合招聘专场活动2场、网络招聘会82场；省公共就业服务中心举办线上招聘会55场、现场招聘会10场。

（二）稳步推进实施职业技能机制

持续实施全民技能振兴工程和职业技能提升行动机制。高质量推进"人人持证、技能河南"建设工作，聚焦全省经济社会发展需求和产业转型升级，持续壮大技能人才队伍。为进一步推动技能持证、技能就业、技能增收，制定高质量推进"人人持证、技能河南"建设方案，加快推进职业技能等级制度，实施做强优质资源和培育潜力资源并举，积极实施"把河南劳务品牌叫得更响"政策，出台《河南省职业技能竞赛管理办法（试行）》

政策，建设职业技能竞赛品牌。

截至2021年第三季度末，全省共完成开展各类职业技能培训262.89万人次，完成年度目标的87.6%，其中，开展补贴性职业技能培训135.21万人次，完成年度目标的75.1%。"人人持证、技能河南"建设工作有序推进。

（三）不断加强公共就业服务工作

积极以办好全省公共就业服务系列专项活动为引领，打造"招才引智"大会、"春风行动"活动、"民营企业招聘月"活动等更多知名服务品牌活动。围绕服务企业，全力配合开展"万人助万企"活动，切实从减轻企业负担、做好用工监测、突出精准对接、落实人才政策、保障合法权益、提升服务效能、健全工作机制等方面，助推企业高质量发展下的更好就业。

针对2021年河南部分地区遭受暴雨灾害影响，进一步强化就业精准帮扶，出台灾后重建10条"硬核"举措，协助重点企业做好用工保障工作，实施受灾企业缓缴3个月社保费政策。截至2021年9月底，全省共受理1939家企业申报缓缴社保费，涉及职工26.02万人，缓缴金额9.02亿元；累计帮助需工企业完成招工41万人，其中帮助富士康招工34万人。在政策红利支持下，企业复工复产顺利推进，用工得到较好保障，企业负担得到有效减轻，有效助推企业提质、增效发展。

三 河南就业工作中存在的主要问题及其原因

在就业工作取得一定成绩的同时，也要看到目前全省就业工作依旧存在着不平衡不充分的深层次结构性问题。特别是2021年全省多地遭受不同程度的特大暴雨灾害和疫情反复等诸多影响，全省经济运行呈现出更多不确定性，就业工作面临前所未有的挑战和压力。

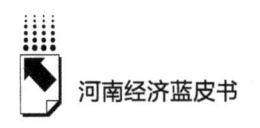

（一）稳就业、保就业压力较大

2021年第三季度以来，"涝""疫"相接造成全省部分企业、项目停产、停工，加大了各类市场主体的运营压力，直接波及就业工作。2021年7月全省城镇新增就业11.01万人，环比减少3.48万人，同比下降24%；8月份城镇新增就业7.62万人，环比减少3.39万人，同比下降30.8%。8月底城镇调查失业率为6.5%，比6月份上升1.2个百分点。

从监测的全省3125家企业失业动态情况看，用工总量为130.72万人，同比减少3.65万人，下降2.7%。从对暴雨灾害影响就业的调查情况看，全省共11963家企业受影响较大，涉及职工73.21万人，因生产经营困难裁员4245人。调查显示，全省75.5%的限额以上批发零售住宿餐饮企业受到暴雨灾害、疫情影响，部分企业停工停产。受暴雨灾害和新冠肺炎疫情的叠加影响，全省就业工作不确定性因素增加。

（二）重点群体就业难度加大

多重因素导致2021年重点群体就业任务更加繁重。一是2021年河南省高校毕业生达70.6万人，再创历史新高。此次暴雨灾害、疫情发生时间，与高校毕业生集中离校求职期基本重合，严重影响企业招聘和毕业生求职工作的开展，省内招聘渠道受阻，线下招聘活动暂停或推迟，跨区域求职通道受限，原定实习就业被中断，求职窗口期明显缩短，灾情引发的结构性供需矛盾更显突出。另外，"双减"政策引发部分毕业生就业困难。《2020年河南省高校毕业生就业质量调查报告》显示，"教育业"是吸纳大学毕业生数量最多的行业，就业人数占比达14.3%。但随着"双减"政策的深入实施，教育培训产业拉动高校毕业生就业的能力将逐步趋于减弱，高校毕业生就业空间将会受到一定压缩，不少已在教育培训行业就业的2021届毕业生面临较大的裁员压力。二是2021年全省农村劳动力转移发生新变化。农村劳动力省内供给少于往年，省外务工人员较2020年增加120.5万人，加剧了全省农村劳动力转移"外输内缺"现象。与此同时，暴雨灾害对农村劳动力就业也带来较大影响。定点村统计监测显示，有 70 多万名受灾群众需要转移就业或重新寻找岗位。省乡村振兴局监测数据显示，全省有 1.69 万脱贫人口和监测对象务工受到不同程度的影响。

（三）长期积累的结构性就业矛盾依然较为突出

随着河南省产业转型升级和技术进步步伐加快，人才培养、培训不能迅速适应市场需求的现象逐步凸显。由劳动力技能水平与市场需求不匹配、劳动力供给与需求不平衡导致的"就业难"和"招工难"并存的结构性就业矛盾依然较为突出，可能成为"十四五"时期全省就业领域的主要矛盾。

从全省 1335 家重点监测企业用工情况看，有 50 余家企业处于长期缺工状态，截至 2021 年第三季度末，存在用工缺口的企业 770 家，占重点监测企业用工情况单位数的 57.7%，缺工 2.19 万人，整体缺工率为 3.7%。另外，全省技能人才求人倍率长期保持在 2.0 以上。郑州、洛阳等 6 市公共就业服务机构 2021 年第三季度市场供求分析显示，高级技师、技师、高级技工求人倍率分别高达 3.31、2.47、2.62。

（四）人力资源市场供求趋紧的态势或将长期存在

全省受暴雨灾害和新冠肺炎疫情双重打击，直接或间接导致交通运输、批发零售、住宿餐饮、旅游、文化娱乐以及农林渔牧等行业发展受到较大影响，压力传导到就业环节表现为用人单位需求萎缩，企业招聘更加谨慎，社会就业岗位供给减少，部分求职者只能保持观望或等待状态，劳动者求职压力进一步增加。

截至 2021 年第三季度末，全省公共就业服务机构共组织线上线下各类招聘会累计达 1364 场，参会用人单位为 5.86 万家，提供就业岗位 190.1 万个，求职人员 195.6 万人次，求人倍率为 0.97。天基人才网监测显示，2021 年第三季度末河南网络招聘职位数量为 60.1 万个，环比减少 11.2 万个，下降 15.8%，与 2020 年同期相比，职位数量减少 19.8 万个，下降 24.8%，岗位需求下降明显。

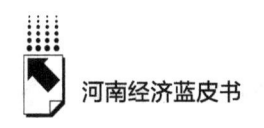

（五）职业培训力度有待进一步加大

从2021年第三季度开始，全省线下职业技能培训和评价工作基本停滞，一些企业、院校、培训机构、评价机构无法开展工作，有效工作推进时间不足，直接影响2021年"职业技能提升行动质量年"活动推进。

截至2021年第三季度末，专账资金支出完成年度计划目标任务的55.0%，培训人次数完成年度计划目标任务的75.1%，新增高技能人才完成年度计划目标任务的20.4%。职业技能培训工作整体推进不够理想，且培训质量还不够高，高级工以上培训占比不足20.0%。

同时，企业、职业院校参与职业技能培训的积极性不高，企业工学矛盾突出。企业普遍反映，保障正常生产用工较为紧张，难以抽出时间系统培训。一些职业院校绩效激励机制落实不到位，承担政府补贴性培训动力不足，而民办职业培训机构能力又弱，办学"同质化"现象较为严重，开展先进制造业、战略性新兴产业培训等基础能力薄弱，全省职业技能培训能力建设和培训力度有待进一步加大。

四 2022年河南省促进就业发展的建议

随着全省各类稳就业、保就业政策的出台落地，市场供需企暖回升，促进就业增长的有利因素也在逐渐累积，预计2022年全省就业形势会逐步向好发展。

（一）抓机遇，促贯彻就业优先战略决策深入实施

虽然2021年全省经济发展中仍存在不少困难和风险，但全省经济发展长期向好的基本面没有改变，就业局势也将继续保持总体平稳。要大力推动新发展格局下县域经济高质量发展，形成当地经济、就业、税收支柱支撑的新型经济模式；要持续完善就业优先政策举措，强化就业工作组织领导，推动援企稳岗等政策举措落地，加强就业服务和职业培训，不断充实完善政策

工具箱和资金准备，为各级各地抓机遇，促贯彻就业优先战略决策的深入实施奠定基础。

（二）强措施，全力推动各项就业优先政策落实落地

围绕党中央、国务院和省委省政府的决策部署，以更加充分更高质量就业发展为方向，坚持实施就业优先战略和积极的就业政策，从供需两端发力，优化服务培训，稳重点、防风险，沉着应对"涝""疫"对就业的影响，确保就业大局稳定，督促全省各地结合政策措施落实落地开展相关工作。全力支持配合开展好"万人助万企"活动和灾后恢复重建工作，重点围绕惠企政策精准落地，强化政策宣传解读，帮助企业用足、用好政策，把政策的"含金量"全面释放出来，提升服务企业水平，帮助企业稳定现有岗位，不断扩大和吸纳就业"容量"。

（三）促重点，突出抓好重点群体回流转移就业工作

促进重点群体就业，突出抓好重点群体以及回流转移人员就业工作，织牢、兜牢就业困难人员就业底线。一是持续做好就业困难人员就业帮扶，强化失业人员帮扶，督促市县建立失业人员帮扶台账，推动失业登记、职业指导、职业介绍、培训推介、生活保障联动等。二是做好农村劳动力转移就业和回流返乡创业就业工作，继续推进与沿海省份等省际劳务协作工作，促进农村劳动力就地就近就业和有序转移就业。三是推动促进高校毕业生就业创业"3215"计划全面落实落地，积极开展各类线上、线下专场招聘活动，确保有就业意愿的高校毕业生"应服务尽服务，愿就业尽就业"，确保高校毕业生全年实现就业65万人以上，年底总体就业率90.0%以上。四是统筹做好退役军人、妇女、残疾人等其他群体的就业工作，切实兜牢就业困难人员就业底线。

（四）提时效，持续提升就业创业公共就业服务水平

一是高质量推进"人人持证、技能河南"建设。大规模开展技能培训，

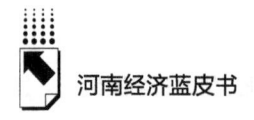

积极构建就业能力提升体系，提高职业技能培训的针对性和质量，提高劳动者的就业能力和适配性。用好线上培训平台和优质培训项目，引导劳动者特别是新生代劳动力积极参与线上、线下培训，提高就业创业技能储备。二是着力促进创业带动就业。持续发挥创业培训、创业担保贷款、创业孵化、创业服务"四位一体"创业体系机制作用，做好创业担保贷款精准帮扶，加强创业孵化载体建设，支持和鼓励新产业在新模式、新业态等发展上加大创新力度，畅通劳动力和人才社会性流动渠道，促进多渠道灵活就业，实现就业规模不断扩大。三是不断提升公共就业服务水平。持续优化全省"互联网+就业创业"信息系统平台，做到严格执行就业失业统计管理制度，推进政策服务帮办、快办、打包办。组织好"大中城市联合招聘高校毕业生"等公共就业专项服务系列活动，不断促进市场供需匹配，推动劳动者实现更加充分更高质量就业。

（五）建机制，不断加强就业形势分析研判、预警工作

一是不断完善就业失业统计监测调查体系，加强大数据等技术应用，增强风险预警和处置能力，切实防范化解规模性失业风险。积极落实好企业规模裁员减员及突发事件报告制度，加强风险评估，适时发布失业预警信息。二是探索建立就业形势科学研判机制。建议成立政府（有关）部门、高校、企业共同参与的专业分析团队，探索建立就业联合分析机制，适时开展对就业重大问题的研判，逐步提升就业形势感知、分析研判和科学决策水平。

B.11
2021~2022年河南省能源形势分析与展望

常冬梅 秦红涛 刘金娜*

摘　要： 本文在回顾总结2021年河南规模以上工业能源生产、消费运行情况的基础上，对2022年河南能源生产、消费形势发展进行预判，并提出了推动河南能源生产、消费向好发展的政策建议：加大重点煤电企业生产支持力度，提升全省煤、电等能源初级产品生产保障能力；推动煤炭资源高效利用，助力节能降碳绿色发展；与提高电网调峰储能能力相结合，继续加快河南清洁能源发展；继续做好重点领域节能工作，推动全省节能降耗工作取得有效进展。

关键词： 能源生产　能源消费　绿色低碳转型　河南

2021年，河南省能源生产先后遭受煤矿事故、洪涝灾害、新冠肺炎疫情等巨大冲击，原煤、发电量月度增速多次大幅下降，全年原煤、发电量增速明显低于全国水平。在河南省委省政府迅速出台实施多项保供稳价措施作用下，全省煤电等主要能源产品生产秩序迅速恢复，下半年原煤、电力生产不同程度呈现趋稳走势。能源消费在能耗双控预警和坚决遏制"两高"项目盲目发展政策作用下，呈高开低走态势，全年工业综合能耗由正转负。

---

* 常冬梅，河南省统计局能源和生态统计处处长，一级调研员；秦红涛，河南省统计局能源和生态统计处四级调研员，高级统计师；刘金娜，河南省统计局能源和生态统计处。

2022年，河南将坚决贯彻中央经济工作会议"稳字当头、稳中求进"总基调，把"稳增长摆在更加突出的位置"，全省能源消费需求将继续保持相当规模；与此同时，在中央经济工作会议"要正确认识和把握初级产品生产保障""要正确认识和把握碳达峰碳中和"等能源工作要求指引下，全省煤电等主要能源产品生产、绿色低碳的能源消费转型将得到强化和加快，全年能源生产消费总体将向好发展。然而，由于2022年宏观经济环境依然复杂多变，能源价格高位波动可能加剧等困难因素仍比较多，河南能源保供和节能减排工作依然存在较大压力。

一 2021年河南省能源生产、消费基本情况

（一）洪涝、疫情冲击能源生产，原煤、发电量增速低于全国，下半年能源生产总体有所趋稳

2021年，煤矿安全事故、洪涝灾害、新冠肺炎疫情等事件对河南原煤、电力生产造成巨大冲击，全省规模以上工业原煤产量、发电量全年分别下降11.6%、0.2%，均明显低于全国水平。下半年以来，在河南省委省政府各项保供措施作用下，河南原煤、电力生产逐步趋稳，全年原油加工量和汽油生产实现增长，清洁电力生产继续加快，能源生产总体趋于稳定。

1. 原煤生产上半年快速下滑，下半年各月降幅逐步收窄，全年增速低于全国16.3个百分点

在2021年上半年产量基数快速提高，6月煤矿安全事故，7月严重洪涝灾害，8月、11月新冠肺炎疫情等多重因素叠加影响下，全省原煤生产遭受巨大冲击。从当月增速情况看，6月全省规模以上工业原煤产量大幅下降33.9%，7月叠加洪涝灾害影响，全省原煤供应一度紧张；在相关部门各项加强原煤生产举措的推动下，第三季度原煤生产虽有所恢复，但当月增速整体仍位于-20%~-15%的低水平区间；第四季度，在国家和河南多项原煤保供稳价政策的持续作用下，原煤当月降幅明显收窄，12月降幅已收窄至7.1%，全年当月增速呈"V"形波动。从累计增速看，2021年全省规模以

上工业原煤产量9335.50万吨，同比下降11.6%，分别比第一季度、上半年、前三季度增速降低12.8个、2.6个、0.2个百分点，总体呈现出上半年快速下降、下半年下降势头趋缓的走势（见图1）。

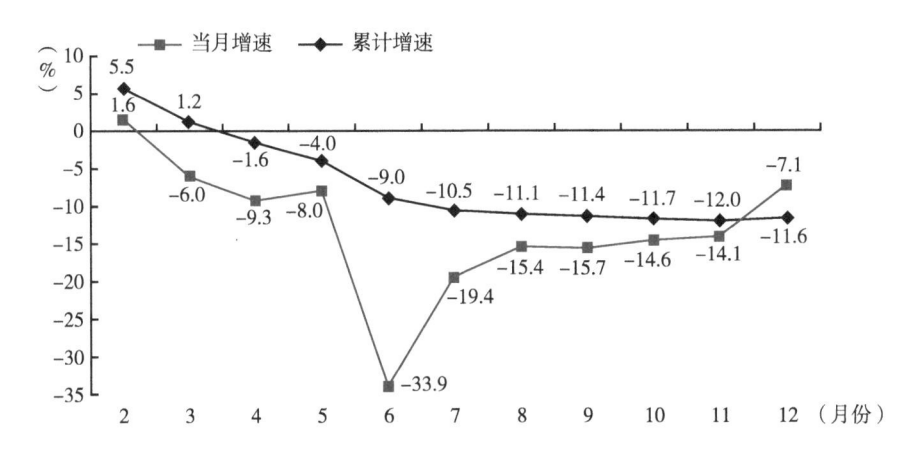

图1 2021年河南省规模以上工业原煤分月份增速走势

资料来源：河南省统计局。

近年来，河南每年原煤消费量维持在2亿吨以上。然而受制于省内大部分煤矿产区地质条件复杂、开采成本较高、部分产区资源枯竭愈加突出，以及技术条件、安全及经济性限制等多方面因素，煤炭产能接续提升空间比较有限，全省每年原煤产量基本稳定在略超过1亿吨的水平之上，每年需从省外净调入约1亿吨煤炭以满足全省煤炭消费需求，煤炭保供任务十分繁重。2021年河南原煤生产遭受冲击后，产量下降较为明显，11.6%的全年降幅比全国低16.3个百分点；2020~2021年两年平均下降6.6%，低于全国两年平均增速9.4个百分点。

2. 发电生产逐步放缓，全年发电增速低于全国8.3个百分点

2021年，受全国煤炭价格高位运行、煤炭供应形势紧张等因素影响，低库存入夏的河南电煤供应，7~8月在洪涝灾害、新冠肺炎疫情等因素冲击下更为紧张，全省电力生产受到较大影响，全省规模以上工业发电量当月增速年内多次出现大幅下降的情况。全年规模以上工业发电量2813.13亿千

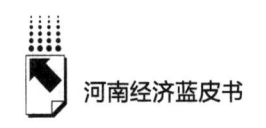

瓦时，下降0.2%，分别比第一季度、上半年、前三季度降低8.9个、5.6个、1.5个百分点，各月累计增速逐步放缓。分电源看，全年火力发电量下降2.5%，水电下降20.9%，风电增长72.7%，太阳能发电增长4.5%。

与全国相比，2021年河南电力生产明显慢于全国，全年规模以上工业发电量下降0.2%，增速比全国低8.3个百分点；2020~2021年两年平均下降1.2%，比全国两年平均增速低6.6个百分点。

3. 原油加工、汽油生产同比增长，柴油产量小幅下降

2021年，全省规模以上工业原油加工量915.00万吨，增长3.7%，较第一季度降低7.5个百分点，比上半年、前三季度分别提高2.2个、4.3个百分点；比2019年增长15.7%，两年平均增长7.6%。全省规模以上工业汽油产量231.78万吨，增长2.3%；柴油产量222.57万吨，下降3.3%。

4. 清洁电力快速发展，比重明显提高

2021年末，包括水电、风电、光电（河南没有核电机组）在内的全省清洁能源发电机组装机超过3800万千瓦时，较2020年增加700多万千瓦时。2021年全省规模以上工业清洁电力总量为365.84亿千瓦时，增长18.5%，比2020年增速提高10.3个百分点；占全部规模以上工业发电量的13.0%，比2020年占比提高3.3个百分点。

（二）工业能耗增速持续回落，单位工业增加值能耗降幅逐步扩大

2021年，在碳达峰碳中和目标、工业绿色低碳转型高质量发展理念引领下，全省上下坚决遏制"两高"项目盲目发展，加快工业、能源结构调整，汛情、疫情对工业企业能源消费也产生一定的抑制作用，全年工业能源消费总体有所回落，单位工业增加值能耗降幅扩大。

1. 能源消费总体回落，增速由正转负

2021年河南规模以上工业综合能源消费同比下降1.4%，比第一季度、上半年、前三季度分别降低14.4个、9.1个、3.1个百分点，全省能源消费增速持续回落。2021年上半年，在同期低基数效应逐渐减弱的作用下，工业能源消费增速由1~2月的14.3%回落至1~6月的7.7%；下半年，叠加

汛情、疫情、煤电供应紧张等事件冲击的同时，河南进一步加大能耗双控预警、遏制"两高"项目盲目发展等政策执行力度，工业能源消费增速回落势头加快，当月增速呈明显波动下降态势，全年累计增速由上半年的7.7%下滑至-1.4%。

2. 单位工业增加值能耗降幅逐步扩大，工业节能降耗形势逐步好转

2021年全省规模以上工业单位增加值能耗同比下降7.3%，比第一季度的2.8%、上半年的2.6%、前三季度的5.7%的降幅分别扩大4.5个、4.7个、1.6个百分点，比2020年扩大7.8个百分点。40个行业大类中（其他采矿业除外），27个行业单位增加值能耗同比下降，13个行业下降幅度高于全省水平。高耗能行业中化学原料和化学制品制造业，非金属矿物制品业，有色金属冶炼和压延加工业，电力、热力生产和供应业能耗强度分别同比下降5.3%、8.0%、5.6%、2.5%。同全国相比，2021年河南单位工业增加值能耗降幅大于全国水平，比全国5.6%的降幅（初步测算数）多降1.7个百分点。2020~2021年两年平均下降3.5%，比全国两年平均降幅多降0.5个百分点。

二 2022年河南能源生产、消费形势预判

2022年全球政经形势依然复杂严峻，可能加剧的国际能源价格震荡，大概率将继续对全国及河南能源供应造成一定的冲击。2021年12月召开的河南省委经济工作会议上，为贯彻落实中央经济工作会议"经济工作要稳字当头、稳中求进""提高国内资源生产保障能力"等各方面工作要求，河南出台了一系列新的政策举措。预计2022年河南能源消费需求将继续保持相当规模，省内原煤、电力生产也将得到进一步强化；与此同时，在碳达峰碳中和目标指引下，能源消费领域绿色低碳转型进程也将不断加快。全年河南能源生产消费总体将向好发展，但是能源保供、节能减排工作压力仍然存在。

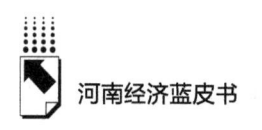

（一）原煤、电力生产将获得更多政策助力，能源生产应急保障能力将进一步提高

限于资源禀赋，为支撑经济发展，近年来河南每年从省外调入煤炭占煤炭消费总量的一半以上，净调入电力占比二成左右、成品油占比九成左右，能源对外依存度较高，能源保供任务十分繁重，能源供需多年维持紧平衡状态。2021年为应对突发事件影响，河南陆续实施了两轮电网有序用电、加强电煤生产供应等多项能源保供措施。在成功应对不利影响，迅速恢复能源生产秩序，做好全年能源保供工作之后，河南煤矿应急生产、电煤储备调度、电网抢修以及电力市场化制度建设等方面的不足也进一步显露出来。在中央经济工作会议"传统能源逐步退出要建立在新能源安全可靠的替代基础上。要立足以煤为主的基本国情，抓好煤炭清洁高效利用，增加新能源消纳能力，推动煤炭和新能源优化组合""要确保能源供应，大企业特别是国有企业要带头保供稳价"等一系列具体要求下，河南相关主管部门在2021年已推出实施的煤矿安全生产前提下应产尽产、加快省内煤炭储运基地建设、助力煤电企业"降本增发"等多项有效举措基础上，又着手制定充分释放煤矿优质产能、加快抽水蓄能电站建设、强化应急调峰煤电机组维护等多项煤、电生产保障举措，2022年河南原煤、电力生产应急响应能力将进一步得以强化、提高，全年能源生产有望更为高效平稳。

（二）全省能源消费需求仍将保持一定规模和增速，节能降耗任务依然艰巨

2021年，在全省遏制"两高"项目盲目发展、部分时段能源供应偏紧等背景下，全省规模以上工业能源消费未出现明显下降，全年同比仅下降1.4%，其中六大高耗能行业（煤炭开采和洗选业，化学原料和化学制品制造业，非金属矿物制品业，黑色金属冶炼和压延加工业，有色金属冶炼和压延加工业，电力、热力生产和供应业）能耗同比下降1.3%，下降速度慢于全省平均水平，一方面反映出河南工业发展对能源消费的刚性需求，另一方面反映出在"十三五"全省规模以上工业能耗较大幅度下降之后，全省工业特别是六大高耗能行业能耗下降空间比较有限。2022年，在中央正确认识和把握碳达峰碳中和、持续实施工业领域绿色低碳转型行动等各项工作要求下，河南将继续坚持遏制"两高"项目盲目发展，严格重点行业能效约束，把节能降耗、降碳工作放在更加突出的位置，推动工业绿色转型和高质量发展有机融合。考虑到2022年"稳字当头、稳中求进"的经济工作总要求，以及2021年疫情反复、洪涝灾害影响下工业经济发展总体较慢所导致的低基期效应作用，预计2022年河南工业各行业生产可能呈现较快速度的恢复性增长，全省工业能源消费需求将继续保持一定规模和增速，节能降耗压力依然存在。

三 河南能源高质量发展的政策建议

（一）加大重点煤电企业生产支持力度，提升全省煤、电等能源初级产品生产保障能力

2022年，河南要大力抓好中央经济工作会议精神在能源生产领域的贯彻落实工作。相关部门要调整煤矿不合理行政性限产措施，提高煤矿生产组织保障水平，全力满负荷生产，稳定增加全省煤炭产量；原煤、电力行业主管部门要进一步强化统筹协调力度，落实好国家出台的煤炭电力等能源产品价格、财税、信贷等各方面优惠政策，切实减轻煤电企业经营负担；加快省内各储煤基地建设，建立健全全省和各地电煤储备调用机制，保证骨干电厂用煤；充分发挥煤电兜底保障作用，强化省内统调燃煤电厂深度调峰能力建设，在重点做好机组维护保养工作的同时，给予参与调峰企业更多政策上的优惠和支持。

（二）推动煤炭资源高效利用，助力节能降碳绿色发展

河南能源资源禀赋以煤为主，2020年煤炭占全省能源消费总量的67.6%，2021年火电机组占全省装机总量的65.7%，规模以上工业燃煤发

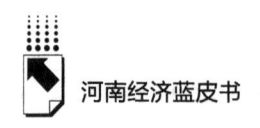

电比重高达81.0%，煤炭在能源结构和经济中起到重要的压舱石作用短期内不会改变。2022年，河南仍要立足于以煤为主的基本省情，充分发挥煤炭在能源保供兜底作用的同时，实现煤炭的资源清洁高效利用，在煤炭产品质量、燃煤发电等领域全产业链推进清洁利用工作，解决和突破制约煤炭清洁高效利用和新型节能技术发展的瓶颈问题，提升煤炭清洁高效利用和新型节能领域自主研发能力。逐步实现煤炭从燃料到原料的转变，通过延伸煤化工产业链，为经济发展动能转换拓展空间，促进河南省煤化工产业向"高端化、多元化、低碳化"转型发展，大力推进煤炭相关行业绿色低碳发展，助力实现碳达峰碳中和目标。

（三）与提高电网调峰储能能力相结合，继续加快河南清洁能源发展

2021年，河南规模以上工业发电量中清洁电力占比已提高到13.0%，全年净调入省外电量超710亿千瓦时，较2020年增长近二成。河南电网每年消纳清洁电力规模的持续扩大（河南调入省外电力中有相当部分来自南方的水电和青海、新疆等地区的风电、光电），在有效利用省外资源、降低全省能耗和碳排放总量的同时，由于水风光电力生产的季节性、不稳定性特征，对省内电网"削峰填谷"的负荷调节能力即安全运行能力也提出了更高的要求。整个"十四五"期间，河南一方面要加快抽水蓄能发电项目建设，争取早日投产发挥作用，不断提高电网负荷调节的安全运行能力；另一方面要紧紧抓住郑州城市群获批国家燃料电池汽车示范应用的宝贵机遇，加速全省氢能产业发展，充分发挥氢能在储能发电方面的独特优势，尽快形成以清洁电力制氢为主、氢能发展和水风光电发展相互促进的良好局面，加快河南煤炭和新能源优化组合进程。

（四）进一步贯彻好中央经济工作会议要求，做好重点领域节能工作

按中央经济工作会议精神要求，河南将在工业生产、能源消费领域大力推进资源全面节约、集约、循环利用，做好重点领域节能工作，深挖节能潜力，坚决遏制"两高"项目盲目发展，科学设定能效基准水平，推动未达标企业实施改造升级，提升能源利用效率。继续加强对重点耗能企业的节能监管和能耗监测，关注新投产、高耗能项目对能耗增长的拉动作用，做好能源消费形势研判，采取科学、有效节能措施，推动全省能耗双控工作顺利开展。

战略措施篇
Strategic Measures Part

B.12
改革开放以来河南省全面建成小康社会成就综述

刘朝阳 崔岚*

摘 要: 自改革开放之初党中央提出小康社会的战略构想以来,河南把人民对美好生活的向往作为奋斗目标,一以贯之、接续奋斗。从解决人民温饱问题到推动人民生活总体达到小康水平,从全面建设小康社会到全面建成小康社会,真抓实干、攻坚克难,到2020年,全省经济综合实力大幅提升,脱贫攻坚战取得全面胜利,人民生活更加殷实,社会发展更加公平,人与自然更加和谐共生,如期实现了全面建成小康社会。

关键词: 小康社会 全面小康 脱贫攻坚 河南

---

* 刘朝阳,河南省统计科学研究所所长;崔岚,河南省统计科学研究所统计师。

改革开放以来河南省全面建成小康社会成就综述

2021年7月1日,在庆祝中国共产党成立100周年大会上,习近平总书记庄严宣告:经过全党全国各族人民持续奋斗,我们实现了第一个百年奋斗目标,在中华大地上全面建成了小康社会,历史性地解决了绝对贫困问题,正在意气风发向着全面建成社会主义现代化强国的第二个百年奋斗目标迈进。在实现全面建成小康社会的伟大征程中,河南坚决扛稳政治责任,勠力同心、真抓实干、攻坚克难、开拓创新,在中原大地上绘就了一幅全面小康的壮丽画卷,实现了河南历史上亘古未有的伟大跨越。

一 不懈奋斗,全面建成小康社会进程稳步推进

回望历史,"小康"是中华民族自古以来孜孜以求的梦想。1979年,邓小平同志针对我国处于并将长期处于社会主义初级阶段的基本国情,创造性地用"小康社会"这一概念擘画新时期中国社会的发展蓝图,并完整概括了经济发展"三步走"战略。"小康"——这一饱含深厚文化底蕴、富有鲜明中国特色的美好愿景,由此成为中国现代化进程中的醒目路标。此后,关于小康社会的认识和实践经历了一个逐步深化、提升的过程。2002年党的十六大报告提出"在本世纪头20年,集中力量,全面建设惠及十几亿人口的更高水平的小康社会"。2012年党的十八大站在新的历史起点上明确提出了全面建成小康社会的奋斗目标。在不同历史时期,我们党总是根据人民意愿和事业发展需要,提出富有感召力的小康社会建设目标,并团结带领人民为之奋斗。

自20世纪90年代开始,河南省统计局在全国小康监测方案基础上,结合本省实际,制定了河南小康监测指标体系,先后分"小康生活"(1978~2000年)和"全面小康"(2001~2020年)两个阶段对河南小康社会建设进程开展持续监测。监测结果客观地反映了河南从"温饱不足"到"总体小康",从"全面建设小康社会"再到"全面建成小康社会"的辉煌历程。

(一)1978~2000年:推改革、促发展,实现总体小康

作为农业大省、人口大省,"吃不饱、穿不暖"曾牢牢盘踞于河南人民

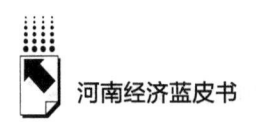

的记忆深处。1978年,党的十一届三中全会作出把工作重点转移到经济建设上来的伟大决策部署,为河南经济发展注入全新活力。这一时期,河南坚持改革开放总方针,以经济建设为中心,围绕"一高一低"战略,从实际出发,大力推进"小康""富民"工程建设,推动经济社会各方面发展。

依照国家统计局制定的《全国"小康生活"评价指标体系》测算,2000年河南"小康生活"指数达95.5%,13项"小康生活"指标中已达标准的有10项;五大方面中经济水平、人口素质、精神生活和生活环境指数已达100%,物质生活指数达92.9%,河南总体上已基本进入小康社会,实现总体小康。

(二)2001~2020年:补短板、强弱项,决胜全面小康

21世纪初,河南虽实现总体小康,但仍是"低水平、不全面、发展不平衡"的小康。在此背景下,2003年8月,河南省委省政府根据党的十六大对全面建设小康社会提出的新要求,制定了《河南省全面建设小康社会规划纲要》;2014年12月,又根据党的十八大对全面建成小康社会奋斗目标的新要求,制定了《河南省全面建成小康社会加快现代化建设战略纲要》。两个纲要确定了河南省全面建成小康社会的奋斗目标、基本途径和战略举措。此后,河南紧紧扭住这一奋斗目标,一茬接着一茬干,一棒接着一棒跑,尤其是党的十八大以来,主动适应经济发展新常态,扎实推进供给侧结构性改革,统筹推进"五位一体"总体布局,协调推进"四个全面"战略布局,实现了一系列具有标志性意义的突破。

依据《河南全面建成小康社会统计监测方案》测算,2020年河南全面建成小康社会总指数达97.1%,较2019年提高1.9个百分点,较2001年提高39.0个百分点,2001~2020年年均提高2.0个百分点(见图1)。按照国家统计局评定监测标准,河南省全面建成小康社会总指数达到97%以上,关键指标实现程度达到100%,已全面建成小康社会。①

---

① 本文所有数据、图表资料均来源于"河南省全面建成(建设)小康社会统计监测报告"。

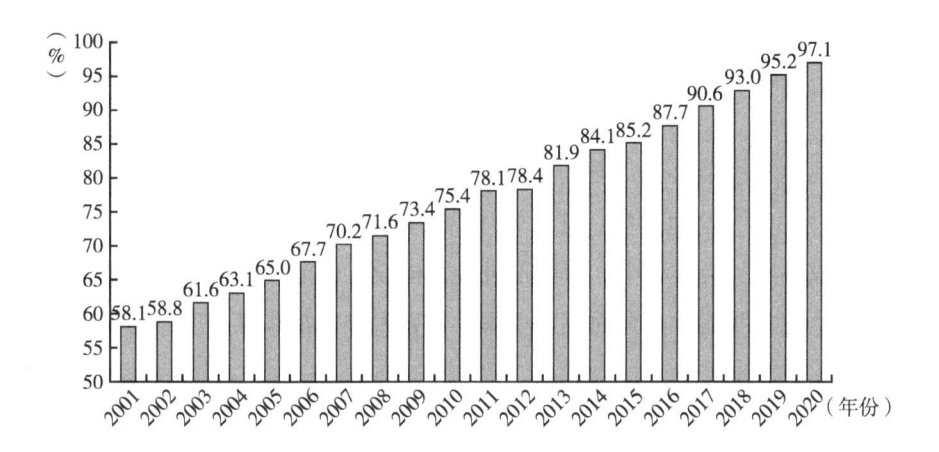

图1 2001~2020年河南全面小康总指数

从全面建成小康社会各大领域分指数来看，2020年河南经济发展、人民生活、三大攻坚战、民主法治、文化建设、资源环境六大领域指数分别为95.0%、97.2%、100%、98.8%、96.7%、96.9%；与2000年相比，除三大攻坚战外其他五个领域分别提高55.8个、39.6个、19.6个、31.8个、34.1个百分点。

表1 2000~2020年河南全面小康各大领域指数完成情况（主要年份）

单位：%，个百分点

项目	2000年	2005年	2010年	2015年	2020年	2001~2020年年均提高
全面小康总指数	56.6	65.0	75.4	85.2	97.1	2.0
经济发展	39.2	45.9	60.1	77.9	95.0	2.8
人民生活	57.6	72.7	83.0	85.8	97.2	2.0
三大攻坚战[1]	—	—	—	—	100.0	2.6
民主法治[2]	79.2	91.4	94.9	86.3	98.8	1.0
文化建设	64.9	69.8	69.9	86.1	96.7	1.6
资源环境	62.8	67.9	75.7	84.2	96.9	1.7

注：[1]三大攻坚战领域为2017年新增监测领域；[2]2012年民主法治领域监测指标调整。

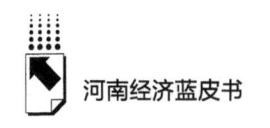

二 善作善成，全面建成小康社会各大领域成就显著

全面建成小康社会，强调的不仅仅是"小康"，更重要的是"全面"，是"五位一体"全面进步。进入21世纪特别是党的十八大以来，河南省在全面建成小康社会进程中，积极推进经济建设、政治建设、文化建设、社会建设、生态文明建设，全面建成小康社会各大领域都取得了重大进展。

（一）综合实力不断提升，全面小康底气十足

全面建成小康社会，经济发展是物质基础。2020年河南全面建成小康社会经济发展领域指数为95.0%。河南聚精会神搞建设、全心全力谋发展，综合实力不断迈上新台阶，为全面建成小康社会提供了十足的底气。

经济实力大幅跃升。按可比价格计算，1987年、1994年全省GDP分别是1980年的2.1倍、4.1倍，提前6年实现经济发展"三步走"战略中提出的"到20世纪末国民生产总值比1980年翻两番"的目标；2020年接近5.5万亿元，是2010年的2.2倍，完成党的十八大提出的"2020年国内生产总值比2010年翻一番"的目标；1979~2020年年均增长10.4%，高于全国平均水平1.2个百分点；占全国的比重从1978年的4.4%提高到2020年的5.4%，自1995年起经济总量稳居全国第5位，经济大省地位更加巩固。

人均GDP稳步增加。全省人均GDP分别于1989年、2005年突破1000元、1万元大关之后，又分别于2009年、2012年、2016年、2018年连上2万元、3万元、4万元、5万元新台阶。2020年全省人均GDP达55435元，由1978年的全国第28位提升至第18位，对于河南这样一个经济发展起点低、人口基数大的省份来说实属不易。

经济结构持续优化。河南加快推进经济结构优化升级，产业结构调整不断取得重大突破，1978年三次产业结构比为39.8∶42.6∶17.6，1992年第三产业比重首次超过第一产业，2018年第三产业比重首次超过第二产业，实

现产业结构的历史性转变；2020年三次产业结构比为9.7∶41.6∶48.7，服务业占比接近50%。

创新引领作用日益增强。河南不断加大科技经费投入，创新实力不断提升，对经济发展的引领作用也日益增强。全省研发经费投入强度从1991年的0.06%提高至2020年的1.64%；1991年全省科技活动人员仅有6.28万人，2020年增加至30.46万人，是1991年的4.9倍；创新成果不断涌现，新能源客车、盾构机、光通信无源芯片、超硬材料、流感疫苗等产品的技术水平均居全国首位，国家级创新平台172家，科技型中小企业突破1万家，为全面建成小康社会提供了强大的科技动力。

开放优势逐步彰显。河南用深化改革提升"软环境"，用扩大开放打造"硬条件"，实现了由内陆腹地向开放高地的历史性转变。全省货物进出口总额从1978年的1.99亿元增加到2020年的6654.82亿元，年均增长21.3%；占全国的比重由1978年的0.6%提高到2020年的2.1%；外贸规模居全国位次由1978年的第17位前移至2020年的第10位；"四条丝路"筑起对外开放新高地，以国际化机场货运航线为依托，打造郑州—卢森堡"空中丝绸之路"，2017年货邮吞吐量首次跻身全球50强，2020年货邮吞吐量达63.94万吨，居全国第6位。

城乡融合发展加快。河南牢牢把握新型城镇化这一现代化必由之路，坚持以工补农、以城带乡，依靠城镇优势激活乡村各类资源和要素，促进城乡融合发展，同时突出中心城市带动作用，积极构建以中原城市群为主体、大中小城市和小城镇协调发展的现代城镇体系。1978年，全省常住人口城镇化率仅为13.63%；2017年首次超过50%，实现了由乡村型社会向城市型社会的历史性转变；2020年达55.43%，比1978年提高41.8个百分点，年均提高近1个百分点。

信息通信水平全面提高。经过40多年发展，电话、手机、互联网已从少数人的消费进入寻常百姓家，通信方式发生了翻天覆地的变化。1978年，河南电话普及率只有0.17部/百人；2020年，全省实现县城以上城区5G全覆盖，移动互联网用户增幅均居全国第1位，固定宽带家庭普及率超

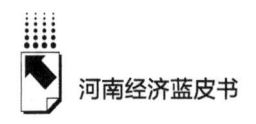

100%，移动宽带用户普及率达88.5%，郑州国家级互联网骨干直联点总带宽达1360G，居全国第3位。

（二）民生福祉持续增强，全面小康更有温度

全面建成小康社会，民生改善是突出标志。2020年河南全面建成小康社会人民生活领域指数为97.2%。河南始终把人民对美好生活的向往作为奋斗目标，统筹做大蛋糕与分好蛋糕的关系，不断增强人民群众的获得感、幸福感、安全感，让全面小康社会建设得更有温度、更加实在。

收入水平不断提高。坚持把提高人民生活水平作为发展经济的根本出发点和落脚点，通过采取提高工资、增加各类津补贴、放开农副产品价格等措施拓宽居民收入渠道。2020年全省居民人均可支配收入为24810元，是2010年的2.0倍（扣除物价因素），完成了党的十八大提出的"2020年居民人均可支配收入比2010年翻一番"的目标；其中，城镇居民人均可支配收入从1978年的315元提高到2020年的34750元，年均名义增长11.8%；农村居民人均可支配收入从1978年的105元提高到2020年的16108元，年均名义增长12.7%，略高于城镇居民；城乡居民收入倍差从1978年的3.01缩小至2020年的2.16，城乡收入差距逐步缩小。

社会保障体系日趋完善。自1993年全国实施社会保险制度以来，河南社会保险逐步实现法定人群制度全覆盖，并率先建立困难群众大病补充医疗保险制度。2020年末，全省参加基本养老保险人数7504.39万人、医疗保险人数10349.51万人；养老、医保参保率均稳定在95%以上，社会保障网织密扎牢。

公共卫生体系建设不断加强。没有全民健康，就没有全面小康。河南加大对医疗卫生的投入力度，加速推进优质医疗资源下沉和均衡配置，公共卫生服务能力显著提升。2020年，全省拥有卫生机构7.47万个，是1978年的10.2倍；每千人口拥有职业（助理）医师数从1978年的0.62人增加到2020年的2.78人；实现县县均有综合医院、中医院和妇幼保健院，乡镇卫生院、行政村卫生室实现全覆盖，医疗卫生事业取得跨越发展，看病难正成

为历史，飞速发展的医疗卫生事业正为全省人民带来更多健康福祉。

教育事业蒸蒸日上。教育是社会公平的重要基础。河南坚持把教育事业放在优先位置，深化教育改革，各级各类教育得到长足发展。义务教育全面普及，1990年全省基本普及小学教育，有条件的地区基本普及初中教育，2006年"两免一补"政策施行，教育公平之基越扎越实；高中阶段教育规模不断扩大，全省高中阶段毛入学率由2000年的39.2%提高至2020年的92.0%；高等教育规模快速发展，全省高等教育毛入学率由2000年的8.7%提高至2020年的51.9%；人口素质大幅提升，与2010年第六次全国人口普查数据相比，文盲率由4.25%下降为2.24%，平均受教育年限由8.95年上升至9.79年。

（三）三大攻坚战成果突出，全面小康成色更足

全面建成小康社会，三大攻坚战是关键所在。2020年河南全面建成小康社会三大攻坚战领域指数为100%。2017年全面建成小康社会到了最后攻坚期，党的十九大报告提出要坚决打好三大攻坚战，使全面建成小康社会得到人民认可、经得起历史检验。河南紧盯突出问题和薄弱环节，举全省之力确保坚决打赢三大攻坚战，彰显了全面建成小康社会的成色。

精准发力打赢脱贫攻坚战。脱贫攻坚是全面建成小康社会的底线任务。河南是全国脱贫攻坚任务较重的省份之一，贫困人口总量居全国前列。1978年，全省共有农村贫困人口约2500万人（按农民人均年纯收入206元的贫困标准测算），经过在全省范围内开展以解决农村贫困人口温饱问题为主要目标，以改变贫困地区经济文化落后状态为重点的大规模扶贫开发工作后，到2000年末，全省农村贫困人口下降至830万人（按农民人均年纯收入865元的贫困标准测算），脱贫工作在21世纪初取得显著效果；2012年脱贫攻坚战全面打响以来，河南坚持精准扶贫，合力攻坚，到2020年末，全省实现718.6万建档立卡贫困人口全部脱贫，9536个贫困村全部出列，53个贫困县全部摘帽，消除了绝对贫困和区域性整体贫困，"两不愁三保障"全面实现。

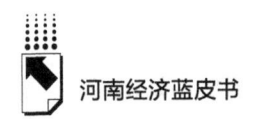

坚定不移打好防范化解重大风险攻坚战。河南以习近平总书记关于防范化解重大风险重要论述为根本遵循，自觉扛牢防风险、保安全、护稳定责任，确保政治安全、社会安定、人民安宁；有效化解政府债务风险，在全国率先全面开展地方隐性债务摸底调查，2019年末全省法定债务风险预警和提示地区全部退出，法定债务风险控制在合理区间。2020年末，全省政府法定债务余额9831.61亿元，债务风险评估结果为绿色等级，显著低于风险预警线，在全国处于较低水平。确保金融运行总体稳健，积极推动商业银行将逾期90天以上贷款纳入不良资产管理，持续重拳整治市场乱象，2020年末，全省银行业机构资产总额9.7万亿元、负债总额9.4万亿元，同比分别增长9.1%、9.3%。

硬起手腕打好环境污染防治攻坚战。为加快解决环境问题，扭转大气污染恶化态势，满足人民群众对于优良环境的需求，河南深入实施蓝天工程、碧水工程、乡村清洁工程，环境污染防治攻坚战成效明显。主要污染物浓度大幅下降，2020年全省化学需氧量、氨氮、二氧化硫、氮氧化物主要污染物排放量较2015年分别累计下降19.0%、17.3%、31.1%、28.2%，完成小康目标；人居环境整治持续推进，城市污水集中处理率达98.3%，97%以上的行政村生活垃圾得到有效处理，人民群众对美好生活环境的期待正一步步变为现实。

（四）民主法治建设不断加强，全面小康更有保障

全面建成小康社会，民主法治是制度保障。2020年河南全面建成小康社会民主法治领域指数为98.8%。党的十八大以来全省深入学习贯彻习近平法治思想，扎实推进全面依法治省，逐步完善社会治理体系，社会大局和谐稳定，人民群众法治观念明显增强，全社会法治氛围日益浓厚，为全面建成小康社会保驾护航。

基层社会治理能力大幅提升。河南大胆探索加强农村基层党组织建设的路子，创造性地提出和实施了"四议两公开"工作方法，成为农村基层民主制度建设的一大创举。2018年河南成功组织实施全省村（居）民委员会

同步换届选举，圆满完成了 51825 个村（社区）两委换届选举任务，参选率达 89.6%，较上届提高了 0.9 个百分点。

社会组织活力不断增强。河南坚持一手抓培育发展，一手抓监督管理，促进社会组织健康发展壮大。加强对社会组织开展第三方评估工作，引导社会组织不断加强内部治理。截至 2020 年底，全省共有社会组织 4.74 万个。

律师队伍逐步壮大。近年来河南省律师事业取得了长足发展，律师队伍不断壮大。2020 年，全省律师人数为 2.41 万人，是 2012 年的 2.1 倍。

（五）文化事业繁荣发展，全面小康精神支柱更牢

全面建成小康社会，文化建设是精神支柱。2020 年河南全面建成小康社会文化建设领域指数为 96.7%。河南充分利用文化资源优势，加大对文化产业的投入力度，持续深入推进公共文化服务基础设施建设，全省文化事业不断向前推进，为全面建成小康社会提供了有力的文化支撑。

公共文化服务设施加快普及。2020 年，全省共建成各级公共图书馆 166 个、博物馆 336 个，分别比 1978 年增加 130 个、325 个，全部实现零门槛免费开放；基层综合性文化服务中心覆盖率达 99.9%，基本实现"县有图书馆、文化馆，乡镇有文化站，村（社区）有综合文化中心"的目标；电视节目综合覆盖率从 1978 年的 35.0% 提高到 2020 年的 99.6%，文化惠民为全面小康加码添彩。

文化产业总体实力增强。河南文化产业由小变大、由弱变强，文化软实力日益凸显，呈现出亮点纷呈的高质量发展新局面。2019 年全省文化及相关产业增加值为 2251.15 亿元，是 2004 年的 22.2 倍，2005~2019 年年均增长 23.0%；占 GDP 比重从 2004 年的 1.21% 提高到 2019 年的 4.19%。《禅宗少林·音乐大典》《大宋·东京梦华》等精品节目久演不衰，《黄帝千古情》《只有河南·戏剧幻城》等黄河文化旅游演艺落户河南，成为河南文化产业日益繁荣的生动例证。

（六）资源环境持续改善，全面小康底色更亮

全面建成小康社会，资源环境是亮丽底色。2020 年河南全面建成小康

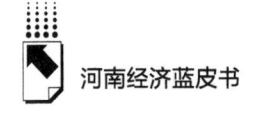

社会资源环境领域指数为96.9%。河南坚定不移走生态优先、绿色发展之路，推动全省生态文明建设步入了全面、快速、高效发展的崭新时代，厚植全面建成小康社会的底色。

节能降耗成效显著。2007年，河南出台《单位GDP能耗考核体系实施方案》，对各地节能完成情况和落实措施情况进行考核，"十一五"时期、"十二五"时期、"十三五"时期全省单位GDP能耗分别累计下降20.12%、22.88%、25.12%，单位GDP能耗持续下降体现了全省用更少的能源消耗支撑了更多的经济发展。

用水效率明显提升。自2013年起河南开始实施严格的水资源管理制度，以量定需，严格管控用水。多年来全省用水总量保持在既定红线以内，2020年单位GDP用水量为48.6米^3/万元（2010年不变价），较2012年下降43.2%，水资源节约利用效果明显。

碧水蓝天常现中原。2020年，河南全年空气质量优良天数比例为66.7%，达到近年来的最好水平；水污染得到改善，全省Ⅰ~Ⅲ类水质比例为77.7%，劣Ⅴ类水质断面清零；与2005年相比，森林覆盖率由16.19%提高到25.07%。

乡村环境持续改善。2000~2020年，全省农村自来水普及率从48.9%提高到91.0%，农村卫生厕所普及率从53.5%提高到85.1%，无害化卫生厕所基本实现愿改尽改，厕所革命、农村饮水安全工程扎实推进。中原大地上，绿色环保、节能低碳已成为一种新的生活方式并深入人心。

三 锚定目标，在实现社会主义现代化建设中更加出彩

回望过往的奋斗路，在全面小康社会建设的征程中，河南历届省委省政府均把"小康"作为奋斗目标，几代人一以贯之、接续奋斗，如期取得全面建成小康社会的伟大胜利，交出了一份彪炳史册的全面小康答卷。

眺望前方的奋进路，全面建成小康社会为社会主义现代化建设奠定坚实

基础，一系列国家战略规划和战略平台落地河南为社会主义现代化建设提供发展支撑。同时也应清醒地认识到，当前外部环境不稳定因素增多，河南经济结构优化仍需提速，创新驱动能力有待增强，文化产业还需加快发展，环境治理任重道远，巩固脱贫攻坚成果任务艰巨，民生保障还需持续发力。社会主义现代化建设使命更光荣、任务更艰巨、挑战更严峻。

踏上新的"赶考"之路，要牢记领袖嘱托，锚定伟大目标，立足新发展阶段，贯彻新发展理念，紧跟构建新发展格局这一机遇性、竞争性、重塑性变革步伐，坚持求真务实，科学制定现代化"时间表""路线图"，与新时代推动中部地区高质量发展中奋勇争先紧密结合、与推动黄河流域生态保护和高质量发展战略紧密结合，瞄准事关全省现代化建设的关键领域、薄弱环节，加压奋进、寻求突破，向着"两个确保"奋进。

（一）以构建国家创新高地为目标，加快现代化建设步伐

把创新摆在发展的逻辑起点、现代化建设的核心位置。构建一流创新生态，加大科技研发投入和新型基础设施建设力度，统筹整合现有创新平台资源。加快构建现代化产业体系，坚持把制造业高质量发展作为主攻方向，积极引进新兴产业，培植未来产业，把加快数字化转型、大力发展数字经济作为推动高质量发展的强劲动能。充分挖掘内需潜力，依托市场规模优势，着力打造国内大循环的重要支点，突出消费环节的基础性作用，顺应消费升级趋势，激发新消费需求，拓展新投资空间。

（二）以深入实施重大区域战略为牵引，推动区域协调发展

充分利用和放大一系列重大国家战略规划和战略平台的"乘数效应"，将"政策红利"化为发展势能。适应疫情防控常态化时代国际格局深刻变化的新形势，放大航空港、自贸区、自创区、跨境电商综试区联动集成效应，促进对外贸易和利用外资高质量发展。坚持以人为本提高新型城镇化质量，优化完善城乡区域协调发展新机制，打造河南双核增长极，为支撑经济持续稳定健康发展提供强大动力源。

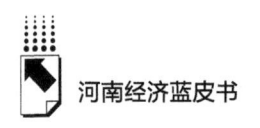

（三）以推动共同富裕为原则，构建民生发展新格局

推进乡村振兴，巩固拓展脱贫攻坚成果，建立健全防止返贫动态监测和帮扶机制，对易返贫致贫人口实施常态化监测预警，做好脱贫攻坚与乡村振兴的有效衔接，推动乡村振兴实现更大突破，走在全国前列。稳步提高城乡居民收入，千方百计稳定和增加就业岗位，加大对重点群体的就业扶持力度，不断提升人民群众的获得感。健全社会保障机制，进一步加大住房、医疗、教育等基本保障力度，完善医疗保障支付制度，优化医疗资源配置等。全面提升人力资本素质，大力发展更为优质均衡的基础教育，缩小城乡、区域之间的差距，促进教育公平，加快推进教育现代化。

（四）以筑牢治理现代化为基石，加强民主法治建设

坚持依法决策，把政府决策纳入法治轨道，确保重大决策制度科学、程序正当、过程公开、责任明确，提高行政决策的公信力和执行力。树立底线思维，稳控经济社会风险，增强驾驭风险的本领，健全各方面风险防控机制，勇于战胜治理体系和治理能力现代化过程中的各种艰难险阻，牢牢把握工作主动权。以人民为中心，不断扩大人民的有序政治参与，进一步加强人民当家做主的制度保障。

（五）以实施文旅文创融合为导向，推动文化繁荣兴盛

以保护和传承黄河文化为契机，加快打造国际级黄河旅游文化带。围绕传承民族基因、讲好黄河故事，深入实施中华文明探源工程和黄河文化遗产系统保护工程。全面繁荣新闻出版、广播影视、文学艺术、哲学社会科学事业，推进城乡公共文化服务体系一体建设，不断扩大优质文化产品供给。加快文旅融合和数字化转型步伐，用更多的新产品、新业态、新消费模式让全世界感知河南文化、爱上河南文化。

（六）以全面推进绿色低碳为重点，加强生态文明建设

顺应生态环境转变为"总体改善、局部恶化"的态势，以"看不见的

污染"为重点，加快促进绿色低碳循环发展，进一步提升可再生能源比重，推动绿色氢能产业发展，实现河南能源结构的优化，为实现"碳达峰碳中和"目标提供有力支撑。落实习近平生态文明思想，把横跨东西的黄河生态带、淮河生态带、大运河生态带和纵贯南北的南水北调生态带作为绿满中原的标杆，加快构建"丰"字形生态体系，为高质量发展厚植"河南绿"。

B.13
河南实施优势再造战略问题研究

崔红建 叶丹 牛勇 李力 赵辉 时少峰*

摘 要： 2021年9月，河南省第十一次党代会明确提出"实施优势再造战略"，推动交通区位、内需规模、产业基础等优势再造提升、融合聚合，力争在新发展格局中实现新的更大突破。本文在全面梳理河南经济发展形成的区位交通优越、产业基础坚实、市场规模庞大等比较优势的基础上，对传统优势在新发展格局背景下存在的短板问题进行分析，并借鉴国内其他省份的经验做法，最后提出河南实施优势再造战略的对策建议：推动区位交通优势加速转化为枢纽经济优势，推动产业基础优势加速转化为现代产业体系优势，推动市场规模优势加速转化为产业链供应链协同优势。

关键词： 优势再造战略 新发展格局 高质量发展 河南

一 河南经济发展具备的比较优势

近年来，河南省委省政府加强重大战略、重大规划、重大工程科学谋划、布局落子，在部分领域已经形成了一定的比较优势。

---

* 崔红建，博士，河南省发展和改革委员会国民经济综合处处长；叶丹，河南省发展和改革委员会国民经济综合处副处长；牛勇，河南省发展和改革委员会国民经济综合处副处长；李力，博士，河南省发展和改革委员会国民经济综合处；赵辉，博士，河南省发展和改革委员会国民经济综合处；时少峰，河南省发展和改革委员会国民经济综合处。

（一）区位交通优越

河南承东启西、连南贯北，全国"十纵十横"综合运输大通道中有5个经过河南，联通全国主要经济区域的"米+井"综合交通运输通道基本形成。

一是郑州国际航空货运枢纽发展迅速。2020年，郑州机场二期工程建成投用，三期北货运区工程加快建设，郑州机场客货运航线分别达194条、51条，初步形成了横跨欧美亚三大经济区、覆盖全球主要经济体的国际枢纽航线网络。2021年，郑州机场货邮吞吐量首次突破70万吨大关，连续两年跻身全球机场航空货运40强，稳居全国第6位、中部地区首位。

二是国际铁路枢纽地位巩固提升。普铁、高铁形成"双十字"交会，郑徐、郑万、郑阜、商合杭、太焦高铁相继开通运营，郑州至济南、菏泽至兰考高铁加快建设，瓦日、浩吉铁路煤运通道建成投用，"米"字形高速铁路网和"四纵五横"大能力货运铁路网基本形成。截至2020年底，全省铁路营业里程达6134公里，其中高速（含城际）铁路1998公里。中欧班列（郑州）形成"六口岸、七站点"国际通道线路，境外网络遍布欧盟及中亚地区30多个国家130个城市，综合运营指标居全国前列。

三是高速公路便捷畅通。截至2020年底，河南省高速公路通车里程突破7000公里大关，达7100公里，持续保持在全国第一方阵，省际出口32个，郑州、洛阳等7市形成高速绕城环线，二级以上公路里程占比达69.7%，所有高铁站、机场、港口和省级产业集聚区实现二级及以上公路连通，跨黄河桥梁达28座，所有县城实现15分钟上高速。

四是内河航道升级加快。截至2020年底，河南已建成港口泊位201个，港口设计吞吐能力达5486万吨。周口港列入全国内河主要港口，实现了河南省国家级内河主要港口"零"的突破。全省内河航道通航里程达1725公里，沙颍河、淮河两条航道通江达海，建成周口、信阳、漯河、平顶山4个以货运为主的港口和洛阳、南阳、许昌3个以客运为主的港口。

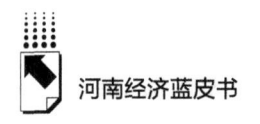

（二）产业基础坚实

河南是传统工业大省，工业规模稳居全国第5位、中西部第1位。一是工业体系完备。依托丰富的矿产和农副产品资源，河南形成了以装备制造、食品、汽车、电子信息、轻工、建材、化工、有色为主的工业体系，拥有40个行业大类、182个行业中类，制造业占规模以上工业比重超过85%。

二是主导产业优势突出。河南积极推进制造业绿色、智能、技术三大改造，装备制造、食品制造跃向万亿级产业，电子信息产业、装备制造业、汽车及零部件产业、食品产业、新材料产业五大主导产业增加值占规模以上工业增加值的比重由2015年的44.0%提高到2020年的46.8%，绿色食品、大中型客车、盾构装备、输变电装备、铝加工等产业技术水平和市场占有率均居全国前列。

三是新兴产业加快发展。河南省制定实施新能源及网联汽车等10个新兴产业链现代化提升方案，郑州信息技术服务和下一代信息网络、平顶山新型功能材料、许昌节能环保等4个产业集群入选首批国家战略性新兴产业集群发展工程。2020年，全省战略性新兴产业增加值占规模以上工业增加值的比重达22.4%，较2015年提高10.6个百分点。

（三）市场规模庞大

一是消费市场空间大。河南有1亿总人口、2000多万中等收入群体，2020年社会消费品零售总额达2.25万亿元，居全国第5位，随着城乡居民收入稳步提升，消费总量扩大和结构升级的空间广阔。

二是基础设施投资需求广阔。河南交通、公共服务等基础设施建设历史欠账多，还存在不少短板。2020年河南高速铁路、高速公路路网密度分别居全国第12位、第10位，与全国第5的经济大省地位不匹配。人口超千万的郑州城市轨道线路长度仅为206.5公里、居全国第11位，投资空间广阔。

三是新型城镇化潜力大。2020年末，河南常住人口城镇化率达55.43%，较2015年提高8.41个百分点，但仍低于全国平均水平8.46个百分点。初步测算未来五年全省常住人口城镇化率年均提高1.5个百分点左右,意味着每年有150万左右的农村人口转移到城市,按每个转移人口拉动4.5万元新增基础设施投资、年新增1万元消费支出计算,仅此一项每年全省可新增投资消费需求825亿元。

二 河南实现优势整合重组存在的突出问题

在构建新发展格局下,河南一些固有的发展优势、竞争优势将重新洗牌,甚至可能逐步丧失,巩固提升这些传统优势还面临着短板挑战。

(一)枢纽地位相对弱化,面临先发优势丧失的风险

河南枢纽对产业和经济的"搅拌器""放大器"功能未能充分发挥,交通运输"流量"大于"留量"问题突出,枢纽偏好型产业规模小、产业链不健全、市场竞争力弱,对区域经济支撑能力不强。

一是交通枢纽建设仍有短板。高效联通长三角地区的东向通道不足,亚欧大陆桥、京港澳等主通道部分区段能力饱和,省际、市际间还存在不少断头路。截至2020年底,全省高铁、高速公路里程分别居全国第7位、第8位,路网密度仅居全国第10位,内河航运未深入腹地,通江达海能级不足。交通枢纽更多承担过境集疏功能,引流、驻流能力不足,客货"始发终到"集聚效应有待提升,郑州铁路客货运输量仅相当于武汉的30%左右。物流企业仍以"小散弱"为主,全省规模以上物流企业仅占物流市场主体的7.7%,A级以上物流企业不足全国的3%,缺乏具备供应链整合和平台组织能力的"链主型"龙头企业。

二是枢纽偏好型产业基础薄弱。临空产业结构单一,智能终端产业"一家独大",增加值占航空港实验区规模以上工业增加值的90%以上,且企业多处于来料加工和组装等初级产品阶段。航空关联产业发展缓慢导致本地货源匮乏,2020年郑州机场出口货物中河南货源仅占10%。高铁经济拉动效应有限,全省除郑州东站商务区初具规模以外,其他高铁枢纽的商务区

还在开发过程中,"高铁+旅游""高铁+会展"等经济模式潜力尚未激发。临港经济产业链条较短,周口港、淮滨港等临港经济目前仍以仓储物流产业为主,对产业链上下游及关联配套产业延伸和吸引不够,集聚效应尚未形成。

三是要素支撑能力不足。空港、高铁、海港、陆港等主要发挥人员和货物的转运功能,四大枢纽型经济区缺乏产业发展配套和居民生活配套设施,基础设施和区域教育医疗等公共配套设施建设落后。促进公平竞争、放宽市场准入等方面仍有短板,制约商品及资金、技术等要素流动的壁垒依然存在,跨境资金流通、资金结算等问题尚未得到根本破解,口岸管理信息化水平和通关便利化程度仍需进一步提高,枢纽经济区与行政区之间管理不协调问题突出。

(二)制造业高端供给不足,面临在产业链供应链中出局的风险

制造业整体上仍处于产业链前端、价值链低端,很多领域创新能力弱、资源消耗大、龙头企业数量少、品牌影响力不强,以中低端为主的产品结构难以满足日益升级的消费需求等问题突出。

一是优势产业能级不高。部分产业链条不完整,大多数位于中低端环节,缺乏强有力的企业带动,产销规模、市场占有率偏小偏弱。电子信息产业中智能终端主要以代工组装为主,非苹果手机产量低、产值低,缺少其他"硬核"产品;汽车制造产业中汽车整车产量仅占全国的3%左右,上汽郑州、东风日产、开封奇瑞轿车和中重型载货车品种少、产量低,缺少中高档产品。

二是新兴产业发展滞后。突出表现为创新能力弱、总量规模小、产业能级低、产业链不强,缺乏精准有力的规划引导和政策支持。2020年,全省冶金、建材、化学、轻纺、能源五大传统产业增加值占规模以上工业增加值的比重高达46.7%,战略性新兴产业增加值占规模以上工业增加值的比重仅为22.4%,大幅落后于安徽、江苏、浙江等省份。

三是创新能力严重不足。高端研发机构和高层次人才匮乏,2020年,

全省研发经费投入强度为1.64%，居全国第18位、经济总量前10省份末位，仅相当于全国平均水平的68.3%，万人发明专利拥有量在经济总量前8的省份中居末位。创新链与产业链融合不紧，科技型中小企业、高新技术企业数量仅为全国的5.7%、2.3%，无一家本土成长起来的"独角兽"企业，技术市场成交额仅占全国的1%左右。

四是创新主体能级不高。优质企业数量少、规模小、带动能力不强。2021年9月，中国企业500强、中国制造业企业500强榜单揭晓，河南分别有12家、22家企业入围，远低于山东、江苏、浙江等省份。

（三）内需潜力尚未充分释放，面临经济循环迟滞的风险

河南常住人口居全国第3位、社会消费品零售总额仅居全国第5位，实际消费能力与人口大省地位不匹配，以财政投入支撑投资高速增长的模式难以为继，市场化融资模式尚未完全建立，导致供需结构性错配问题突出。

一是居民收入偏低。2020年，全省居民人均可支配收入、消费支出分别达24810元、16143元，仅相当于全国平均水平的77.1%、76.1%，居民恩格尔系数高达27.4%，严重制约了消费能力提升和结构升级。

二是城镇化进程逐步放缓。受经济增速放缓、人口老龄化等因素影响，河南城镇化进入快速发展中后期，依赖空间扩张型的传统城镇化模式难以为继，居住证制度尚不能从根本上保障农业转移人口享有均等公共服务，农民进城落户动力逐步减弱，"十一五"以来农业转移劳动力就业数量持续下降。

三是消费环境不优。消费领域中高端产品服务供给不足、升级缓慢，大量新兴服务消费外流，商贸设施建设相对滞后。2019年底，全省每万人购物中心面积仅为0.06万平方米，远低于全国的0.36万平方米。农村商品流通主渠道不畅、销售网点萎缩，商贸设施和电商物流网络不够健全，路、水、电、讯等基础设施落后，农村公路重建设轻养护，不能满足农村居民生活水平提升的要求。

四是平台经济活力不足。互联网平台与产业融合不够，电商平台企业数

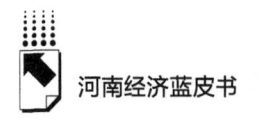

量不足、龙头偏少、场景应用不多，终端消费产品品种少、品牌弱。2020年，阿里巴巴平台上以河南为发货地的网上零售额约1560亿元，而以河南为收货地的网上零售额则达3200亿元。

三 国内部分地区实现优势再造提升竞争力的经验做法

近年来，国内一些地区依托自身区位交通、市场规模、产业等独特优势，促进多种要素集聚布局、全面发力，推动经济高质量发展，为河南实现经济转型提供了示范作用。

（一）以发展枢纽经济为纽带，促进交通和产业融合发展

随着全国交通运输由总体缓解到基本适应，交通也从重视网络建设转变为网络和节点并重，各地以交通枢纽建设为支撑，加速枢纽偏好型产业集聚，推动区域经济转型升级。成都作为国家级航空高技术产业基地，发挥研发制造航空发动机优势，集聚了一批军工集团和航空企业，成都临空经济示范区形成了以航空经济为引领，以电子信息、生物产业、绿色能源等高时效性、高附加值产业为支撑的现代适航产业体系。芜湖借力全省港口一体化、港航协同化发展的优势，重点发展物流运输、船舶交易、航运金融、法律服务等，吸引奇瑞新能源汽车、海螺集团、新兴铸管、中联重科等一批具有全球竞争力的重点企业，芜湖港为安徽进出口企业融入长三角、融入国际市场提供了一条高效、快捷的物流大通道。

（二）以实施科技创新为动力，推进制造业向中高端关键环节迈进

各地区以供给侧结构性改革为主线加快新旧动能转换，以技术改造、技术进步、技术创新为突破口推动传统产业转型升级，在推动产业高值化、品牌化、服务化、平台化、绿色化发展等方面取得了长足进展。合肥坚持在创新发展领域深耕细作，以"合肥模式"招大引强带动产业集聚，由政府直接充当投资合伙人，集中力量支持合肥以地方融资平台为桥梁，引进一批体

量大、带动性强的行业巨头项目，撬动上下游企业落地，吸引全产业链布局。在汽车制造领域，合肥投资100多亿元成功引入蔚来汽车中国总部，启动实施江淮蔚来工厂EC6量产项目、新桥智能电动汽车产业园区，积极抢占豪华汽车品牌市场份额。目前蔚来汽车、理想汽车和小鹏汽车并称中国三大造车新势力。摩根大通预测，到2025年蔚来汽车在中国电动汽车市场的占有率将达30%。

（三）以精准扩投资促消费为抓手，激发强大内需市场潜力

随着经济下行压力不断增大，国家和各地把扩投资促消费作为促进经济增长的重要政策安排，从筹办国际消费展会到消费新业态新模式支持政策出台，再到战略性新兴产业投资以及"两新一重"投资项目的密集启动，各层面统筹协调、多领域集中发力，扩内需大幕相继拉开。着眼补短板调结构增后劲扩大有效投资。武汉聚焦城市建设重点发力，启动实施百里长江生态廊道项目，新建扩建7个江滩公园，打造具备防洪屏障、绿色生态、景观游憩、娱乐休闲功能的两江四岸江滩，年度城建投资超3000亿元，特别是汉口江滩通过灯光秀等形式开发新玩法，吸引众多市民观赏。创造优质供给适应引领消费需求。广东通过"政府搭台、协会参与、企业联动"的方式，实施线上线下配合、全产业链协同，推出一系列鼓励汽车消费的政策举措，对广州、深圳进一步放宽汽车摇号和竞拍指标，对"国六"标准排量汽车实施2000~5000元不等的财政补贴，持续搅热本地区汽车市场人气，2020年全国城市汽车销量排名前10的城市中广东独占3席。

四 河南实施优势再造战略的政策建议

下一步，河南要坚持以习近平新时代中国特色社会主义思想为指导，深入贯彻习近平总书记关于河南工作的重要讲话和指示批示精神，科学把握新发展阶段，完整准确全面贯彻新发展理念，紧抓构建新发展格局战略机遇，

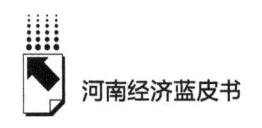

保持更强的危机感和紧迫感，推动区位交通、产业基础、市场规模等优势再造提升、融合聚合，加速形成综合竞争优势，打造河南发展胜势。

（一）推动区位交通优势加速转化为枢纽经济优势

1. 实施枢纽能级提升行动

完善通道运输网络，全面建成"米"字形高速铁路网，加快建设呼南高铁焦作至平顶山段、平顶山经漯河至周口高铁等项目，全面实施高速公路"13445"工程，推进"一枢多支"现代化机场群建设，改造升级淮河、沙颍河、贾鲁河等内河航道，构建直连主要经济区域的"米+井+人"综合运输通道。巩固提升郑州国际性综合交通枢纽地位，加快郑州机场三期工程、小李庄站及郑州北编组站搬迁、中欧班列集结中心等重大项目建设，统筹推进洛阳、商丘、南阳全国性和其他区域性综合交通枢纽建设。

2. 实施物流提质发展行动

依托综合运输通道打造12个物流大通道，推进国家物流枢纽和区域物流枢纽建设，加快构建"通道+枢纽+网络"现代物流运行体系。培育壮大本土物流骨干企业，重点支持中原龙浩、中州航空等发展航空货运，瑞茂通等发展大宗商品物流，双汇物流、大象物流等发展冷链物流，郑州国际陆港等发展电商物流，研究成立省港航集团推动航运发展，积极引进一批国内外知名物流企业在豫设立区域性和功能性总部。

3. 实施枢纽产业集群培育行动

支持郑州航空港实验区壮大航空物流、高端制造、现代服务业三大主导产业，推进智能终端产业园、临空生物医药园等项目建设，重点培育与航空制造业和物流业发展相关的供应链金融、航空租赁等服务业。围绕高铁场站发展总部经济和楼宇经济，构建高铁高端商务商业圈，大力发展以文化旅游为龙头的消费性服务业，打造一批高铁黄金旅游线路，探索发展高铁快件物流，打造全国快件中转集散中心。加快郑州国际陆港新节点建设，实施运贸一体化战略，重点发展跨境电商、国际贸易、国际运邮等高附加值产业，在中欧班列（郑州）沿线国家布局建设一批经贸产业合作园区。支持周口加快临港物流产业园、安钢周口产能置换、特色装备产业园等项目建设。

（二）推动产业基础优势加速转化为现代产业体系优势

1. 实施传统产业转型升级行动

提升电气装备、现代农机、盾构装备、矿山装备等优势产业集聚水平和本地化配套能力，加快洛阳高端装备制造产业园等建设，打造全国重要的装备制造产业集群。以食品、汽车、轻纺等消费品行业为重点，实施增品种、提品质、创品牌"三品"行动，全面提升产品有效供给能力和水平。加快钢铁产业优化布局、企业兼并重组和装备大型化改造，推进有色、化工、建材等行业向新型材料、高端材料延伸，打造具有竞争力的新材料产业集群。开展新一轮工业企业技术改造。

2. 实施新兴产业发展壮大行动

实施战略性新兴产业跨越发展工程，推行产业链链长和产业联盟会长"双长制"，动态实施重点事项、重点园区、重点企业、重点项目"四个清单"，加快鲲鹏硬件生产基地、中铁装备智能盾构基地、郑州临空生物医药园、节能环保产业示范基地、比亚迪40万辆乘用车基地等建设，着力构建电子信息、智能装备、生物医药、节能环保、新能源汽车等战略新兴产业链。

3. 实施未来产业谋篇布局行动

研究制定未来产业发展规划，加快发展氢能储能，支持宇通集团等龙头企业开展氢燃料电池公交、物流车辆示范应用；依托信息工程大学等知名高校和科研院所，建设量子通信、量子计算重大研究测试平台，加强脑机交互与混合智能等前沿技术研究，在先进制造、城市治理、公共安全等领域开展示范应用；依托行业骨干企业培育发展基因技术、高端疫苗、高性能影像设备等新产业新产品。

4. 实施开发区高质量发展行动

全面推行"管委会+公司"模式，支持开发区选择1~2个主导产业、

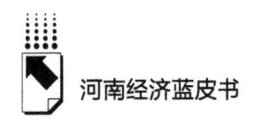

1个新兴产业或未来产业，集中要素资源培育，加快形成特色优势。

5. 实施企业培育成长行动

推广"智慧岛"运营模式，建立完善"微成长、小升高、高变强"梯次发展机制，优化提升孵化培育、政策培训、企业认定等服务。深化国企国资改革，组建国有资本投资公司和运营公司，深化省属国有企业混合所有制改革，推动钢铁、化工等行业战略性重组、专业化整合，引导国有资本向战略性新兴产业和优势产业集中。

（三）推动市场规模优势加速转化为产业链供应链协同优势

1. 实施供需平衡行动

以整机和终端产品为牵引，系统梳理中铁装备、郑煤机、洛阳轴承、宇通客车等产业链"链主"企业产品、原材料、零部件等市场需求情况，推动相关配套企业集聚发展，推动供给与需求互促共进。充分发挥河南产业基础和市场规模优势，主动对接国内国际市场需求，围绕重大装备、汽车和零部件、新型材料、食品等领域，加强产品研发和品质提升，不断提高河南产品的市场占有率。

2. 实施重点领域投资扩容行动

推进机场、高铁、公路等重大交通基础设施项目建设，深入推进"四水同治"，实施观音寺调蓄、郑开同城东部供水、袁湾水库、淮河流域重点平原洼地治理等重大工程；推进西气东输三线中段（河南段）、中原大型煤炭储备基地、屋顶光伏、抽水蓄能电站等能源项目建设；布局建设国家级行业大数据中心、黄河云、5G基站、外电入豫特高压输变电工程等新型基础设施；加快超低排放改造、节能环保装备应用、综合能源改造等节能技改项目；推进新型城镇化，开展城市更新行动，实施都市圈轨道交通、市域铁路、老旧小区改造、棚改房安置、防洪排涝设施、水电气暖管网等项目。

3. 实施项目投融资改革行动

充分发挥地方政府债券的撬动作用，改进政府投资基金运营机制，加快政府投融资公司转型升级，深化铁路、水利、水运等领域投融资体制改革，做强铁投、水投等政府投融资公司，探索推广"交通项目+土地开发""股权投资+EPC""存量资产证券化"等新型市场化融资模式，以既有和在建城际铁路项目18个站点为试点推进TOD开发，引导民间资本通过多种方式积极参与重点领域项目建设，建立健全以市场化运作基金为主导的产业投融资体制机制，形成政府引导、企业为主、市场运作的投融资格局。

4. 实施消费环境优化行动

支持郑州、洛阳建设国际消费中心城市，加快推进重点步行（商业）街业态提升，大力发展"夜经济""小店经济"等业态模式，重点培育一批特色商业街区、夜经济集聚区、文旅休闲消费区，着力打造区域性消费高地。全面促进农村消费，开展新一轮汽车下乡和以旧换新，加快农村居民耐用消费品更新换代；推进县域城乡物流体系和商贸设施建设，扩大电子商务进农村综合示范覆盖面。

B.14 河南省文旅文创融合战略发展研究

王笑天 杨奕 谢顺 张飞*

摘 要： "十四五"时期是河南省文旅文创融合发展的关键期。本文结合国际国内文旅文创融合发展的规律和趋势，审视河南目前文旅文创融合战略发展的现状及存在的问题。河南应以"行走河南·读懂历史"主题线路为核心，建设国际文化旅游目的地与考古旅游先行区，打造文旅新地标与非遗传承创新新标杆，培育文旅文创"旗舰劲旅"，壮大全链条文创产业，建成中华文化传承创新中心、全国文旅高质量发展示范区、世界文明交流互鉴高地和世界文化旅游胜地。

关键词： 文旅文创 融合发展 高质量发展 河南

河南省第十一次党代会提出，要加快建设文化强省，并把实施文旅文创融合战略纳入"十大战略"。"十四五"期间，河南省将围绕打造中华文化传承创新中心、世界文化旅游胜地两大目标，发展富有特色的全链条文旅业态，壮大以创意为内核的文化产业，做好"五个一"文章，即塑造一个全域旅游主题形象，打造一条国际级旅游带，建设一批休闲康养基地，探索一条全链条文创产业发展路径，壮大一批文旅旗舰企业。

---

* 王笑天，博士，河南大学；杨奕，河南省文化和旅游厅；谢顺，河南省文化和旅游厅；张飞，河南省文化和旅游厅。

一 文旅文创融合战略发展条件

（一）"文化转向"即将成为文化旅游发展的标志性特征

发达国家率先进入后工业社会（以第三产业增加值占GDP比重超过50%为标志）后，竞相将文化产业和旅游业上升到国家层面，文化、价值观、意识形态等文化软实力成为综合国力竞争的关键。我国一些发达地区在进入后工业社会以后，其发展战略也出现了一定程度的"文化转向"，如深圳、北京、上海分别于2008年、2010年、2012年被评为设计之都，成都于2010年被评为美食之都，杭州于2012年被评为手工艺与民间艺术之都，这些城市的游客接待量也进入较快增长期。2020年，河南第三产业增加值占GDP比重达48.7%，预计在"十四五"中期将超过50%，迈入后工业社会。"文化转向"将成为"十四五"时期全省文化和旅游发展的标志性特征，文化创意、旅游产业等将迎来快速增长，文化和旅游消费将成为拉动内需的重要引擎，文旅文创将成为战略性支柱产业，引领经济社会高质量发展和现代化河南建设。

（二）"文旅文创"成为构建创新型社会的重要支撑

随着科技化浪潮和新一轮产业革命加速推进，创新已成为重塑全球和区域竞争格局的关键变量。美国、德国、日本等发达经济体及印度、中国等金砖国家均将创新驱动作为国家战略，通过发展文化旅游和文化创意形成创新经济，通过发展创新经济促进区域创新发展，通过区域创新发展激发新的创意文化产业实施文旅文创融合发展战略，形成文旅文创良性发展新局面。河南已将文旅文创融合发展战略上升为省委省政府重点实施的"十大战略"之一，文旅文创正在成为政策的风口、行业的热点和经济社会的增长点，并且是全省战略支柱产业和提升区域核心竞争力的关键变量。通过创意激活和科技赋能，加快国潮国风文化旅游业态出圈步伐，将河南得天独厚的历史文

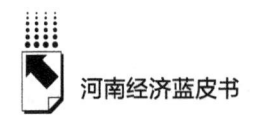

化资源加速转化为文化旅游产品，将厚重的历史文化资源优势转变为发展优势，以文化创意创新支撑国家创新高地建设，以文化旅游高质量融合发展引领经济社会高质量发展，推动中原文化、黄河文化的现代化和国际化表达，实现中华优秀传统文化的创造性转化和创新性发展，力保全省文化和旅游在新发展格局中进入中高端、处于关键环、掌握话语权。

（三）文化旅游消费升级趋势明显

恩格尔系数低于30%以后，会出现消费升级领域的"文化跃迁"现象，文化旅游消费支出占比大幅攀升，高质量的文化和旅游消费成为居民生活必需品。依照国际经验，当人均GDP达到5000美元时，社会开始进入休闲时代，度假旅游成为首选，科普教育开始加速；当人均GDP达到8000美元时，全社会艺术、收藏等文化市场将出现繁荣。当前，文化旅游相关产业尽管受新冠肺炎疫情影响，但是从国内市场的需求来看，文化旅游依然是朝阳产业，是不可替代的休闲方式，文旅文创融合发展也是大势所趋。2020年全国居民恩格尔系数为30.2%，在消费升级的大趋势下，必将出现明显的"文化跃迁"现象。2020年，河南城乡居民恩格尔系数分别为27.3%和27.8%，人均GDP突破8000美元，郑州、济源、焦作、许昌、洛阳的人均GDP超过1万美元，文旅文创融合将成为全省新的政策风口和行业发展热点，文化旅游将进入弯道超车、换道领跑的黄金机遇期。通过实施文旅文创融合发展战略，抢抓扩大内需机遇，积极融入以国内大循环为主体、国内国际双循环相互促进的新发展格局，全省文化和旅游有望在新的历史起点上实现跨越式发展。

（四）文旅文创融合战略重点工程建设有序开展

自文旅文创融合战略提出以来，河南强力实施文旅文创融合发展战略，以保护传承弘扬黄河文化为主题，以推动文化旅游高质量融合发展为主线，以"文化创意+科技创新"为基本路线和主攻方向，融入国家创新高地建设大局，做足创意创新大文章，下好深化改革先手棋，推动文旅文创成支柱，蹚出一条文旅文创融合发展新路子，领跑新时代文化旅游融合发展新赛道。加快以黄河文化国家公园为主的国家文化公园示范区建设步伐，持续推进黄河国家博物馆、大河村国家考古遗址公园、殷墟遗址博物馆等9个大项目建设，总投资达378亿元。以文化消费为引领，谋划打造大嵩山、黄河、沉浸式演艺娱乐、宋都文化、盛世隋唐、殷商文化6个千亿级文化消费产业园区。积极建设大嵩山文化旅游区、《风雅颂》演艺、黄河国家博物馆、大河村国家考古遗址公园、龙门一河两山、小浪底滨水国际度假目的地、开封宋都古城等重点工程，总投资超过770亿元。

二 当前河南省文旅文创融合战略发展面临的关键问题

（一）核心城市支撑较弱

在当前国内外的旅游线路布局中，河南多作为旅游支线，缺乏名誉海内外的精品旅游线路，"老家河南"的品牌效应关注度聚焦尚显不足。尤其是文旅文创融合发展的核心城市郑州和洛阳仍处于城镇化快速发展的扩张期，文旅文创产业地位距战略性支柱产业的目标定位仍有差距。与其他国家中心城市相比，郑州和洛阳在各项经济指标上还存在着不小的差距，并且对文旅文创产业发展的支撑作用不够明显。郑州GDP与一般公共预算收入在国家中心城市中仅高于西安，洛阳GDP不足郑州的50%。从固定资产投资增速来看，2020年郑州固定资产投资增速仅为3.6%，大项目建设后劲严重不足。从社会消费品零售额来看，郑州和洛阳均落后于其他国家中心城市，这表明城市活跃度较差，消费品质和消费水平不高。从旅游业发展水平来看，郑州游客接待量和4A级以上景区数量明显落后于其他国家中心城市，甚至落后于洛阳，与其国家中心城市的地位极不相称。

（二）市场主体竞争力不强

从企业竞争力来看，河南与东部沿海地区的差距较为明显。目前河南进

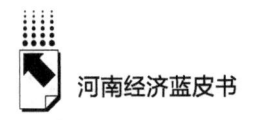

入中国旅游集团20强和中国文化企业30强的企业均只有1个，不仅落后于上海、北京、浙江等省市，也排在安徽、湖南等省份之后。新乡南太行、嵩山少林寺、信阳鸡公山等一批资源禀赋较好的景区，旅游创新发展活力不足、发展前景不明，河南旅游始终未能走出一条独具特色的发展道路。太行山、伏牛山、大别山等旅游景区密集分布的区域，山水资源相似性强，同质化竞争十分激烈，导致这些地区的民营企业规模普遍较小，且由于自身实力不足，思维仍旧停留在"圈山圈水圈门票"的初级阶段，资源开发品位较低，造成同质化产品遍地开花。省内主要涉旅企业集团仍处于探索阶段，虽然建业、银基、天瑞、瑞贝卡、春江等一系列大型企业集团不断转型，加快投资布局高等级景区、文旅小镇、旅游演艺等新业态，但尚未形成与中原特色文化相匹配的旅游产业格局，产品竞争力和品牌影响力亟待突破性提高。

（三）科创文创基础薄弱

河南省2020年净流出人口达1482.72万人，居全国首位，高层次、急需紧缺人才的吸引力和集聚力偏低，人才流失严重现象短期内难以得到根本性的缓解。省内科创文创人才素质整体不高，全省每10万人口拥有大专以上学历人数仅高于云南、西藏、贵州和广西等省份。专业类科研院所较少，就文化艺术门类来看，陕西有西安美术学院、西安音乐学院等专业院校，但目前河南尚未有独立的专业院校。科研基础设施条件相对滞后。全省仅有16家国家重点实验室，陕西仅西安就有国家重点实验室23家。科创文创成果数量不足。郑州每年的专利申请量在国家中心城市中排名倒数第1，西安的专利申请量接近郑州和洛阳的总和。

（四）新型文旅投资匮乏

从文化旅游产业发展的总体趋势来看，传统文化旅游投资由于文物、土地、生态等多方面的制约，将面临天花板。以旅游演艺、主题公园、数字文旅、康养旅游、研学旅游、体育旅游、乡村民宿等为代表的新型文旅项目投资成为文旅文创产业高质量发展的新引擎和新动力。然而就河南省目前的建设情况而言,虽然拥有《只有河南·戏剧幻城》、建业电影小镇、郑州方特和银基国际旅游度假区等成长性强、广受市场追捧的项目,但新型文旅项目占比仍然较低,根据文化和旅游部等联合公布的全国文化和旅游投融资项目遴选项目结果,隋唐洛阳城国家考古遗址公园、庙底沟文化旅游产业园建设等10个项目仍属于传统文旅项目。当前文化产业数字化已成为推动文化产业发展的核心动力,技术和新业态投资也成为文化产业发展的重要引擎,但2020年全省文化投资运营从业人员期末人数在文化产业9大门类中占比不足1%,文化产业发展后劲不足。

(五)体制机制活力不足

河南省拥有大量的遗址遗迹、博物馆里的文物以及书写在古籍里的文字等优秀文化资源,但在文物的保护与利用方面目前尚未走出一条独具特色的道路,文化资源挖掘力度相对不足。《唐宫夜宴》《祈》等文化作品只是揭开了海量传统文化的一角,大部分的资源还沉睡在地下、博物馆和典籍里,没有得到充分利用和转化。在文旅文创统计体系上,至今没有形成有效的工作机制,难以对文化产业和旅游业做到科学监测、评估、评价以及比较研究。在开放程度上,河南至今没有实行144小时过境免签政策,国际通航城市数大幅落后于其他国家中心城市,领事馆区建设数至今为零,自贸区建设的关键环节没有得到突破,文化内容负面清单等有效抓手推进缓慢,营商环境与发达省份和地区相比仍然存在较大差距。

三 实现河南省文旅文创融合高质量发展的主要路径

(一)全面建设"行走河南·读懂历史"主题线路

全力塑造全域旅游品牌形象,立足河南作为华夏文明主根、国家历史主脉、中华民族之魂的战略地位,抽调省文物局、省文物考古研究院、省古代建筑保护研究所等单位人员组成专班,系统梳理具有重大价值、突出影响、

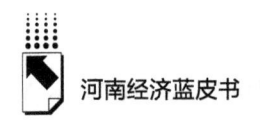

关键意义的文化资源，集中打造中华文化重大标识，建设中华文明连绵不断的探源地、实证地和体验地，形成一批主题鲜明的文化线路，讲清楚中华文明在中原大地的演进脉络。依托"老家河南"新媒体矩阵，对"行走河南·读懂中国"文化线路开展持续推广。与《中国国家地理》《中国文化遗产》等专业期刊和星球研究所等公众号开展合作，深度解读和推广"行走河南·读懂中国"文化线路。

（二）建设国际文化旅游目的地与考古旅游先行区

充分发挥郑汴洛三大古都作为河南省文化旅游发展的核心地带的优势，强化郑州作为中心城市的牵引带动力，按照一个产品体系、一个营销体系、一个交通体系布局，提升嵩山、龙门、清明上河园文旅品质，丰富隋唐洛阳城、大宋东京城的旅游业态，完善中牟文创园、银基国际度假区等功能，把郑汴洛联合打造成为具有重要影响力的国际文化旅游之都。依托二里头、殷墟、隋唐洛阳城等国家考古遗址公园，推出甲骨文之旅、夏文化探索之旅、早期中国之旅等专题考古旅游线路，把郑州环嵩山地区、洛阳"五都荟洛"、开封"城摞城"、安阳殷墟及曹操高陵等打造成为国际知名的考古旅游目的地。依托系列夏商都城遗址，建设夏商国际考古研究中心。依托河南省文物考古研究院新院，建设国际考古研学中心，筹办国际考古旅游大会并发起成立国际考古研学旅行联盟。

（三）打造文旅新地标与传承创新新标杆

依托郑州、开封、洛阳、安阳四大古都，打造四大国际历史文化旅游名城。依托商丘、朝歌、浚县等古城，黄帝故里、老子故里、杜甫故里等名人故里以及许昌神垕钧瓷小镇、南阳荆紫关镇、开封朱仙镇、洛阳三彩小镇等一批特色小镇丰富的历史文化资源，打造一批历史文化与现代文明交相辉映的历史文化名城、名镇、名街、名景。实施"雄关漫道"工程，再现函谷关、大谷关和宛洛古道、太行古道、丝绸之路、万里茶道的历史风貌，打造文化活态传承的文旅新地标。围绕中国传统节日与河南地方文化特色，推出更多类似《唐宫夜宴》《水月洛神》《龙门金刚》的创意演出，打造《只有河南·戏剧幻城》等沉浸式产品，形成中国特色、河南特质的原创精品和扛鼎之作。以嵩山少林寺、温县陈家沟为中心，以中国（郑州）国际少林武术节、中国（焦作）国际太极拳交流大赛为纽带，推进河南太极拳学院、太极拳文化传承创新实验中心、《印象太极》等项目建设，打造世界功夫之都和太极圣地。

（四）培育文旅文创"旗舰劲旅"

强化创意引领，持续打造老家河南、天下黄河、华夏古都、中国功夫等品牌，推进国有景区、涉旅文物单位、文艺院团等体制改革、整合重组，提升市场化运作水平，建设具有国际影响力的黄河文化旅游带，培育一批文旅文创"旗舰劲旅"。指导省文化旅游投资集团组建工作，支持其开展资产重组、IP授权、项目运营等工作；推动开封清明上河园股份有限公司、云台山旅游股份有限公司等文化旅游企业上市；支持河南省中豫文旅投资有限公司、郑州发展投资集团有限公司、洛阳历史文化保护利用发展集团有限公司、开封市文化旅游投资集团有限公司等国有文旅投资平台与一流设计运营团队合作；支持豫游纪、唐宫文创、河南工业大学等文创机构做大做强，推出一批文旅文创优秀案例。

（五）壮大全链条文创产业

大力发展沉浸式文化旅游、演艺旅游、温泉旅游、冰雪旅游等新兴业态，依托历史街区、郑州二砂、洛阳涧西等老工业基地，打造一批文旅消费新场景，推出一批文创精品，发展文旅新业态，壮大文旅文创市场主体，推动文旅文创融合发展。系统梳理工艺美术资源，建立全省工美产业联盟，加强传统工艺抢救保护和传统技艺著作权保护，推出陶瓷（钧瓷、汝瓷、唐三彩）、玉雕、汴绣"中原三宝"，打响豫剧、豫菜、豫酒（杜康、仰韶）、豫茶（信阳毛尖）、豫药（南阳宛西制药、信阳羚锐制药）等豫字品牌，打造集创意研发、加工制造、销售流通、市场服务等于一体的产业链和生产体

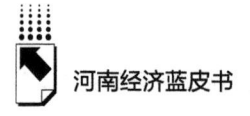

系。大力发展云展览、云体验、云宣教和沉浸式消费体验新场景,加快推进龙门石窟、二里头、殷墟等大遗址数字化保护展示,推出一批数字文旅文创示范项目,打造全国领先的文旅融媒体中心,持续推动传统节日的IP化打造,加快数字文旅资产化,推动文化文物资源与新技术新应用跨界融合。

B.15 河南实施以人为核心的新型城镇化战略研究

许桢 杜鹏 张奕琳*

摘 要： 新型城镇化是当前我国重大经济社会发展战略之一。以人为核心推进新型城镇化，是打好"四张牌"的重要内容，是实现中原崛起、河南振兴、富民强省的必然选择。本文系统回顾了河南省推进新型城镇化的思路及成效，客观分析了新型城镇化推进过程中面临的主要问题，并根据全省新型城镇化发展过程中的趋势及特征，提出促进河南省新型城镇化高质量发展的意见建议：要牢牢把握科学编制国土空间规划这个前提，要牢牢把握郑州国家中心城市建设这个龙头，要牢牢把握郑州都市圈扩容提质这个重心，要牢牢把握提升中心城市规模能级这个关键，要牢牢把握推进市域治理现代化这个目标，要牢牢把握县域经济高质量发展这个基石。

关键词： 以人为核心 新型城镇化 中原城市群 河南

城镇化是现代化的必由之路。河南省第十一次党代会锚定"两个确保"，作出实施"十大战略"的重大部署，其中之一就是"实施以人为核心的新型城镇化战略"。2022年是党的二十大召开之年，是贯彻省第十一次党

---

* 许桢，河南省委政策研究室人事处长；杜鹏，河南省委政策研究室综合二处副处长；张奕琳，河南省统计局普查中心副主任，高级统计师。

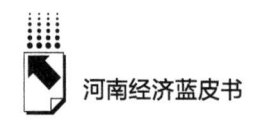

代会精神的开局起步之年，现代化河南建设要迈出新气象，新型城镇化战略实施更要干出新成效。我们要在把握城镇化发展规律中明确方向，在回顾城镇化发展历程中汲取智慧，转变城镇化发展方式，构建多中心、组团型、网络化、集约型城镇空间格局，努力实现常住人口城镇化率年均增幅高于全国、快于中部。

一 河南省推进新型城镇化的思路及成效

（一）从县域治理"三起来"到着力打好"四张牌"，习近平总书记对河南推进新型城镇化提出一系列重大要求

2014年3月，习近平总书记在兰考县委常委扩大会议上提出县域治理"三起来"重大要求，强调要把城镇和乡村贯通起来，以城带乡、以乡促城，打破城乡分割的规划格局，建立城乡一体化、县域一盘棋的规划管理和实施体制。

2014年5月，习近平总书记视察河南时强调，要着力打好四张牌，其中之一就是以人为核心推进新型城镇化，提出要坚持走中国特色新型城镇化道路，发挥新型城镇化的综合带动作用，注重提高城市人文品位，优化城市形态和空间布局，培育中原城市群引领带动能力。

2019年9月，习近平总书记在视察河南时强调，要坚持以人为核心推进新型城镇化，优化发展空间结构，加快构建以中原城市群为主体、大中小城市和小城镇协调发展的现代城镇体系，促进城乡、区域协调发展。

2020年1月，习近平总书记在中央财经委员会第六次会议上强调，要发挥沿黄地区中心城市和城市群优势，形成特色鲜明的高质量发展区域布局。推动郑州与开封同城化，引领中原城市群一体化发展。

（二）从制定《中原城市群发展规划》到实施《黄河流域生态保护和高质量发展规划纲要》，中央对河南推进新型城镇化提供有力支持

2016年12月，国务院批复《中原城市群发展规划》，明确提出支持郑

州建设国家中心城市。

2018年11月，中共中央、国务院印发《关于建立更加有效的区域协调发展新机制的意见》，提出以郑州为中心，引领中原城市群发展，带动相关板块融合发展。

2021年4月，中共中央、国务院印发《关于新时代推动中部地区高质量发展的意见》，进一步提出加快郑州国家中心城市建设，支持郑州等都市圈建设。

2021年10月，中共中央、国务院印发《黄河流域生态保护和高质量发展规划纲要》，提出支持郑州航空港经济综合实验区做精做强主导产业，加快郑州国际航空货运枢纽建设，培育郑州中欧班列枢纽城市，支持郑州建设黄河流域对外开放门户。

（三）从坚持"一基本两牵动三保障"到推动中原城市群一体化高质量发展，河南持续完善新型城镇化思路举措

2014年12月，省委九届八次全会审议通过《河南省全面建成小康社会加快现代化建设战略纲要》，提出要坚持产业为基、就业为本、住房和就学牵动，完善社会保障、农民权益保障、基本公共服务保障，推动具备条件有意愿的农业转移人口落户城镇，加快农村人口向城镇转移。

2015年12月，河南省委九届十一次全体会议提出，要构筑"一级三圈八轴带"发展格局，即以郑州为中心，涵盖洛阳、开封、平顶山、新乡、焦作、许昌、漯河、济源8个市（示范区）的"半小时"核心圈，涵盖其余9个省辖市的"一小时"紧密圈和涵盖中原经济区其他中心城市的"一个半小时"合作圈。

2016年10月，河南省第十次党代会提出，要加快转变城镇化发展方式，着力提高城镇化质量，建设郑州国家中心城市，巩固提升洛阳中原城市群副中心城市地位。

2018年6月，河南省委十届六次全会提出，要突出中心城市带动，强化多点带动和支撑，加快构建"一核一副、四轴四区"的发展格局。

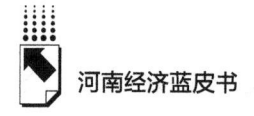

2020年12月，河南省委十届十二次全会提出，要推进以人为核心的新型城镇化，加快构建以中原城市群为主体、大中小城市和小城镇协调发展的现代城镇体系。

2021年10月，河南省第十一次党代会提出，要坚持从社会全面进步和人的全面发展出发，科学编制国土空间规划，推动中心城市"起高峰"、县域经济"成高原"，推动中原城市群一体化高质量发展，加快构建主副引领、四区协同、多点支撑的发展格局。

（四）从强龙头、促协同到补弱项、扩容量，河南新型城镇化快速有序推进

城镇化率显著提升。2011～2020年河南常住人口城镇化率年均提高1.66个百分点，呈加速发展态势，2017年突破50%大关，2020年达55.43%，实现由乡村型社会向城市型社会的历史性转变。全省已基本实现农业转移人口落户城镇"零门槛"，2020年全省户籍人口城镇化率达36.38%，"十三五"期间提高9.53个百分点，提高幅度快于常住人口城镇化率，与常住人口城镇化率差距进一步缩小。

龙头带动显著提升。郑州被确定为国家中心城市并加快建设，"三中心一枢纽一门户"功能持续强化。2020年，郑州市GDP达12003.04亿元，居全国城市第16位；一般公共预算收入1259.21亿元，在全国排名由2010年的第17位前移至2020年的第12位；常住人口超过1260万人，居全国城市第10位、中部地区第1位，十年人口增量397.4万人，居全国城市第5位，占全省增量的74.2%，城镇化率78.40%，高于全省22.97个百分点；进出口总值4946.4亿元，居全国第17位，连续9年稳居中部城市第1。郑州已成为以国际航空枢纽为引领、以"米"字形高铁为支撑、多种交通方式相衔接的国际化立体综合交通枢纽，郑州机场客货吞吐量跃居中部双第1。同时，洛阳副中心城市建设全面提速，2020年GDP达5128.4亿元，居中西部地区非省会城市首位。与2016年相比，全省GDP超过3000亿元的省辖市新增6个，达到8个，超过500亿元的县（市）新增7个，达到12个。

承载能力显著提升。"米"字形高铁基本建成,郑州机场三期加快推进,区位交通优势不断加强。"米字+环形"中心城区线网布局逐渐成形,城市建成区新建改造道路7000多公里、燃气管网1.8万公里、供热管网3000多公里、城市公厕7000多座、停车场2727个,新建扩建中小学、幼儿园2798所,医院501所,文化项目3163个,体育项目2114个,城市轨道交通、综合管廊建设积极推进,5G网络实现县城及以上城区全覆盖。

城市面貌显著提升。城市更新行动加快实施,强化基础设施建设,城市品质不断提升,"十三五"时期全省累计11个城市获全国文明城市称号,22个市县获全国文明城市提名城市,居中西部地区首位;国家级园林城市(县城)50个,国家园林城镇13个,总数居全国第1。

城乡融合显著提升。农村居民收入增速持续快于城镇,2020年全省城乡居民收入倍差缩小至2.16∶1,低于全国平均水平。农村公路里程达23万公里,城市燃气、供水、公共交通进一步向农村地区延伸覆盖,121个涉农县(市、区)基本建成"扫干净、转运走、处理好、保持住"的农村生活垃圾治理体系。许昌市进入全国首批11个国家城乡融合发展试验区。随着发展环境不断改善,城镇承载能力不断提升,河南人口外流速度不断减缓,与2010年相比,河南常住总人口增长535万人,以年均0.55%的增速实现较快增长,增量排名全国第3、中部省份第1。

二 河南省推进新型城镇化面临的主要问题

(一)从城镇化进程看,提质提速的任务仍然艰巨

1. 城镇化率偏低

从全国看,2020年河南常住人口城镇化率低于全国平均水平8.46个百分点,居全国第25位、中部地区末位。从省内看,2020年全省17个省辖市和济源示范区中,周口、驻马店、商丘等11个省辖市城镇化率低于全省

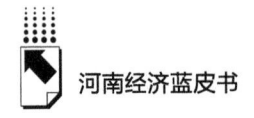

平均水平，其中周口、驻马店、商丘、濮阳低于50%。

2. 城镇化质量不高

城镇化质量包含很多方面，其中最关键的是产业支撑、基础设施、生态环境、资源约束。从产业支撑看，产业竞争力和科技创新能力不强，特别是黄淮四市工业化水平不高，传统劳动密集型和生产性行业的就业比重高，劳动力外流严重，还没有形成以城聚人、以产促城的良性循环。从基础设施看，全省市政基础设施指标多数处于全国第19~25位，地下管网建设滞后、标准不高，卡脖路、断头路等问题不同程度存在。从生态环境看，传统产业占比较大，环境污染治理难度和压力大，2020年全国空气质量排名倒数20个城市中河南占据4席，这与人民群众对美好生活的追求不相符合。从资源约束看，河南土地利用效率普遍较低，19家国家级开发区工业用地亩均税收27.76万元，仅为全国平均水平的61%、广东的27%。

3. 城乡融合发展不够

城镇化、工业化相对滞后，以工补农、以城带乡能力不强，农村基础设施和公共服务设施历史欠账较多，城乡基本公共服务均等化水平仍存在较大差距。河南城市污水处理率将近100%，而农村生活污水治理率仅为30%；城市每千人卫生技术人员数为10.9人，农村仅为4.6人。

4. 城市发展理念滞后

城市特色风貌不鲜明，历史文化资源保护传承力度不够，重地上、轻地下，重速度、轻质量，重眼前、轻长远，重新城、轻老城等现象在河南城市建设中不同程度存在，一些城市交通堵、停车难、易内涝等"慢性病""急性病"十分突出。2021年河南遭遇"7·20"特大暴雨灾害后损失很大，暴露出城市基础设施建设、应急管理等方面存在短板和漏洞。

5. 市本级能级较弱

一方面，城区人口偏少。《2020年城乡建设统计年鉴》显示，河南城区人口超过100万的城市有3个（郑州、洛阳、南阳），而常住人口规模与河南相当的山东，人口数超过100万的城市有10个；常住人口为河南六成多的浙江，人口数超过100万的城市有5个。另一方面，市本级经济实力偏弱。2020年南阳GDP为3925.86亿元，市本级仅有1003.58亿元；许昌GDP为3449.23亿元，市本级仅有984.25亿元，呈现"小马拉大车"现象。

（二）从国家中心城市看，提质进位的任务依然艰巨

1. 经济首位度不高

2020年，郑州人口规模、生产总值、城镇化率在9个国家中心城市中均居第8位，其中GDP仅占全省的21.8%，低于西安的38.3%、成都的36.5%、武汉的35.9%。

2. 科技创新能力不强

郑州市研发投入强度、高新技术企业数量、"双一流"大学数量在9个国家中心城市中均居末位。2020年，郑州市R&D投入强度为2.31%，低于2.40%的全国平均水平；高新技术企业2918家，低于西安的4600家、武汉的4417家；高新技术产业增加值占GDP的比重为14.4%，分别低于武汉、合肥、长沙6.2个、6.1个、19.6个百分点；"双一流"大学仅1所，在校研究生人数仅是武汉的1/5左右。

3. 市场主体不优

2020年，郑州规模以上工业企业2367家，远低于宁波的8405家、杭州的5715家，像宇通、郑煤机这样具有竞争力的龙头企业数量还比较少；独角兽企业武汉5家、成都3家，郑州目前还没有一家。

4. 综合承载能力不足

全国9个国家中心城市中，除北上广外，郑州的市域面积最小，为7446平方公里，仅约为成都的一半。人均水资源占有量不足全省的1/3、全国的1/16。城市服务管理供给滞后于城市化进程，截至2021年末，郑州地铁运营里程仅有206.3公里，武汉、西安分别已达360公里、252.6公里。

5. 要素集聚能力不突出

在区域竞争中，北有京津冀城市群，南有以武汉为中心的长江中游城市

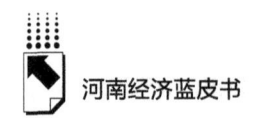

群，西有以西安为中心的关中平原城市群，东有山东半岛城市群、长三角城市群，对郑州的区域性资源整合能力形成较大挑战。2020年郑州实际吸收外资46.6亿美元，仅为西安的2/3、成都的1/3。

（三）从都市圈发展看，做大做强的任务依然艰巨

当前，我国产业和人口版图加速向大城市及周边地区布局，以大城市为中心的都市圈在新发展格局中的重要支点作用日益凸显，上海、广州等一线城市与周边区域已形成资源要素高效集聚、综合竞争力强劲的圈层发展结构，全国24个千万人口级都市圈以占全国6.7%的土地集聚了约1/3的常住人口，创造了超过一半的生产总值。

近年来，河南把郑州都市圈建设作为引领全省发展的重心所在，坚持以完善规划体系为引领、以体制机制创新为抓手、以交通互联互通为先导、以产业分工协作为关键、以公共服务共建共享为保证，出台郑州大都市区空间规划，率先推动郑州与开封、新乡、焦作、许昌"1+4"一体化发展。2020年，郑州都市圈常住人口2145万人，占全省的比重为21.6%，常住人口城镇化率达76.83%，高于全省平均水平21.40个百分点，都市圈生产总值达1.76万亿元，占全省的比重为31.95%，呈现圈层带动效应不断扩大的发展态势。但与国内其他都市圈相比，郑州都市圈在规模体量、支撑能力、辐射带动作用等方面还存在不小差距，面积、常住人口、经济总量等明显小于武汉都市圈、杭州都市圈和南京都市圈。

三 未来河南省推进新型城镇化的趋势特征

（一）城镇化进程处于快速发展期

从诺瑟姆曲线来看，当城镇化率达到30%时，城镇化进入加速发展阶段，这一过程会持续到城镇化率达到70%，之后城镇化重新进入平稳发展阶段。2005年河南城镇化率达30.65%，进入城镇化加速发展阶段的时间比

全国晚近9年。如今，河南常住人口城镇化率比浙江、江苏、广东等省份低近20个百分点，在推进新型城镇化上还有很大潜力。据测算，未来五年河南城镇化率年均提升1.5个百分点左右，新增城镇人口150万人左右，约占全国每年新增城镇人口的1/10。

（二）城镇化格局处于加速分化期

当前，我国区域经济发展动力极化现象日益突出，区域增长分化趋势日益明显。根据人口迁徙大数据，综合考虑人口流入总量、流出地总人口，开封、许昌、新乡、焦作、洛阳、漯河、平顶山、济源与郑州人口出行交换量，分别居全省城市前8位。通过对住房与人口流动关联性分析，大城市、重要节点城市人口集聚效应也不断显现，"十三五"时期郑州城镇商品住房销售套数达130.3万套，远超省内其他城市。展望未来，随着生产成本的空间差异、通信技术的应用和交通设施的便捷，将促使企业总部、生产性服务等高端服务功能和高新技术、智能制造等高端生产制造功能进一步向郑州都市圈集聚，部分距离中心城市较远的三、四线城市人口增长缓慢或持续流出。

（三）城镇化模式处于动力转换期

随着新型城镇化的深入推进，依赖空间扩张型的传统城镇化模式难以为继，出现了未落户常住人口无法享受更多基本公共服务、与城市居民有较大差距以及居住证制度尚不能从根本上保障农业转移人口享有均等公共服务等一系列新问题。同时，制度改革进入"深水区"、政策红利退坡、人口老龄化严重、人工智能替代劳动力等多重因素交织，短期内将大幅削弱城镇化内生动力。展望未来，河南加快推进新型城镇化，必须加大体制机制创新力度。

（四）城市治理进入风险凸显期

当前，河南城市治理很大程度上还是粗放式的，与新形势下市域治理现

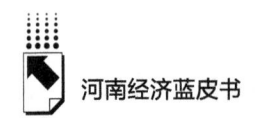

代化的要求还不适应。2021年河南遭遇两轮新冠肺炎疫情反弹,反映了城市在应对重大突发事件方面经验能力不足。此外,河南城市基础设施、公共服务设施日渐老化,城市城区范围内仍有680多个环境脏乱差的城中村,安全隐患较多。

四 促进河南省新型城镇化高质量发展的意见建议

锚定"两个确保",加快新型城镇化步伐,河南必须完全、准确、全面贯彻新发展理念,坚持以人为核心,坚持龙头带动、整体联动,推动中心城市"起高峰"、县域经济"成高原",加快形成以中原城市群为主体、大中小城市和小城镇协调发展的现代城镇体系。

(一)要牢牢把握科学编制国土空间规划这个前提

国土空间规划是各类开发保护建设活动的基本依据,也是城镇发展、城市规划建设的空间蓝图,对科学有序统筹功能空间布局具有战略引领作用。要前瞻30年、谋划15年、立足这5年,坚持省市县乡同步编制,形成无缝衔接一张图,合理确定生产、生活、生态空间,科学划定生态保护红线、永久基本农田、城镇开发边界三条控制线,引导城镇空间布局与开发强度、发展潜力相适应,有序引导人口流动,促进节约集约发展。

(二)要牢牢把握郑州国家中心城市建设这个龙头

加快郑州国际化步伐,充分发挥各类功能口岸、跨境电商、平行进口汽车、进口药品试点等综合优势,提高经济开放度,打造国际文化旅游中心、国际会展名城、国际物流贸易中心、国际消费中心,提升开放包容度、交往便利度、要素集聚度、城市美誉度。加快郑州现代化建设步伐,积极承接国家重大生产力和创新体系布局,强化科技创新、枢纽开放、教育文化、金融服务等功能,打造国内一流、国际知名的创新高地、先进制造业高地、开放高地、人才高地。加快郑州行政区划调整步伐，推进荥阳、中牟、新密、新郑等撤县（市）设区，培育功能独立完备的郊区新城，同时推动郑州城市空间向南、向东、向北拓展。

（三）要牢牢把握郑州都市圈扩容提质这个重心

聚力扩区增容，以更大格局、更宽视野谋划郑州都市圈发展，将洛阳、平顶山、漯河、济源纳入郑州都市圈，将规划范围扩大到9市全域，形成郑州都市圈"1+8"市的总体构架。聚力布局优化，以郑汴许为核心引擎，以洛济融合发展为重要板块，以新乡、焦作、平顶山、漯河等为新兴增长中心，形成组团式、网络化空间格局。聚力一体融合，坚持交通一体、产业链接、生态共建、服务共享，加强顶层设计，先期重点在规划上，以研究编制新的都市圈发展规划为牵引，推动9市规划相互衔接；交通上，以高铁、城铁、轨道交通、骨干路网为重点，打造"一小时"高效通勤圈；产业上，探索建立各类产业协作模式，研究设立都市圈产业合作发展基金，重点打造郑开汽车及零部件、洛巩先进材料、许港航空偏好型、郑新高技术、郑焦智造、郑漯现代食品、洛济高端石化、洛平高端装备等产业带。

（四）要牢牢把握提升中心城市规模能级这个关键

立足于壮大中心城市辐射带动能力，做大做强中心城市的市本级。加快推进区划调整，解除"小马拉大车"禁锢。南阳要紧抓副中心城市建设机遇，尽快形成全省高质量发展新的增长极。其他省辖市要强化错位协同发展，紧抓发展规划编制、城市功能完善、开发区高质量发展等重点，不断增强市本级的要素集聚能力和辐射带动能力。在郑州布局大产业、新产业和新重点高校，形成中心城市巨大的产业规模和人群，带动城市聚集效应，大幅提高郑州中心城市首位度。

（五）要牢牢把握推进市域治理现代化这个目标

把加强和创新市域治理，与更加注重统筹安全与发展两件大事结合起

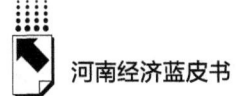

来，与坚持完善新时代"枫桥经验"结合起来，与扎实开展"零上访零事故零案件"平安单位（村、社区）创建活动结合起来，优化政治体系、自治体系、法治体系、德治体系，全方位提升治理效能。坚持树立全周期城市管理理念，提升城市治理精细化、智能化水平，加强"里子工程""避险工程"建设，全面提高城市防御灾害、抵御风险的能力。

（六）要牢牢把握县域经济高质量发展这个基石

县级城市处于"城尾乡头"，是城镇体系的关键节点。把县域治理"三起来"作为根本遵循，在融入新发展格局中找准定位、彰显特色，在创新体制机制中激发活力、破解难题。把"一县一省级开发区"作为重要载体，深化放权赋能改革，赋予县（市）更多经济社会管理权限，全面推行省直管县财政体制改革，培育壮大主导产业，建设一批经济强县。推进县城扩容提质，支持有条件的县市发展成为中等城市。

B.16
河南省实施绿色低碳转型战略问题研究

薛东峰 张志祥 高志东*

摘　要： 实现碳达峰、碳中和是一场广泛而深刻的经济社会系统性变革，既是"国之大者"，也是河南发展全局之要者。"十三五"以来，河南在绿色发展方面取得积极成效，但产业结构偏重、能源结构偏煤的现状尚未彻底扭转，能源资源需求保持刚性增长，实现较高水平的碳达峰面临巨大挑战，同时也迎来投资机遇、产业机遇。下一步，河南省要紧紧抓住"十四五"碳达峰窗口期、关键期、机遇期，组织实施十大行动，全面推动经济社会绿色低碳转型。

关键词： 绿色低碳　碳达峰　碳中和　河南

从人类社会发展历程看，农业文明走向工业文明以后，在生产力大爆发的同时，也伴随着生态环境的严重破坏。气候变化影响加剧和极端天气的频发，倒逼各国调整政策，加速由工业文明向生态文明演进。习近平总书记始终高度重视生态文明建设，总结提出了"坚持人与自然和谐共生、绿水青山就是金山银山、良好生态环境是最普惠的民生福祉、山水林田湖草是生命共同体、用最严格制度最严密法治保护生态环境、共谋全球生态文明建设"六大理念原则，形成了习近平生态文明思想。

2020年9月，习近平总书记在第七十五届联合国大会一般性辩论上提

---

* 薛东峰，河南省发展和改革委员会资源节约和环境保护处处长；张志祥，河南省发展和改革委员会资源节约和环境保护处副处长；高志东，河南省发展和改革委员会资源节约和环境保护处。

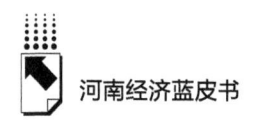

出中国碳达峰、碳中和的时间表，即二氧化碳排放力争于2030年前达到峰值，努力争取2060年前实现碳中和。这是习近平总书记和党中央站在构建人类命运共同体的高度，着眼推进国家现代化建设与可持续发展，以前瞻思维、宽广视野作出的重大战略决策。实现碳达峰、碳中和是一场广泛而深刻的经济社会系统性变革，既是"国之大者"，也是河南发展全局之要者。河南省第十一次党代会明确提出，要实施绿色低碳转型战略，以推进碳达峰碳中和为牵引，坚持绿色生产、绿色技术、绿色生活、绿色制度一体推进，全面提升能源安全绿色保障水平，建立健全绿色低碳循环发展的经济体系。

一 "十三五"时期河南在绿色发展方面采取的措施

"十三五"时期，面对错综复杂的形势和艰巨繁重的任务，河南省深入贯彻习近平新时代中国特色社会主义思想和习近平生态文明思想，上下一心、持续发力，多措并举推进绿色发展和美丽河南建设。

（一）建立工作机制，构建政策体系

河南省成立以省委省政府主要领导为组长，省直27个部门为成员单位的省碳达峰碳中和工作领导小组，统筹推进碳达峰碳中和工作。河南省发展和改革委员会会同各有关部门按照"横向到边、纵向到底"的工作要求，积极借助"外脑"，开展碳排放趋势及达峰路径、能源、工业、建筑、交通、农业农村、生态碳汇、科技创新等重点领域课题研究。河南省印发实施《河南省推进碳达峰碳中和工作方案》，编制碳达峰"1+10+7"政策体系，制定《河南省碳达峰实施方案》及重点领域专项行动方案和相关保障方案。为贯彻落实省第十一次党代会决策部署，河南制定《实施绿色低碳转型战略工作方案》，围绕发展绿色能源、壮大绿色产业、做强绿色交通、推广绿色建筑、创新绿色技术、构建绿色屏障和倡导绿色生活7个重点领域明确重点任务、责任分工，提出细化工作措施，推动各项工作落地。

（二）突出部门协同，稳妥推动任务落实

积极推进能源绿色低碳发展。河南组织开展66个整县屋顶分布式光伏发电试点建设，推动实施地热、生物质等可再生能源供暖项目，预计2021年新增可再生能源发电装机400万千瓦以上，新增可再生能源供暖能力2400万平方米，非化石能源消费占比达12%左右。加快能源储备设施建设，布局10个煤炭储备园区，鹤壁煤炭储备园区一期已建成投产，义煤集团豫西煤炭储备基地项目开工建设；濮阳市中国石化文23储气库达容达产，省内六座LNG应急储备中心全面投运，协调完成中石油、中石化等供气协议签订，合同气量约104亿立方米，较上年同期增长14.2%。编制河南省抽水蓄能电站中长期发展规划，嵩县龙潭沟等7个站点（总装机1020万千瓦）被列为重点实施项目，新郑观音寺等10个站点（总装机1350万千瓦）被列为资源储备项目。南阳天池电站、信阳五岳、洛阳洛宁电站等3个项目开工建设。协同推进增量配电业务与源网荷储一体化发展，建设7个试点项目。实施煤电机组节能低碳标杆引领行动，完成627万千瓦煤电节能综合升级改造。加大清洁电力外引力度。2021年净调入省外电量超710亿千瓦时，较2020年大幅增长近二成；陕电入豫第三通道列入国家"十四五"电力发展规划。目前国家仍未放开内陆地区建设核电站，河南将继续做好南阳、信阳核电厂址的保护工作。狠抓重点行业节能增效。开展电力、化工、石化、建材、有色、钢铁6个行业能效对标活动，制定实施《河南省重点用能单位节能降碳改造三年行动计划》，推动30%重点用能单位对标实施节能降碳改造。2021年1~10月，全省规模以上工业增加值能耗降低6.34%，预计能够完成年度能耗强度降低3%的目标。推动交通运输低碳化。实施铁路专用线进企入园"653"工程，建成安阳万庄公铁物流园等3条铁路专用线。深入实施多式联运示范工程，省机场集团和国铁郑州局牵头实施的"打造'空中丝绸之路'空陆联运示范工程"完成国家验收。加快航运基础设施建设，稳步推进沙河漯河段、唐河省界至马店段、淮滨公铁水一体化港等项目建设。截至2021年10月底，全省铁路货运发送量8653万吨，同比增长

3.2%；内河航道水路货运量3185万吨，同比增长37.9%；集装箱公铁、铁水总量54.1万标准箱，同比增长21.2%。加大公路服务区、港口码头、客货场站等建筑物屋顶"分布式光伏+储能"系统推广力度，加快推广新能源车辆，2021年全省新增新能源公交车786辆，累计保有新能源公交车3.31万辆，占比86%。开展建筑领域节能降碳。积极推动绿色建筑立法，严格执行绿色建筑标准，大力推广装配式建筑和超低能耗建筑。2021年，全省新增绿色建筑近5000万平方米，占新建建筑的比例达65%，提前完成全年新增60%的目标任务；入库新开工装配式建筑项目总面积1028万平方米，预计全年能够完成入库项目总面积1500万平方米的目标任务。实施林业生态保护修复工程。天然林资源保护工程管护面积达2103.27万亩，新一轮退耕还林还草工程面积达15.75万亩，国家级公益林管护面积达1523.6万亩，造林面积70万亩，森林抚育面积65万亩，建设林业科技推广示范林面积4630亩。

（三）严格分类管控，坚决遏制"两高"项目盲目发展

规范程序，做好制度设计，印发实施《河南省坚决遏制"两高"项目盲目发展行动方案》，建立"两高"项目会商联审机制，明确了河南"两高"项目管理目录、处置措施、政策机制等内容，会同有关部门全面把关产业政策、"三线一单"、空间规划、能耗"双控"、煤炭消费替代、碳排放、区域污染物削减等因素，综合论证项目的必要性和可行性，依法依规审批新建"两高"项目。严格节能审查和监察，对不符合要求的存量"两高"项目，责令限期整改，加快实施能效对标提升改造，全面整治违规用能、无序用能行为。

二 "十三五"时期河南绿色发展取得积极成效

"十三五"时期，河南省坚持以供给侧结构性改革为主线，坚定不移推进产业转型升级，推动产业发展由要素驱动向创新驱动、由粗放高耗外延向集约绿色低碳转变，绿色发展取得积极成效。

（一）产业结构持续优化

河南加快推进经济结构优化升级，产业结构调整不断取得重大突破，2018年第三产业比重首次超过第二产业，实现了从"二三一"向"三二一"的历史性转变，2020年三次产业结构为9.7∶41.6∶48.7；2020年全省高技术制造业、战略性新兴产业增加值占规模以上工业比重分别达11.1%、22.4%，经济发展质量和效益显著提升。

（二）能源结构不断改善

累计淘汰落后煤电机组近600万千瓦，风电、光伏发电新增规模年均增速达70%，可再生能源发电装机累计达3251万千瓦；世界首条输送清洁能源的电力通道——青豫直流特高压输电工程建成送电，与疆电入豫工程形成了保障河南外电输送的"双引擎"。2020年，全省净吸纳省外电力超过600亿千瓦时，占全社会用电量的比重达17.7%；煤炭消费总量累计下降约18%，占能源消费总量的比重降至67%左右，新能源占比提升至11%以上。

（三）能源利用水平显著提升

深入实施重点领域节能增效行动，抓紧抓细抓实各项节能减碳措施。"十三五"时期，全省能耗强度累计下降约25%，二氧化碳排放强度累计下降约30%，以较低的能源消费增速支撑了全省经济较快增长。

三 河南绿色低碳转型发展面临的挑战和机遇

当前，河南仍处于工业化、城镇化快速推进时期，产业结构偏重、能源结构偏煤的现状尚未彻底扭转，能源资源需求保持刚性增长，实现较高水平的碳达峰面临巨大挑战。同时，在国家碳达峰碳中和战略牵引下，将不断形成发展的新动能，也将为河南实现绿色低碳转型发展提供坚实的产业和技术支撑。

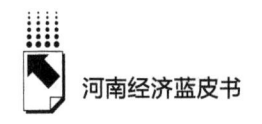

河南省是工业大省，产业门类齐全，制造业基础较好，区位优势突出，要紧紧抓住碳达峰碳中和带来的投资机遇、产业机遇，做强优势产业，做优传统产业，做大战略性新兴产业，培育未来产业，努力实现直道冲刺、弯道超车、换道领跑，推动经济社会平稳快速高质量发展。

"十四五"期间，全省上下要深入贯彻习近平生态文明思想，完整准确全面贯彻新发展理念，认真落实省委工作会议决策部署，把握新发展阶段，构建新发展格局，坚持全省统筹、节约优先、双轮驱动、安全降碳，以结构调整为重点、以绿色技术创新为关键、以制度体系建设为保障，全面推动经济社会绿色低碳发展。

四 系统推进全省经济社会全面绿色低碳转型的政策建议

（一）实施能源绿色低碳转型行动

打好"减煤、稳油、增气、引电、扩新"的组合拳，把新能源作为能源消费增量的主体，加快推进66个整县屋顶光伏试点、沿黄地区百万千瓦级风电基地和郑州等4个千万平方米地热能供暖示范区建设，推动"十四五"期间非化石能源消费占比年均提高1个百分点以上。

（二）实施工业绿色低碳转型行动

推进电力、钢铁、化工、有色、建材等重点行业有序达峰，加快淘汰落后产能，推广绿色低碳先进技术。坚决遏制"两高"项目盲目发展，健全"两高"项目管理机制，严格控制新增项目，实施存量项目节能改造。实施低碳高效产业发展提升行动，力争"十四五"期间全省战略性新兴产业规模实现翻番。布局未来产业，在储能、氢能利用、碳捕集、利用与封存等前沿领域实现突破。

（三）实施城乡建设绿色低碳发展行动

执行更加严格的建筑节能设计标准，完善建筑能耗计量、监测、统计制度。实施绿色建造行动，加快推行以机械化为基础的装配式建造和装修。实施既有建筑节能改造行动，推广可再生能源建筑应用，不断提升公共机构、新建厂房屋顶光伏覆盖率。

（四）实施交通运输绿色低碳发展行动

建设一批干线航道和铁路专用线，发展低碳、环保、实惠的水运和铁路货运，推进大宗货物运输"公转水""公转铁"。确保"十四五"期间新增铁路专用线15条，打通铁路货运"最后一公里"；实施内河水运畅通工程，推进淮河、沙颍河、唐河等航道及周口、信阳、南阳等港口建设。实施新能源车辆推广工程，加快构建全覆盖的充电设施网络。

（五）实施节能降碳增效行动

坚持压能耗、碳排放强度，保障经济增长合理用能需求。组织实施产业园区能源综合改造、公共机构绿色低碳改造、重点用能单位节能降碳改造、煤炭消费减量替代、废旧资源回收体系建设等工程。健全绿色交易市场化机制，完善用能权有偿使用和交易配套制度体系，拓展用能权交易试点范围；落实碳排放权交易机制，推动重点排放企业参与全国碳排放权交易。

（六）实施碳汇能力提升行动

全面落实黄河流域生态保护和高质量发展战略，加强各类空间管控引导，构建"一带三屏三廊多点"的生态保护格局，构筑生态安全绿色屏障。实施大规模国土绿化提速行动、黄河干支流山水林田湖草沙生态保护修复工程、湿地治理工程，构建河林田草湿综合生态空间，全方位增强固碳能力。

（七）实施减碳科技创新行动

聚焦能源脱碳供给、工业绿色制造、终端零碳消费全过程，集中力量开

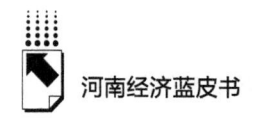

展电能替代、生物燃料、低成本可再生能源制氢等一系列关键工艺技术攻关。加快先进技术推广应用,以关键核心技术转化与产业化带动技术创新体系工程化。

(八)实施绿色低碳招商引资行动

建立精准招商机制,动态完善绿色低碳产业重点产业链图谱和招商路线图,通过以商招商、回归招商、云招商、基金招商、资本招商等多渠道,引进绿色低碳产业链关键节点和薄弱环节企业。

(九)实施绿色低碳招才引智行动

加强人才队伍培养,支持省内重点院校开设应对气候变化相关学科,组建低碳领域研究院,推动绿色低碳相关学科建设。推广合同能源管理、碳资产管理等综合能源服务。

(十)实施绿色低碳全民行动

着力增强全民节约意识、环保意识,开展绿色低碳示范创建行动,创建一批节约型机关、绿色家庭、绿色学校、绿色社区、绿色出行、绿色商场、绿色建筑。加大各主要新闻媒体和网络媒体宣传力度,持续开展全省节能宣传月、全国低碳日等主题宣传活动,积极倡导绿色生活、绿色消费,让绿色低碳成为全省人民的自觉行动。

B.17
河南省实施制度型开放战略问题研究

马健 孙敬林 王卫红 张伟 王淑娟*

摘　要： 2018年底中央经济工作会议首次提出"制度型开放"的概念，习近平总书记在国内国际重要会议上多次重申推动制度型开放。制度型开放的提出，开启了我国全面对外开放新阶段。准确把握当前对外开放的时代特征和内涵要求，探索制度型开放路径，培育形成开放合作竞争新优势，成为新时期推动河南建设开放强省的重要课题。本文在深入分析河南实施制度型开放战略重大意义的基础上，认真剖析了河南的基础条件和短板不足，并结合河南实际，提出了实施制度型开放战略的对策建议：加强自贸试验区开放规则机制创新力度，加快开放型经济发展体制机制改革创新，打造一流的市场化法治化国际化营商环境，持续拓展开放合作空间，推进招商引资模式机制创新。

关键词： 制度型开放　营商环境　河南

一　河南省实施制度型开放战略的重大意义

（一）制度型开放是应对经济全球化新形势新挑战的必然选择

当今世界正面临百年未有之大变局，贸易保护主义、单边主义等逆全球

---

* 马健，河南省商务厅厅长；孙敬林，河南省商务厅副厅长；王卫红，河南省商务厅对外开放服务办公室主任；张伟，河南省商务厅对外开放服务办公室副主任；王淑娟，河南省商务厅对外开放服务办公室。

化思潮不断涌现，导致商品和要素流动不畅，严重威胁世界经济的稳定和发展，但各国之间合作共赢仍是主流。全球经济规则正从"边境开放"向"境内开放"的高标准化方向发展。中国作为全球第二大经济体，主动提出推进制度型开放，通过对标最新的国际规则，营造更具国际竞争力的制度环境。

（二）制度型开放是发展新一轮高水平开放的必由之路

改革开放特别是加入WTO以来，我国不断融入世界，通过大幅降低进口关税和全方位对外开放国内市场，吸引国外商品、资本和技术等要素大量流入，有力助推了我国经济增长。当前，我国进入高质量发展阶段，要求我们必须与时俱进推进制度型开放，行为方式从主动融合向积极推动转变，要素集聚从一般要素向创新要素转变，资源整合从单向引进向双向循环转变，产业领域从制造领域向服务拓展转变，开放政策从优惠政策向竞争政策转变，规则制度从被动接受向主动参与转变，推动开放型经济发展迈向更高层次和更高水平。

（三）制度型开放是全面深化改革推进制度优化的必然

制度型开放的本质是从"边境开放"向"境内开放"拓展、延伸和深化，核心是促进投资贸易便利化，触及改革开放深水区，具有"试验"和"探路"的特点。当前，我国的要素禀赋条件已经发生重大变化，必须加快从要素驱动向创新驱动的发展模式转变，"向改革要红利、向制度要激励"，营造有利于创新和开放发展的制度环境。

目前制度型开放主要在自贸试验区、自贸港、服务业扩大开放综合试点、国际产业园区等区域，开展探索试验、压力测试，并复制推广至更大范围。对河南而言，要在新一轮更高水平开放竞争中抢占先机、赢得主动，应在持续深化商品和要素流动型开放的基础上，更加注重向规则、规制、管理、标准等制度型开放转变，力争在新一轮高水平开放竞争中展现新作为、实现新突破。

二 河南省实施制度型开放战略的基础条件和短板不足

(一) 河南推进制度型开放具有较好的基础条件

1. 河南对外开放已发展到了新阶段

近年来,全省坚定不移实施开放带动战略,走深走实以"一带一路"为统领的内陆开放新路子,对外开放进入历史最好时期。开放型经济保持良好发展态势。"十三五"期间全省累计进出口2.78万亿元,实际吸收外资909.11亿美元,实际到位省外资金4.75万亿元,分别是"十二五"时期的1.57倍、1.36倍、1.57倍。2021年,全省进出口总值首次突破8000亿元大关,达8208.07亿元,同比增长22.9%。"五区联动"国家级开放平台加快构建。河南先后颁布实施了《中国(河南)自由贸易试验区条例》《郑州航空港经济综合实验区条例》《郑洛新国家自主创新示范区条例》,国家级战略平台法治保障迈出新步伐。河南自贸试验区开放引领、制度创新、复制推广、政策联动作用进一步彰显,引领河南打造新时代制度型开放高地。郑州航空港被确定为空港型国家物流枢纽,获批实施国内唯一航空电子货运试点项目。郑洛新自主创新示范区创新能力持续增强,各项指标领跑全省。跨境电商综合试验区建设水平稳居中西部首位。国家大数据(河南)综合试验区加快建设,郑东新区龙子湖智慧岛形成良好的产业集聚态势。"四路协同"开放通道优势日益彰显。河南发挥区位、物流、市场、人力资源优势,接连打通了"空、陆、网、海"四条丝绸之路。"空中丝路"做到疫情最严重时不断航,被卢森堡首相贝泰尔称赞为卢森堡和欧洲其他地区的"生命线"。"陆上丝绸之路"越跑越快,中欧班列(郑州)综合指标居全国第一方阵,获批建设中东部唯一的中欧班列集结中心,新开通郑州—波兰卡托维兹线路,以郑州为枢纽中心的"1+3"国际物流大通道(中欧物流通道和西向中亚、南向东盟通道)、"9个境外终点站"和"6个出入境口岸"的通道格局初步形成。"网上丝绸之路"越来越便捷,首创跨境电商"网购保税

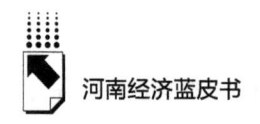

进口1210服务模式"，向卢森堡、比利时等海外地区反向复制，业务覆盖196个国家和地区，累计业务总量、纳税总额均居全国前列。"海上丝绸之路"越来越通达，开通直达青岛、宁波等港口的铁海联运线路，新增郑州—上海杨浦港铁海联运线路，建成淮河、沙颍河等通江达海的内河高等级航道。

2. 河南自贸区制度创新优势逐步显现

国务院印发的河南自贸试验区总体方案160项改革试点任务基本完成，向自贸试验区下放了455项省级权限。河南省委省政府出台了《关于推进河南自贸试验区深化改革创新打造新时代制度型开放高地的意见》，自贸试验区建设进入2.0升级版。创新构建了政务、监管、金融、法律、多式联运五大服务体系，稳步推进政府职能转变、投资和贸易便利化、营商环境建设等共性改革，积极开展跨境电商、多式联运、商品期货等差异化探索。

3. 跨境电商综合试验区制度创新和监管服务取得新突破

跨境电商"郑州模式"得到广泛认可。全国首创的"电子商务+行邮监管+保税中心"监管模式（网购保税进口1210模式，下文简称"1210模式"），已在全国复制推广。《郑州模式：E国际贸易的中国解决方案》在WTO公共论坛发布，中国研究制定的世界海关组织指导性方案大纲获得世界海关组织成员全票通过。《河南省开展跨境电子商务零售进口药品试点工作实施方案》印发，跨境电商零售进口药品试点顺利实施。跨境电商B2B监管试点取得新成效，积极探索9710（跨境电商B2B直接出口）、9810（跨境电商出口海外仓）模式，跨境电商监管进入物流全通道、贸易全方式、商品全品类、消费全体验和监管高效率的"四全一高"新阶段。

4. 投资贸易便利化水平取得显著效果

推动外商投资管理体制改革，全面落实外商准入前国民待遇加负面清单管理制度，坚持"非禁即入"，外资准入门槛大幅降低。通关一体化改革不断深化，持续压缩整体通关时间，压减幅度居全国前列。"单一窗口"能级稳步提升，实现线上"一次申报"、线下"一次查验、一次放行"、"7×24

小时"通关服务保障。跨境电商监管效率逐步提高。创新"一区多功能"监管制度，实现"一站式"便利服务和零售进口退货中心仓模式，降低企业成本70%。

5. 优化营商环境制度框架体系更加健全

颁布实施《河南省优化营商环境条例》，出台《关于规范政商交往行为构建亲清政商关系的若干意见》《河南省优化营商环境三年行动方案（2018～2020年）》《进一步优化营商环境更好服务市场主体实施方案》等文件，营商环境制度框架体系、责任分工体系基本建立。对标世界银行和国家评价指标体系，制定河南评价指标体系，营商环境评价实现与国际接轨。进一步加强贸易政策合规，清理、修改与世贸规则不相符的政策措施。建立全省公平竞争审查工作厅际联席机制，营造公平竞争的制度环境。

6. 主动对标国际经贸新规则意识日益提高

承办《区域全面经济伙伴关系协定》（RCEP）第27轮谈判。在此基础上，积极向商务部申请举办RCEP经贸活动。组织有关部门、企业参加商务部RCEP线上培训和省内系列专题培训，在河南省进出口企业服务平台上开辟RCEP专栏，切实帮助企业熟悉新规则、适应新变化，提高参与国际合作与竞争的能力。加强对RCEP原产地规则研究和其他14国的关税减让情况分析，梳理河南优势产品在RCEP各成员国的最惠国税率和协定税率，确定重点企业名单，制定精准帮扶方案。

（二）河南实施制度型开放战略的短板不足

1. 认识理解不够到位

对制度型开放的内涵、特点与意义认识不到位，研究理解还不透彻，还存在把规则、规制简单等同于促进政策的片面理解。

2. 研究谋划不够系统

对RCEP等国际经贸规则前瞻性研究不够，与开放工作实践联系不够紧密。推动制度型开放工作谋划还不系统、不全面，重点还不突出，缺乏有效的抓手，办法不多、主动性不够。

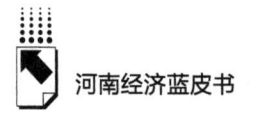

3. 成果运用不够充分

对既有的制度设计和创新成果重视程度不够，落实不到位，配套实施细则没有出台，或操作性不强，市场主体获得感不强，推广示范作用发挥不到位。

4. 改革创新重点不够聚焦

改革创新、制度设计、复制推广等环节，问题导向把握不准，在重点领域、关键环节聚焦发力不够，针对性不强，效果不突出。

5. 开放型经济深层次问题仍未解决

外贸市场主体培育力度不够，规模和质量有待进一步提高。外贸结构不合理，加工贸易占比较大，一般贸易和服务贸易占比相对不足。对日本、韩国等国家和中国香港、中国台湾等地区及世界500强企业招商引资研究不足、力度不够，利用外资规模较小。

三 河南省实施制度型开放战略的对策建议

抢抓构建新发展格局战略机遇、新时代推动中部地区高质量发展政策机遇、黄河流域生态保护和高质量发展历史机遇，坚持以自贸试验区建设为引领，以改革创新为动力，以制度创新为核心，对标国际高标准经贸规则，全面实施制度型开放战略，推动构建更高水平开放型经济新体制，持续打造更具竞争力的内陆开放高地，向开放强省目标迈出坚实步伐，让高水平开放成为中原更加出彩的亮丽主色。

（一）加强自贸试验区开放规则机制创新力度

1. 高水平建设河南自贸试验区2.0版

深入贯彻落实中共河南省委、河南省人民政府发布的《关于推进中国（河南）自由贸易试验区深化改革创新打造新时代制度型开放高地的意见》，更深层次、更大力度推进改革创新，更加注重首创性探索、集成性创新，在重点领域、关键环节与国际规则、规制、管理、标准等率先融合对接。推动出台政务、监管、金融、法律和多式联运五大服务体系升级方案，为制度型开放探索新路径、积累新经验。

2. 推进探索对标国际的政策制度体系

主动对标高标准国际经贸规则，在新技术、新产业、新场景等领域探索新的规则制度。建立更具弹性的包容审慎监管制度，最大程度减少对守信合法企业的干扰。健全公平竞争制度，坚持竞争中性原则。健全多元化纠纷解决机制，完善国际商事调解和仲裁，与境外商事调解机构建立合作机制，协同解决跨境纠纷。

3. 深化构建"两体系、一枢纽"

围绕国家赋予的现代综合交通体系、现代物流体系和服务"一带一路"的现代综合交通枢纽战略定位，推动"空中丝绸之路"提质扩能，充分利用第五航权，构筑辐射全球的货运航线网络体系。深化航空电子货运试点，探索对标国际的航空货运标准体系。推进中欧班列（郑州）与沿线国家城市开展口岸通关、认证认可、物流数据交换服务、运输安全等方面合作。建设河南多式联运信息平台，推进信息开放共享，探索建立适合内陆国际班列多式联运的规范规则和标准体系。

4. 进一步发挥示范带动效应

狠抓国家层面推出的278项自贸试验区改革试点经验和"最佳实践案例"的复制推广。鼓励郑州、开封、洛阳同步实施河南自贸试验区的改革举措，加快成熟制度创新成果在全省复制推广。实施自贸试验区联动发展工程，加快建设河南自贸试验区开放创新联动区，推动郑州航空港区、开发区、海关特殊监管区域等与自贸试验区在创新协同、经验推广、权限下放、产业联动、开放平台打造等方面优势叠加、联动创新，形成"1+N"发展格局。

5. 积极申建河南自贸试验区扩展区域

依托郑州航空港经济综合实验区，积极争取设立河南自贸试验区扩展区域，不断拓展探索创新领域，实施更高水平投资贸易自由化政策和制度，建设国际物流枢纽、新型国际贸易中心、先进制造业基地和航空经济先行示范

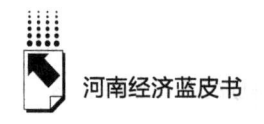

区，打造更具国际竞争力的自由贸易园区。探索申建体现多式联运特色、符合自由贸易发展趋势的内陆型自由贸易港。

(二) 加快开放型经济发展体制机制改革创新

1. 进一步完善投资管理制度

深入实施外商投资准入前国民待遇加负面清单管理制度，持续优化备案管理与信息报告制度。进一步放开或简化会计审计、建筑设计、评级服务等领域外资准入限制，推进电信、互联网、文化、教育、交通运输等领域有序开放。对符合条件的外资创业投资企业和股权投资企业开展境内投资项目，探索实施管理新模式。对开发区内的工业和现代物流业等备案类企业投资项目，开展企业投资项目承诺制试点。创新公共服务领域市场开放机制，引导社会资本进入垄断行业和特许经营领域。积极鼓励民间资本参与国有企业混合所有制改革。

2. 不断提升贸易便利化水平

深入推进通关一体化改革，持续高质量一体化推进"提前申报"和"两步申报"，进一步压缩整体通关时间。推进企业信用等级的跨部门共享，对高信用等级企业进一步降低查验率。加快实施中国（河南）国际贸易"单一窗口"3.0版，推进装箱单、提货单无纸化。推动"单一窗口"功能由口岸通关执法向口岸物流、贸易服务等全链条拓展，开展贸易全链条信息共享和业务协同，实现一点接入、共享共用、监管互认。依托"单一窗口"优化出口退税流程，加快出口退税进度。探索开展"单一窗口"国际合作，建设好"一带一路"技术贸易措施企业服务中心。

3. 实施积极的进口政策

继续鼓励先进技术设备和关键零部件等进口，推进汽车平行进口做大规模。支持企业通过发展保税展示销售、增设口岸进境免税店建立全球商品进口网络和资源渠道。积极扩大国内急需的咨询、研发设计、节能环保、环境服务等知识、技术密集型生产性服务进口和旅游进口。试行跨境服务贸易负面清单管理模式，在有条件的区域最大限度放宽服务贸易准入限制。探索数字贸易规则和标准，建立适应发展方向的数字贸易监管体系。

4.着力强化事中事后监管

按照国家推进治理体系和治理能力现代化的要求，进一步转变监管思路和理念，持续减少和放开审批事项，加强事中事后监管，把放开的事项管住、管好，确保不发生系统性重大风险。以综合监管为基础、以专业监管为支撑，完善信用平台、监管平台，健全全过程、全链条监管机制，强化精准监管、无感监管，当好市场秩序的"裁判员"和"守护者"。

（三）打造一流的市场化法治化国际化营商环境

1.持续深化"放管服效"改革

全面实行政府权责清单制度，大力推进"互联网＋政务"服务，推行"一枚印章管审批"。深化"证照分离""照后减证"改革，协同推进审批服务便民和监管方式创新，推动将更多审批改为备案的相关事项纳入"多证合一"范畴。将公章刻制、税务登记、社保登记、公积金缴存、银行开户等更多事项纳入企业开办流程，打造"企业开办＋N项服务"升级版，实现企业开办"一网通办、一次办妥、一天办结"。鼓励实行"承诺制＋标准地"联动改革，开发区内一般性企业投资项目实现"全承诺、拿地即可开工"。

2.深入推进法治化营商环境建设

加快完善制定营商环境投诉举报、违法案件调查处理、评价奖惩等相关配套制度。依法规范多元化纠纷解决机制。加快推进公共法律服务体系建设，进一步提升公共法律服务能力和水平。强化营商环境领域违法案件调查处理，最大限度保护各类市场主体合法权益。依法全面保护各类产权，严格执行知识产权侵权惩罚性赔偿制度，着力解决侵权成本低、维权成本高等问题。实施"小错免罚"包容柔性执法。进一步加强审判管理，开展超审限案件、超期移送案卷等专项清理活动。严格规范涉企行政执法，依法慎用查封、扣押、冻结企业家财产和限制企业家人身自由等措施。

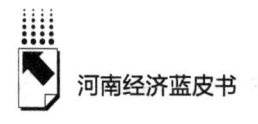

3. 大力营造公平竞争的市场环境

落实国家市场准入负面清单管理模式，依托一体化政务服务平台，及时发现并推动破除各种形式的市场准入不合理限制和隐性壁垒。加强和改进反垄断和反不正当竞争执法，严格落实公平竞争审查制度，健全重大政策事前评估和事后评价制度。持续规范执法权限、依据和程序，保护市场主体合法权益。建立知识产权纠纷多元解决机制，推进纠纷快速调解。贯彻落实《河南省社会信用条例》，完善守信激励和失信惩戒机制。建立健全政府守信践诺和政务诚信监测治理机制，严格兑现依法做出的政策承诺。

4. 提升国际化水平

加强对外交往，推进与"一带一路"沿线节点城市缔结友好城市关系，建立交流互动的常态化合作机制。加快设立境外办事机构，争取更多外事机构、国际组织分支机构、签证中心落地。搭建国际化知识产权综合运营和交易平台，争取知识产权质押融资、知识产权证券化等试点。建立国际交流中心，实现一站式涉外综合服务。建设高品质国际化城市和国际消费中心城市，打造国际化品牌活动，规划建设国际社区，完善涉外教育服务，引进国际医疗机构，促进商业、教育、生活、旅游、养老等设施和服务与国际接轨。

5. 营造良好的招才引智环境

深化人才发展体制机制改革，健全培养、引进、评价、激励等机制。对市场需求的各类高层次人才在职称评定、医疗社保、住房安居、配偶安置、子女入学等方面提供便利。弘扬企业家精神，加强社会信用体系建设，打造开放包容、服务周到的社会人文环境。聚焦现有人才政策的难点，推进高端（海外）人才引进专项行动，灵活运用揭榜挂帅、乡情引才、以才引才等"全职+柔性"方式吸引集聚高层次科技创新人才和团队。

6. 强化营商环境评价与示范

对标世界银行和国家评价方法，健全营商环境评价体系，以评促改、以评促优、以评促建，持续开展全域营商环境评价，高标准开展专项整改行动，完善评价奖惩机制，形成"开展评价—找出差距—实施奖惩—整改提升—继续评价"的工作闭环。每年出台营商环境优化提升行动方案,推出一批高含金量的改革举措,培育营商环境标杆县(市、区)。开展营商环境试点示范,在省内选择部分创新能力强、特色突出的区域,建设一批省级营商环境示范区。

(四)持续拓展开放合作空间

1. 进一步提升开放通道新优势

以"空中丝绸之路"为引领深化拓展"四路协同",提高河南在高质量共建"一带一路"中的参与度、链接度和影响力。巩固提升郑州空港型国家物流枢纽功能,大力发展枢纽经济,全面构建联结全球主要经济体的"空中经济廊道"。拓展中欧班列(郑州)欧洲、中(西)亚、东盟等国际干线物流通道,大力发展日韩等亚太中转线路。谋划建设郑州国际陆港新节点,加快建设中欧班列集结中心示范工程,推动班列运贸一体化发展。推动跨境电商多点集聚,切实加强与"一带一路"沿线国家在跨境电商领域的合作。提升铁海联运规模和水平,开辟更多铁海联运线路。创新发展河海联运,强化内河水运与沿海港口联动发展。加快建设以"一单制"为核心的多式联运服务体系。

2. 打造高水平对外开放新平台

提升国家级战略平台质效和能级,充分发挥郑州国家中心城市、洛阳中原城市群副中心城市和南阳副中心城市的开放带动作用,引领中原城市群高质量发展。充分发挥自贸试验区制度创新溢出效应,加快建立健全以改革创新为导向的制度创新体系。深化郑州航空港区体制机制改革创新,巩固提升空港型国家物流枢纽功能。加快郑洛新自主创新示范区提质发展,构建完整的技术创新体系。加强郑州、洛阳、南阳跨境电商综合试验区建设,推动跨境电商业态创新、模式创新、监管创新,加速向"买全球、卖全球"目标迈进。加快大数据综合试验区建设,开展系统性、整体性、协同性大数据综合试验探索。推动洛阳、开封综合保税区尽快封关运营提升质量。加快建设全国重要国际邮件枢纽口岸,探索邮政口岸运营新模式和新标准。加快国际

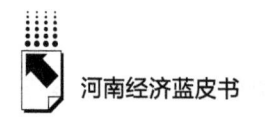

合作产业园区建设，高质量建设境外经贸合作区，开展国际产能合作。

3. 积极对标对接高标准国际经贸规则

积极参与研究制定符合跨境电商发展的国际通用规则。完善跨境电商监管服务体系、质量安全监控和质量追溯体系，探索实现全国范围内异地包裹退货入区，形成区域性集中退货中心仓，实现退货全流程业务一站式办理。实施跨境电子商务零售进口药品试点，加快形成行业优势和创新成果。完善跨境电商配套税汇制度，争取河南跨境电商 B2B 监管试点税汇制度在全国先行先试。对照 RCEP 等协定条款，做好与国际规则有序对接。提升区域贸易便利化，精简进出口监管证件和随付单证，推行原产地自主声明制度，简化备案手续、缩短时长。探索服务贸易创新举措，推动服务贸易管理模式变革，探索分层次逐步取消或放宽跨境交付、境外消费、自然人移动等模式的限制措施。建立资金跨境自由流动管理制度。加快贸易全链条数字化赋能，推动贸易主体数字化转型。

4. 持续发挥"走出去"与"引进来"联动效应

有序推进"豫企出海"工程，以境外优质能源资源和核心产业为重点，深度嵌入国际产业链、供应链。积极推动优势产业国际化布局，鼓励有条件的园区和企业"走出去"，加快布局海外营销服务网络。持续推进河南与京沪苏浙、粤港澳等地战略合作，积极开展经贸交流活动，探索高质量承接产业转移新模式。主动融入粤港澳大湾区建设发展，借鉴先进经验，探索创新切实可行的"河南方案"。

（五）推进招商引资模式机制创新

1. 实施精准化产业开放招商举措

强化产业链、供应链、创新链精准对接，突出总部型企业、产业链中高端和关键环企业，加快完善有助于制造业高质量发展的行业管理制度，实施全产业链系统化开放，引进培育一批跨国公司功能性机构和产业链头部企业。服务业实施差异化开放，加快推动金融、医疗、教育、文化等重点领域对外开放，加快培育市场需求，大力发展数字经济，打造良好旅游商业生态圈，引进一批国际化、品牌化、专业化服务机构和交流合作平台。新产业新业态新模式实施前瞻性开放，重点围绕战略性新兴产业和未来产业，搭建科创平台，引进关键技术和人才等产业链高端环节、高端要素，出台优质要素自由流动、开放包容的政策和制度。

2. 完善招商引资新模式新机制

绘制产业链图谱、企业分布图谱、核心技术图谱、市场分布图谱等，制定招商路线图。实施"链长制""盟长制"招商，结合重点产业建链、延链、补链、强链需要，聚焦补齐产业链短板和突破关键领域，引进培育一批配套企业。推行市场化、专业化、精细化招商新模式和新机制，持续招大引强、招新引精。推广"带地招商"，批量推出集中连片优质产业用地面向全球招商。鼓励各地搭建国有基金投资平台，强化资本招商。探索产业园区＋创新孵化器＋产业基金＋产业联盟一体化推进的引资模式。持续开展"豫商回归"，鼓励海内外豫籍人士回乡投资创业。鼓励采取异地孵化、飞地经济、要素合作等模式，与东部沿海地区共建产业转移合作园区。

3. 提升招商引资活动成效

坚持"项目为王""结果导向"，持续实施好"三个一批"活动。务实办好中国河南国际投资贸易洽谈会、全球跨境电子商务大会、中国·河南招才引智创新发展大会、中国·河南开放创新暨跨国技术转移大会、中国（郑州）产业转移系列对接活动、中国农产品加工业投资贸易洽谈会等重大活动。利用中国国际进口博览会、中国国际投资贸易洽谈会、中国国际服务贸易交易会、中国中部投资贸易博览会、中国—东盟博览会、中国—阿拉伯国家博览会、中国—中东欧国家博览会等国家级重要经贸活动，积极开展投资推介、项目对接等活动。赴沿海地区和港澳台、日韩、欧美等地举办重点产业投资促进活动，实施精准招商。

4. 加快完善境内外招商网络

推进驻外办事机构改革，强化其招商引才职能。发挥各类企业、商协会、各地驻外机构招商引资功能，在重点外资来源地国家（地区）谋划布局经贸联络处，建立河南重点部门和重点企业驻外办事机构。支持各地发挥

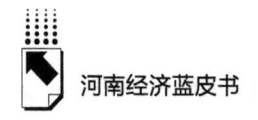

在京津冀、长三角、粤港澳大湾区、海南自由贸易港等地区设立的招商机构作用，开展驻地招商。推动省、市、县三级联动，加快招商引资信息互通、资源共享。充分发挥中国贸促会、全国对外友协、豫商联合会等机构桥梁纽带作用，积极对接海外资源，健全境外招商网络，促成更多合作成果落地。

5. 持续强化要素服务支撑

以"多规合一"为基础，持续深化"多审合一、多证合一"改革。进一步下放建设用地审批省级管理权限，研究落实重点项目用地保障政策，推动重点项目建设用地手续办理能快则快、应保尽保。加强重点领域综合金融服务，针对重大项目"三个一批"，动员金融机构密切跟踪服务，确保谋划项目有金融跟进、落地项目有配套服务、开工项目有资金保障。大力推进投资建设领域审批制度改革，强化省、市、县三级领导分包机制，完善项目协调推进机制。严格落实各项减税减费让利政策，精简税费优惠的办理流程和手续。持续开展涉企经营服务性收费专项检查。打造政策精准直达企业服务平台，健全"万人助万企"常态化机制。

B.18
河南省实施创新驱动战略问题研究

孙 磊 贾 梁*

摘 要： "十三五"以来，河南省深入实施创新驱动战略，不断优化创新环境，研发投入总量逐年提升，研发投入强度也呈现出加速提升的良好态势，取得了一系列显著成就。但同时也要注意到，河南同科技创新实力较强的省份相比仍相对落后，高校和科研机构研发能力薄弱、基础研究水平偏低等因素制约着河南省科技水平的进一步提升。下阶段，要进一步把握新发展阶段、贯彻新发展理念、融入新发展格局，全面优化创新环境，不断提升全省科技创新水平。

关键词： 创新驱动 科技创新 创新生态 河南

"十三五"以来，在省委省政府的正确领导下，河南省深入贯彻创新驱动发展战略，紧紧抓住促进中原崛起、黄河流域生态保护和高质量发展等重大战略机遇，牢固树立创新发展理念，落实高质量发展要求，经过不懈努力，创新主体发展壮大，创新环境明显改善，创新动能日益强劲，对高质量发展的支撑引领作用不断增强，在全国创新格局中的位势显著提升。《中国区域科技创新评价报告2020》显示，河南省综合指标在全国排名达到历史最高位次，综合科技创新水平指数由2019年的第19

---

* 孙磊，河南省统计局社会科技和文化产业统计处处长；贾梁，河南省统计局社会科技和文化产业统计处副处长。

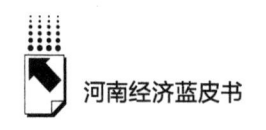

位上升至2020年的第17位，创新能力综合效用值由持续多年的第15位上升至第13位。

一 河南省创新驱动成绩显著

（一）科技投入方面

1. 研发投入加速增长，创新能力持续提升

随着创新驱动战略的持续实施，全省研究与试验发展（以下简称R&D）经费投入总量逐年扩大，研发投入强度持续提升。2020年，面对疫情冲击和复杂严峻的国内外环境，全省研发投入突破900亿元，投入强度再创新高；R&D经费内部支出901.27亿元，较2019年增加108.23亿元，增长13.6%，增速快于全国3.4个百分点；R&D经费投入强度1.64%，较2019年提升0.16个百分点，提升幅度为2009年开始R&D清查以来的最大值。"十三五"期间，全省R&D经费投入年度增量分别为59.15亿元、87.86亿元、89.47亿元、121.52亿元、108.23亿元，目前已连续两年增量保持在百亿元以上。从R&D经费投入强度来看，2016~2020年分别提升0.05个、0.07个、0.04个、0.14个、0.16个百分点，提升幅度呈逐年扩大趋势，已连续两年保持在0.1个百分点以上（见图1）。与"十二五"时期相比，"十三五"时期全省R&D经费支出年均增量提升48.52亿元，年均增速加快0.2个百分点，R&D经费投入强度年均提升幅度扩大0.04个百分点。

2. 研发活动日趋活跃，企业主体地位逐渐稳固

2020年，全省有研发活动的单位6090个，较2019年增加697个，增长12.9%；有研发活动的单位数占21.6%，较2019年提升2.2个百分点。其中，企业有研发活动的单位5730个，较2019年增加727个，占全社会有研发活动单位数的94.1%；有研发活动的规模以上企业占20.8%，较2019年提升2.3个百分点。从R&D经费投入看，2020年企业R&D经费788.4亿元，比2019年增长13.8%，占全省R&D经费的87.5%，对全省研发投入

图 1 2015～2020 年河南省 R&D 经费内部支出和投入强度

资料来源：河南省统计局。

增长的贡献率达 81.2%。其中，规模以上工业企业 R&D 经费 685.6 亿元，比 2019 年增长 12.6%；投入强度为 1.42%，比 2019 年提高 0.19 个百分点。在规模以上工业企业中，高技术制造业 R&D 经费 108.5 亿元，投入强度为 1.71%，比 2019 年提高 0.23 个百分点。企业 R&D 经费投入强度的稳步提高为推动高质量发展奠定了坚实的基础。

3. 技术交易高速增长，成交额再创新高

2020 年，全省共登记技术合同 11751 项，同比增长 26.22%；成交额为 384.50 亿元，同比增长 64.3%。"十三五"期间，全省技术合同成交额增长 700% 以上，技术交易继续保持高速增长势头。有关数据显示，2020 年河南省技术合同成交额居前 3 位的技术领域是城市建设与社会发展、先进制造、新材料及其应用，分别达 121.46 亿元、83.82 亿元、36.11 亿元，同比分别增长 73.5%、78.4%、44.4%。其他技术领域中，现代交通、环境保护与资源综合利用、农业的同比增幅较大，分别达 601.4%、142.4%、121.0%。此外，河南省的企业法人继续保持技术交易主体地位，输出技术合同 8804 项，成交额为 364.43 亿元，占全省技术合同成交总额的 94.8%。特别是郑洛新国家自主创新示范区的创新发展实力领跑全省，技术合同交易额占全省的 79.8%。

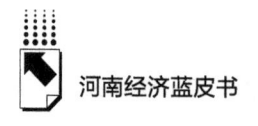

4. 规模以上工业企业研发投入强度首超全国平均水平

企业是研发活动的主体。2020年，全省规模以上工业企业R&D经费投入为685.6亿元，占企业总投入的86.9%；规模以上工业企业R&D经费投入强度为1.42%，首次超越1.41%的全国平均水平。其中，采矿业R&D经费投入强度为1.67%，高于全国平均水平0.94个百分点；制造业R&D经费投入强度为1.49%，低于全国平均水平0.05个百分点；电力、热力、燃气及水生产和供应业R&D经费投入强度为0.35%，高于全国平均水平0.11个百分点。

5. 郑洛新科技引领作用明显，高等院校和科研机构较为集中

研发活动集聚效应明显。从2020年分地区研发投入看，郑州市、洛阳市和新乡市研发投入分别占全省总量的30.7%、15.9%和7.4%，合计占全省研发投入总量的54.0%，较2019年提高1.2个百分点。郑州市、洛阳市和新乡市研发投入强度均超过2%，是推动全省研发投入提升的主要地区，其中洛阳市研发投入强度连续3年居于全省首位，2020年达2.80%，超过全国平均水平0.40个百分点，超过全省平均水平1.16个百分点，超过郑州市0.49个百分点。目前，全省科研机构和高等院校大多集中在省会郑州。郑州市拥有大量科创资源，科研机构和高等院校R&D经费投入占全省科研机构和高等院校R&D经费总投入的比重分别达46.3%和50.5%，创新动能较为强劲。

（二）创新驱动发展方面

1. 科技体制机制改革持续深化

2020年，为加大科研领域"放管服"改革力度，河南省出台《关于扩大高校和科研院所科研相关自主权的实施意见》，更好激发了科研人员的潜能活力；为深化奖励制度改革，出台《河南省科学技术奖提名制实施办法》，进一步突出产业影响和绩效导向；为探索完善科技成果转化激励机制，起草《河南省赋予科研人员职务科技成果所有权或长期使用权改革试点实施方案》；对技术转移示范机构给予奖补，激发了技术转移主体的积极

性，2020年全省技术合同成交额达384.5亿元，同比增长64.3%；不断完善高层次人才团队培养机制，新入选国家相关人才计划数量再创新高，新遴选中原学者5人，中原科技领军人才60人，省杰出青年、优秀青年190人；新培育15个高层次科技创新团队；启动建设"中原学者工作站"30家，省杰出外籍科学家工作室12家。

2. 创新生态持续优化，开放合作不断加强

一是创新政策保障不断完善，颁布实施了《河南省促进科技成果转化条例》《郑洛新国家自主创新示范区条例》，出台一系列重大科技创新政策，自创区管理体制和人事薪酬制度改革成效显著，并逐步在全省国家级高新区推广。二是资金支持力度不断加大，高新技术企业享受所得税优惠累计达220亿元；首次高新技术企业认定奖补、企业研发补助省市累计投入52.5亿元；开展"科技贷"业务，累计放款39.16亿元，并设立3支总规模达19亿元的科创类政府投资基金。三是开放合作不断加强，仅中科院就在河南设立分支机构7家，新华三、启迪科服等创新企业落地河南，成功举办中国·河南开放创新暨跨国技术转移大会，首次面向全球发布重大技术需求。四是加强与国家自然科学基金委员会的对接，实施区域创新发展联合基金，争取国家自然科学基金资助项目首次突破千项，总经费达4.94亿元。

3. 核心关键技术实现新突破

首批5大创新引领专项通过中期评估，63项重大科技专项顺利通过验收。新启动实施132项重大科技专项，支持总经费达3.98亿元，带动企业研发投入超20亿元。在创新引领专项带动下，重大科技专项实施取得了一系列标志性突破：世界最大直径硬岩掘进机研制成功，出口国外应用于重大工程；光互连芯片实现进口替代，供应于国际知名设备厂商；氢燃料电池客车开始示范运行，关键指标行业领先；可见光通信技术实现重大突破；引线框架铜合金新材料、大尺寸溅射钼靶材、LED与半导体用精密超硬磨具、全自动微生物鉴定药敏分析系统等产品，打破了国外技术垄断；高油酸花生标记辅助选择育种技术达到国际领先水平；培育出河南省家禽领域唯一一个国审新品种——"豫粉1号"蛋鸡，成为农业部主推新品种；培育的"黄

淮肉羊"新品种通过了国家畜禽遗传资源委员会终审；四价流感病毒裂解疫苗填补了我国四价流感疫苗市场空白，市场占有率居全国首位。

4. 高新区创新实力稳步提升

科技部发布的"2020年国家高新区总体排名和四个一级指标排名"显示，在全国169家高新区排名中河南省成绩亮眼，其中郑州、洛阳、新乡、平顶山4家高新区进入全国前100名，分别居第17位、第37位、第66位、第88位，安阳、南阳、焦作高新区位次也明显提升，分别提升了4位、3位、8位，分别居第103位、第118位、第130位，高新区对河南省经济社会发展和科技创新的引领作用逐步显现，成为建设全国创新高地的重要支撑。郑洛新国家自主创新示范区各项创新指标领跑全省，郑洛新三片区研发投入占全省的50%，高新技术企业总数达3883家，占全省的61.4%，技术合同交易额达306.8亿元，占全省的79.8%。

5. 创新型企业培育量质齐升

积极落实各项税收、财政和金融政策，强化对企业的激励引导作用，其中企业研发费用加计扣除预计减免税额达70亿元，同比增长45%左右；企业财政补助经费15.35亿元，带动企业投入研发费用317.2亿元；深入推行"科技贷"业务；新设立2支科技成果转化引导基金子基金等。通过打好政策"组合拳"，推动河南省创新型企业发展壮大。河南省国家科技型中小企业数量已达11826家，居全国第5位和中部六省首位。新增国家高新技术企业数量再创历史新高，达1542家，总量达6324家。高新技术企业持续保持良好发展态势，占规模以上工业企业12.2%的高新技术企业贡献了22.6%的产值，带动全省规模以上高新技术产业增加值占规模以上工业增加值的比重升至43.4%。

6. 高端平台机构不断壮大

国家超级计算郑州中心通过验收并投入运营，计算能力居国际前列；黄河模拟器、作物分子设计育种、高性能天气预报等一批重大应用部署实施；河南省首家国家野外科学观测研究站获批建设；新增国家高新技术产业化基地4家、国家级孵化载体24家；新建省重点实验室、技术创新中心、工程技术研究中心、临床医学研究中心、国际联合实验室、野外科学观测研究站等省级创新平台499家；新建科技企业孵化器、众创空间、星创天地等省级创业孵化载体280家，省级农业科技园区14家；新构建省级产业技术创新战略联盟25家；新培育21家省级技术转移示范机构；新备案省级新型研发机构20家，全省总数达102家。

二 准确把握河南创新驱动发展面临的问题

虽然近年来河南省科技创新呈现全面发力、纵深发展态势，但科技整体实力不强、引领带动能力不足的基本面没有根本改变，科技创新仍然是制约河南高质量发展的突出短板。总的来看，河南省科技创新正处于积势蓄势的重要战略机遇期，也面临着差距进一步拉大，不进则退、慢进也是退的严峻挑战。

（一）创新发展战略仍相对落后

当前，实现高质量发展、构建新发展格局比以往任何时候都更加需要科技发挥更关键、更强劲的支撑引领作用。全国各省市纷纷加大科技创新力度，浙江提出建设之江、良渚、西湖、湖畔4个省实验室，对每个省实验室投入100亿元。中西部地区的湖北、陕西、湖南等都把建设国家科技创新中心、科技创新高地列为"十四五"战略目标，强化战略布局。安徽布局世界一流重大科技基础设施集群，设立200亿元专项资金支持合肥科学中心建设。各地打造创新引擎、集聚高端资源的态势已经形成，河南必须积极作为，奋起直追。

（二）研发投入总量少、强度低，差距明显

2020年，全国R&D经费投入超过千亿元的省市有8个，分别为广东（3479.9亿元）、江苏（3005.9亿元）、北京（2326.6亿元）、浙江（1859.9亿元）、山东（1681.9亿元）、上海（1615.7亿元）、四川（1055.3亿元）和湖北（1005.3亿元）。河南2020年的研发经费投入为

901.27亿元,仅占全国的3.7%和广东的25.9%。从R&D经费投入强度看,河南R&D经费投入强度为1.64%,虽然较2019年提高了0.16个百分点,但仍比全国平均水平低0.76个百分点,是全国平均水平的68.3%,居全国第18位,在中部六省中也仅高于山西,与全国研发实力较强的北京(6.44%)、上海(4.17%)、天津(3.44%)、广东(3.14%)、江苏(2.93%)、浙江(2.88%)、陕西(2.42%)等相比相差更大。目前,河南R&D经费内部支出超过百亿元的省辖市仅有2个,分别是郑州(276.7亿元)和洛阳(143.5亿元)。

(三)企业占比偏高,投入结构亟待优化

长期以来,河南省企业R&D经费投入占比位居全国前3,政府所属研究机构和高等院校研发投入占比明显偏低。2020年,全省R&D经费投入中企业占比87.5%,较2019年提升0.1个百分点,高于全国平均水平10.9个百分点,企业投入占比过高的现象较为突出。河南省政府所属研究机构R&D经费投入占比6.6%,低于全国平均水平7.4个百分点;高等院校研发经费投入占比5.2%,低于全国2.5个百分点。

(四)政府资金投入占比偏低,且有下滑趋势

2020年,在全省R&D经费投入中,政府资金投入仅占8.8%,较2019年下滑了1个百分点,较全国平均水平低一半以上。从2009年开始R&D清查后的数据来看,河南研发投入中政府资金占比整体呈下滑趋势,"十三五"期间虽趋于稳定,但稳中有落,未有明显好转。

(五)基础研究能力薄弱,原始创新能力有待加强

基础研究是科技创新的源头,代表着原始创新的能力和水平。近年来,我国基础研究虽然取得显著进步,但与发达国家相比差距明显,目前面临着很多"卡脖子"技术问题。2020年,我国基础研究经费占全部R&D经费的比重为6%,但与创新型国家20%左右的占比相比还远远落后。而河南基础

研究经费占比长期居全国末位，仅为2.3%，反映出河南在核心技术的研发方面投入不足，导致基础研究能力薄弱，核心技术掌握较少，势必会影响竞争力，制约高质量发展。

三 促进河南省创新驱动发展的对策建议

当前党和国家对创新的重视程度前所未有，经济发展对创新的需求前所未有，社会各界对创新的关注前所未有，人民群众对创新的期盼前所未有。面对把握新发展阶段、贯彻新发展理念、融入新发展格局的要求，创新的使命从来没有像今天这样重要、这样紧迫。当前及今后一个时期，河南省必须抢抓历史机遇，坚持科技创新在河南省现代化建设全局中的核心地位，把科技创新作为高质量发展的战略支撑，强化奋勇争先的竞进意识，乘势而上，抓住关键领域重点突破，瞄准竞争前沿求得先机，全面提升科技创新能力与水平，争取在新一轮竞争中掌握主动、赢得未来，在新的历史起点上开启创新引领全省高质量发展新局面。

（一）持续深化科技体制改革

科技队伍蕴藏着巨大创新潜能，必须通过深化科技体制改革破除制约科技创新的思想障碍和制度樊篱，最大限度解放和激发科技作为第一生产力所蕴藏的巨大潜能。政府要为科技工作者和市场主体创造良好的创新环境、提供基础条件，发挥好组织协调作用，加快科技管理职能转变，把更多精力从分钱、分物、定项目转到定战略、定方针、定政策和创造环境、搞好服务上来。加快推进科研院所改革，赋予高校、科研机构更大自主权，给予创新领军人才更大技术路线决定权和经费使用权。加快推进产学研深度融合，着力构建以企业为主体、以市场为导向、产学研相结合的技术创新体系，加大知识产权保护力度，让机构、人才、装置、资金、项目都充分活跃起来，形成推进科技创新发展的强大合力。

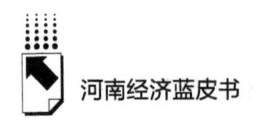

（二）打造高级创新平台，争取资金支持

争取国家重大创新平台和重大科技基础设施在河南省布局，在地下工程装备、光通信、诊断检测、高端轴承等优势领域争创国家级创新平台。充分发挥已有重大平台作用，支持国家生物育种产业创新中心、国家农机装备制造业创新中心加快建设。支持设立管理体制创新、运行机制高效、用人方式灵活的新型研发机构，实行综合预算管理和绩效评价。充分利用省部会商平台，探索与科技部联合实施重大创新项目，积极争取更多国家创新资源在河南省布局。

（三）强化企业主体地位，提升高水平大学和科研机构创新能力

建立完善"微成长、小升高、高变强"的梯次培育机制，打造具有核心竞争力的创新型企业集群。推动高新技术企业持续发展壮大，组建全省创新型企业培训服务队伍，优化高新技术企业申报流程，推动科技型中小企业扩容提质。支持企业牵头建设重点实验室、工程（技术）研究中心、企业技术中心，鼓励企业开展专业化协作、联合攻关。充分发挥高新技术企业所得税优惠、企业研发费用加计扣除等税收政策的激励作用。同时，加大对研发单位、研发人员、研发项目、研发资金、研发成果的考核力度，推进产学研密切合作，确保研发部门持续提高创新能力。

（四）培养高端人才，激发创新活力

科技创新的根本是人的创新，创新驱动的实质是人才驱动。要加大对顶尖人才、高端人才、青年人才的支持力度，帮助青年科技人才加速成为科技创新主力军，不断壮大河南省基础研究人才队伍。做好高层次人才国际化培养资助工作，实施更加开放包容的引才政策，聚焦重点领域、重点地区和高端紧缺人才，创新方式方法，加大柔性引才力度。完善以创新能力、质量、实效和贡献为导向的科技人才评价体系，健全科研人员职务发明成果权益分享机制。

B.19 河南省黄河流域生态保护和高质量发展问题研究

杨冠军 郝占业 王军美 梁童昕[*]

摘 要： 2020年，河南省深入贯彻落实习近平总书记关于推动黄河流域生态保护和高质量发展的重要讲话精神，强化顶层设计，采取有力措施，推动黄河流域生态保护和高质量发展取得新成效。对标《河南省黄河流域生态保护和高质量发展规划》，当前河南省黄河流域仍存在生态环境质量有待提高、防汛任务艰巨、高质量发展不充分、黄河文化挖掘不深等突出问题，据此提出加大保护力度、加强水资源管理、推动创新驱动发展、传承黄河文化等推动黄河流域生态保护和高质量发展的对策建议。

关键词： 生态保护 高质量发展 黄河文化 黄河流域

2020年，河南省深入贯彻落实习近平总书记关于推动黄河流域生态保护和高质量发展的重要讲话精神，以重大项目为抓手，搭建黄河流域生态保护和高质量发展的"四梁八柱"，因地制宜，协同推进，在保护生态环境、保障黄河安澜、传承黄河文化、增进民生福祉、推动高质量发展等方面取得新成效。

---

[*] 杨冠军，河南省地方经济社会调查队二级巡视员；郝占业，河南省地方经济社会调查队农产量调查处三级调研员；王军美，河南省地方经济社会调查队农产量调查处；梁童昕，河南信息统计职业学院。

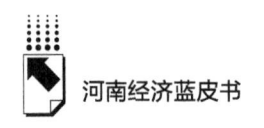

一 河南省黄河流域生态保护和高质量发展取得新成效

（一）狠抓综合治理，生态环境稳步向好

1. 生态修复工程持续推进

坚持山水林田湖草生命共同体理念，积极谋划实施生态系统修复项目，植被覆盖率和水土涵养能力得到提高。2020年，全省谋划10个重大矿山治理项目，总投资246亿元；全年责任主体灭失矿山恢复治理面积16.86万亩，超过了2017~2019年治理面积的总和；"三山"综合整治完成矿山修复37万亩；三门峡小秦岭矿山环境整治和生态修复入选联合国案例。

2. 湿地保护取得明显成效

加大湿地保护修复资金投入力度，着力打造黄河湿地公园群，全省湿地面积不断扩大，湿地质量和保护率大幅提升。2020年，全省共投入4500万元用于湿地保护修复，着力提升湿地质量。同时以黄河干流沿线湿地公园建设为抓手，着力打造黄河湿地公园群，已初步形成"一县一湿地"。新增5个国家级湿地公园、27个省级湿地公园，国家级、省级湿地公园数量达115个。民权黄河故道湿地公园被列入《国际重要湿地名录》，成为河南省第一个国际重要湿地。全省湿地面积为942万亩，湿地保护率达52.19%，较2019年提高2.04个百分点。

3. 水土涵养功能不断提高

持续实施国土绿化提速行动和森林河南建设，全省森林覆盖率、水土保持率稳步提高。2020年，全省完成造林375万亩，完成森林抚育451万亩，实现大幅增绿年度目标；全面实施山区生态林工程，共完成水源涵养林和水土保持林造林148.8万亩；新增水土流失综合治理面积13.13万公顷。全省森林覆盖率达25.1%，较2019年提高0.2个百分点，高出全国2.0个百分点；全省水土保持率为87.4%，较2019年提高0.1个百分点；建成区绿化面积达41.9%，较2019年提高0.9个百分点。

4. 河湖水质明显改善

狠抓水污染治理，大力实施水资源、水环境、水生态、水灾害"四水同治"工程，河湖水质量明显改善。2020年，全省排查并清理河湖"四乱"问题2165个，建成区133处黑臭水体基本消除黑臭现象，完成146个地表水型水源保护区环境问题整治。黄河流域核心区和拓展区地表水国考断面中，Ⅰ～Ⅲ类水质断面比例达到94.4%，与2019年持平，好于国家下达目标27.7个百分点，全面清除劣Ⅴ类水。国家考核的省辖市集中式饮用水水源地达到或优于Ⅲ类水质的比例为100%。

5. 空气质量持续优化

强化"三散"治理，全年取缔整治"散乱污"企业2084家，完成"电代煤""气代煤"105万户；深化工业污染减排，完成钢铁、水泥等重点行业470个有组织排放和539个无组织排放工序废气超低排放改造；搬迁改造建成区重污染工业企业148家，关停淘汰30万千瓦以下煤电机组25台。2020年，全省PM10、PM2.5平均浓度分别下降13.5%、11.9%，全省空气质量优良天数为245天（不含济源），优良天数比率达67%，为历史最好水平，同比增加52天，增幅居全国第1。

6. 生态廊道建设初见成效

按照"一廊三段七带多节点"的总体布局，构建堤内绿网、堤外绿廊、城市绿芯的区域生态格局，并根据不同地区地形地貌、水库岸线、城镇滩区的特色，区分生态廊道功能定位，打造生态廊道建设河南样板。2020年，全省投资170亿元建设18个河南沿黄生态廊道项目，并以郑州段、开封段、洛阳段、新乡段、三门峡段生态廊道建设为试点，加快建设沿黄生态廊道示范工程。

（二）完善防洪体系，保障黄河"安澜"

构建更加完善的防洪体系，增加黄河河道维护经费投入，推进重大防洪工程项目建设，加固黄河大堤，黄河安全保障增强。2020年，全省建成501

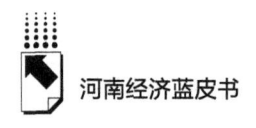

公里标准化堤防，核心区防洪大堤达标率平均达83.2%，其中，郑州、开封防洪堤达标率达100%。2020年，焦作完成黄（沁）河堤防加固253公里，建成黄庄险工、张王庄控导2处黄河水利委员会"示范工程"。

（三）推行节水优先，水资源利用率不断提高

根据"以水定城、以水定地、以水定人、以水定产"原则，大力推动全社会节约用水，实现用水方式由粗放型向节约集约型转变。2020年，全省人均水资源量为411.9立方米，是2019年的1.35倍；万元地区生产总值（当年价）用水量为30.5立方米，较2019年下降5%。

1.节水灌溉农业快速发展

大力发展节水农业，加快高标准农田建设，实施旱作节水项目，建设大中型灌区，推广节水灌溉技术，实现从"大水漫灌"到"滴灌""喷灌""微灌"的转变，灌溉效率明显提高。2020年，全省节水灌溉面积3439.49万亩，同比增长4.7%，占灌溉面积的41%，较2019年提高0.88个百分点；全省在建高标准农田项目超过1250万亩，其中新建项目660万亩。全省农业有效灌溉面积5463.07千公顷，同比增长2.5%；农业用水123.45亿立方米，同比下降1.4%。

2.工业节水减排效果显现

实施水资源能耗和强度双管控，在钢铁等10大重点行业开展节水企业创建，对钢铁、造纸等7大高耗水行业开展"领跑者"引领活动，推进节水技术装备升级改造，淘汰落后的工艺、技艺，培育发展新节水载体，全省工业用水量逐年下降，工业节水减排效果逐步显现。2020年，全省工业用水量为35.59亿立方米，同比下降21.2%；万元工业增加值用水量为20立方米，同比下降18.4%；规模以上工业企业非常规用水量中再生水用水量同比增长2.8%，规模以上工业用水重复利用率达94.1%。

3.城市水资源循环利用率提高

加快污水处理厂投入建设，推进老旧供水管网改造，大力倡导节水型城市建设，城市水资源循环利用率不断提高。截至2020年，全省县级及以上

城市运营的污水处理厂239座,建成规模1232万吨/日,其中,新增或扩建污水处理设施19个,提标改造污水处理设施10个。2020年,全省城市污水处理总量19.15亿立方米,城市污水日处理能力达到896.80万立方米,同比增长5.6%;城市污水集中处理率达98.3%,较2019年提高0.6个百分点;城市供水管漏损率平均为9.9%,较2019年下降0.4个百分点。

(四)贯彻新发展理念,经济质量效益稳步提升

1. 经济结构持续优化

2020年,河南三次产业比重为9.7:41.6:48.7,服务业占比进一步提高。产业转型升级加快,电子信息产业、装备制造业等五大主导产业占规模以上工业增加值的比重达46.8%,较2019年提高1.3个百分点;战略性新兴产业占规模以上工业增加值的比重达22.4%,较2019年提高3.4个百分点。

2. 农业生产高效发展

2020年,全省粮食产量达1365.16亿斤,较2019年提高1.9%,占全国粮食产量的1/10。2020年末全省生猪存栏3886.98万头,同比增长22.6%。积极推进高标准农田建设,2020年全省在建高标准农田超过1250万亩,累计建成高标准农田6910万亩。

3. 科技创新能力进一步增强

2020年,全省科学技术支出254.28亿元,占一般公共预算支出的2.45%,较2019年提高0.42个百分点;R&D人员30.46万人,较2019年增长2.8%;R&D经费投入强度达1.64%,较2019年提升0.18个百分点;每万人发明专利拥有量4.52件,同比增长16.5%。

4. 对外开放规模继续扩大

面对疫情影响,河南省出台多项支持中欧班列发展的措施,相继获批建设洛阳和开封综合保税区、许昌保税物流中心(B型)、郑州药品进口口岸,对外开放规模继续扩大。2020年,全省进出口总额为6654.82亿元,居全国第10位,保持中部第1位,较2019年增长16.5%,增速居全国第3

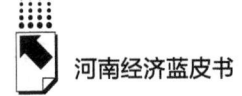

位。实际利用外商直接投资额200.65亿美元,较2019年增长7.1%,增速超过全国平均水平2.6个百分点。

5. 区域发展更加协调

2020年末,河南省常住人口城镇化率为55.43%,较2019年提高1.42个百分点。城乡居民收入水平进一步提高,差距进一步缩小。城乡居民人均可支配收入为2.48万元,增长3.8%,其中,农村居民人均可支配收入增长6.2%,增速继续快于城镇居民。城乡居民收入倍差由2019年的2.26∶1缩小到2020年的2.16∶1。

(五)聚焦民生工程,民生福祉更加殷实

1. 基础设施更加完善

持续织密交通网,打造"米+井+人"字形综合运输通道,构建国家综合立体交通网,交通更加便利。2020年,全省累计完成交通基础设施建设投资675.2亿元,完成年度目标的112.5%,增长11.3%。全省公路、铁路、内河通车通航里程分别为270271公里、6134公里、1725公里,分别增加0.2%、0.9%、2.9%。其中,高速公路通车里程7100公里,居全国前列,新增133公里,增长1.9%。全省新建农村公路1.35万公里,自然村道路硬化率达89%,基本实现"县县通国道、乡乡有干线、村村硬化路"。2020年,全省电信业务总量为8156.78亿元,增长36%;家庭宽带接入用户2738.83万户,增长12.4%。

2. 民生支出占比保持高位

2020年,全省一般公共预算支出10372.67亿元,增长2.1%;民生支出占一般公共预算支出的比重达76.7%。其中,教育支出1882.56亿元,增长4.0%;社会保障和就业支出1575.03亿元,增长8.1%;卫生健康支出1085.39亿元,增长10.0%;农林水事务支出1145.40亿元,增长8.1%;交通运输支出437.31亿元,增长13.94%;住房保障支出349.43亿元,增长22.73%。

3. 社会保障水平提高

2020年，全省社保基金各类支出3394.16亿元，增长6.8%。参加基本养老保险、失业保险、基本医疗保险、工伤保险、生育保险人数分别比2019年增加171.35万人、48.61万人、59.73万人、33.73万人、106.77万人。2020年，全省基本养老保险支出2156.76亿元，增长7.7%；基本医疗保险基金支出1144.22亿元，增长1.5%；失业保险基金支出90.55亿元，增长86.8%。

4. 医疗卫生服务体系不断完善

深化医药卫生体制改革，完善分级诊疗制度，推进县域综合医院建设，提高县域医疗服务能力。2020年，全省共有医疗卫生机构7.47万个，增长5.5%，其中，基层医疗卫生机构7.13万个，新增3786个，增长5.6%。全省共有卫生机构床位66.72万张，增长5.5%；卫生技术人员70.7万人，增长8.1%。

（六）深挖黄河文化，黄河文化品牌影响力提升

黄河文化是中华民族的"根"与"魂"，是中华文明的重要组成部分，中原文化是黄河文化的主干。河南省依托厚重的文化底蕴和丰富的文旅资源，加大文化产业项目投资力度，深入挖掘文化资源时代价值，促进文化旅游深度融合，打造沿黄地区文化旅游带，构建"一带一核三山五区"的文化旅游发展布局，推进文化产业优化升级，大力建设文化强省。

1. 系统性保护黄河文化遗产

加强对黄河文化遗产的分类整理、分区规划布局，积极推进黄河文化遗产申遗工作，系统性地保护黄河文化遗产。截至2020年，全省省级及以上文物保护单位1590个，入选国家级非物质文化遗产113个。"太极拳"项目被列入联合国教科文组织人类非物质文化遗产代表作名录，洛阳龙门石窟、登封"天地之中"历史建筑群荣获保护管理工作五星评级。

2. 文化地标品牌建设加快

以黄河、古都、大遗址、大运河、功夫等核心优势为代表，推动黄河文

化公园、古都古城风貌再现工程、沿黄生态廊道、中国功夫体验基地等重大项目建设。2020年，建立全省文旅产业重点项目库，谋划了45个黄河文化旅游重大工程项目，总投资2474.32亿元。其中，郑州围绕黄河文化带、环嵩山文化带，打造黄河历史文化主地标城市，集中开工包括大河村国家考古遗址公园、"天地之中"世界文化遗产景区提升工程在内的6个核心示范区重大文旅项目，总投资165.6亿元。洛阳以二里头夏都遗址、河图洛书等为依托，打造文化地标，谋划实施文旅项目81个，总投资530亿元，并大力推进隋唐洛阳城国家历史文化公园、"东方博物馆之都"等重点项目建设。

3. 文化基础设施不断完善

截至2020年末，全省有博物馆336个，藏品达120.07万件，较2019年增长4.6%；公共图书馆166个，总藏量4065.30万册；每万人拥有图书馆建筑面积79.52平方米，较2019年增加4.22平方米。全省人均居民教育文化娱乐消费支出为1685元，占消费支出的10.4%，高于全国平均水平0.84个百分点。

4. 文化产业快速发展

截至2020年末，全省有规模以上文化企业2897家，资产总计3309亿元；有国家文化产业示范园区1个，国家文化产业示范基地12个，省级文化产业示范园区12个，省级文化产业示范基地163个。

二 当前河南省黄河流域生态保护和高质量发展中存在的问题

（一）生态环境质量有待提高

一是打好污染防治攻坚战任重道远。2020年，河南省PM2.5、PM10平均浓度分别为52微克/米^3、83微克/米^3，分别高于全国平均水平15微克/米^3、27微克/米^3。全省94个地表水国考断面中，Ⅰ~Ⅲ类水质断面比例为77.7%，低于全国平均水平5.7个百分点。化肥、农药等导致的土壤污染问题仍比较严重。二是相关法律法规有待完善。黄河流域生态保护环境政策与其他政策之间未实现良性互动,协调性不够。部分群众和企业对生态保护法律认识不到位,责任意识淡薄,仍然存在违规偷排现象。

(二)防汛任务依然艰巨

一是"黄河水少沙多、水沙关系不协调"的症结依然所在,水沙问题是黄河流域生态保护与高质量发展面临的核心问题。二是"地上悬河"危险依然存在。黄河从河南邙山流出后,进入平原,泥沙大量沉积,形成"地上悬河",比如开封段黄河河床比开封市区的平均海拔高出3~10米,威胁到周边群众的生命安全。三是小浪底工程调水调沙后续动力不足。小浪底工程是当前黄河水沙调控的核心,控制了约90%的黄河径流和几乎全部的泥沙。但是由于黄河中游水库调节能力小,造成水库排沙效果差,不能充分发挥下游河槽的输沙能力。

(三)水资源供需矛盾依然紧张

一是全域性水资源紧张。黄河水资源量仅占全国的2%,却承担了全国12%的人口、15%的耕地以及50多座大中城市的供水任务。2020年,河南省水资源总量为408.6亿立方米,居全国第21位,人均水资源量为411.9立方米,不足全国平均水平的1/5,属于极度缺水地区,经济发展受到水资源的刚性约束。二是水资源时间和空间分布不一致。河南受季风气候影响,汛期(6~9月份)降水量约占全年降水量的70%左右,降水主要集中在西部和南部山地,北部、中部和东部平原地区较少。豫东、豫北平原地区人口占全省的58.5%,是全省乃至全国的粮食主产区,但是水资源总量仅占全省水资源总量的27.7%,水资源严重匮乏,直接制约着当地的可持续发展。三是水资源开发过度。目前,黄河水资源开发利用率达80%,远远高于40%的警戒线。

(四)高质量发展不充分

一是科技创新投入强度偏低。2020年,全省科技经费投入占一般公共

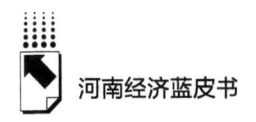

预算支出的2.45%，低于全国平均水平3.4个百分点；全省R&D经费投入强度为1.64%，低于全国平均水平0.76个百分点，居全国第18位，与全省经济总量居全国第5的地位不符。二是对传统能源依赖性高，能源使用效率有待提高。2020年，全省煤炭消费占能源消费总量的67.6%，较2019年提高0.2个百分点，高出全国平均水平10.8个百分点；全年能源消费总量同比增加2.03%，快于GDP增速0.73个百分点，单位GDP能耗同比提高0.76%；能源加工转换效率为69.59%，同比下降0.16个百分点，能源使用效率有所下降。三是经济发展水平有待提高。2020年，全省人均GDP为55435元，为全国平均水平的76.7%；居民人均可支配收入为24810元，为全国平均水平的77.1%，居全国第24位。

（五）黄河文化挖掘不深

河南地处中原腹地，拥有农耕文化、河洛文化、姓氏文化、汉字文化、诗词文化、治水文化、武术文化、革命文化等，是中华文化的集大成者，但目前挖掘的深度和精度不够。一是文化产业对经济发展的贡献水平较低。2020年，全省文化产业增加值占GDP的比重为4.06%，低于全国平均水平0.37个百分点。二是宣传力度不够，文化影响力有待加强。对黄河文化的挖掘不深，缺乏特色文化品牌节目、栏目，文化输出力度不够，文化传播方式创新性不足，在国内国际的影响力有待加强。

三 推动河南省黄河流域生态保护和高质量发展的对策建议

（一）加大保护力度，推动生态系统修复

坚持生态优先，坚定不移把生态环境保护与环境污染防治攻坚协同推进。一是牢固树立"绿水青山就是金山银山"的理念，根据"宜水则水、宜山则山、宜粮则粮、宜农则农、宜工则工、宜商则商"的原则，实施生

态修复、国家储备林建设、矿山治理、湿地公园建设等项目,持续退耕还林、还湿,推动大保护和大治理,构建稳定、高效的生态体系,提高生态环境承载力,增加生物多样性。二是持续强化滩区综合治理。统筹全省生态廊道建设项目,建设生态廊道高质量示范工程,优化生态长廊的复合型功能。开展滩区分区治理,正确处理滩区群众生活、农牧业高质量发展、"四乱"治理和环境保护的关系。三是加强监管监督。全面推行"河长＋检察长""河长＋警长"协作机制,引入司法力量,联合开展专项清理和重点治理,着力解决河道"四乱"问题。运用"互联网＋"对生态环境进行智能化监测,提高环境监测的效率和精度。四是提倡绿色环保的生产和生活方式。在生产领域,对绿色车间、绿色企业实行税收优惠政策;在生活领域,践行绿色出行方式,推广垃圾分类,形成绿色、环保、节俭、健康的生活方式。

(二)加强水资源管理,促进水资源节约利用

一是完善水沙调控体系。加大对黄河水沙变化、泥沙运动规律的研究,完善调水调沙机制,减缓黄河下游淤积,确保黄河沿岸安全。二是严格执行城市用水计划管理。分行业制定用水定额标准,严格限制用水总量。三是大力发展节水农业。加大对灌溉农业的水利设施改造,推进大中型灌区续建配套与现代化改造,适当调整种植结构,推广效益高、耗水量少的农作物。四是以水定产,严控高耗水行业新增产能。加快对节水生产工艺、技术和装备的推广应用,提高工业水循环利用率。五是建设节水型社会。在全社会推广生活节水设备,引导人们养成节约用水的生活习惯。

(三)推动创新驱动发展,构建高质量发展格局

一是培育发展新动能。加大科技研发投入,加强对高科技人才的培养和引进力度,营造创新氛围,培育创新平台,提高创新活力;积极推进重大创新实验基地和平台建设,实施重大科技攻关项目,增强科研实力。二是推动产业升级。加快传统制造业转型升级,发展高端制造业,提高产品附加值,推动"河南制造"向"河南智造"转变;培育壮大新兴产业,推动新材料、

数字创意等新兴产业发展，加快形成以创新为主要引领的发展模式，完善现代化经济体系。三是促进农业提质增效。以农业产业园为载体，推动农业供给侧结构性改革，增加农业科技投入，发展地方特色产业，推进农产品深加工，延伸农业产业链条。四是推动区域协同发展。深入推进郑州都市圈建设，提高中心城市带动能力，打通行政区域壁垒，加强区域合作，缩短区域差距，提高人民基本生活水平。五是优化营商环境。深化放管服改革，进一步简化行政审批流程，提高审批效率，优化创新环境，激发市场主体活力；积极推进"互联网+政务服务"，实现线上审批、一网办理，提升政府服务效率；推进制度创新，加快构建有利于市场主体活力竞相迸发的制度环境和政策体系，构建公平公正的市场环境，促进营商环境全面优化。

（四）传承黄河文化，讲好"黄河故事"

一是继续加大黄河文化保护力度。要对黄河文化进行系统性梳理，加大研究阐释力度；加强对历史名城等物质文化遗产的保护和管理，深入实施宋都古城保护与修缮等重大工程；加大对非物质文化遗产的挖掘与申报力度，加强非物质文化遗产传承人的培养。二是打响河南特色文化品牌。各地区要依据自己的资源优势，打造特色文化品牌，彰显地域特色。深入挖掘郑汴洛的古都文化、三门峡的仰韶文化、安阳等地的商周文化，焦作等地的南太行黄河山水文化、平顶山等地的黄河淮河交汇文化，以大项目为依托，连点串线、以线锻面，打造黄河文化旅游带；以全域旅游为主导，突出历史文化、红色文化、生态休闲、乡村旅游等内容，促进文旅融合发展。三是拓宽黄河文化宣传渠道。以黄河为主题，拍摄专题纪录片、影视剧、宣传片等，不断创新宣传方式，让黄河文化"活"起来；推动黄河文化与媒体融合，支持融媒体平台建设，推动文化旅游走向云端；举办丰富多彩的黄河文化交流活动，加强交流协作。

B.20
河南省制造业数字化转型发展研究

李 玉 王一嫔*

摘 要： 制造业数字化转型是产业数字化的重点体现，是河南从"制造大省"向"制造强省"转变的核心路径。河南制造业数字化转型情况调查显示，全省制造业数字化转型目前处于起步发展阶段，转型效益初步显现。但也存在一些问题，如中小企业转型滞后、资金人才技术等形成掣肘、企业观念转变困难、数字化设备软件支撑薄弱、缺乏政府扶持引导等。本文在剖析问题的基础上，有针对性地提出加强扶持引导、坚持自主创新、强化分工协作、引导观念转变的对策建议。

关键词： 制造业 数字化转型 河南

2021年10月，习近平总书记在中央政治局集体学习时指出"要推动数字经济和实体经济融合发展，把握数字化、网络化、智能化方向，推动制造业、服务业、农业等产业数字化"。河南省第十一次党代会提出要全面实施"十大战略"，"数字化转型战略"赫然在列。制造业数字化转型作为产业数字化的重点体现，是抢抓新一轮科技革命和产业变革机遇的必然选择，也是河南从"制造大省"向"制造强省"转变的核心路径，对"十四五"开好局、起好步意义重大。

---

* 李玉，河南省地方经济社会调查队专项调查处副处长；王一嫔，河南省地方经济社会调查队专项调查处处长。

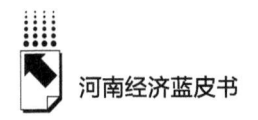

为了解全省制造业数字化转型发展情况，2021年9月河南省地方经济社会调查队对全省17个省辖市、济源示范区206家当地有代表性的制造业企业数字化转型情况开展了专项调查，结果显示，河南省制造业数字化转型处于起步发展阶段，转型效益不断显现，但也存在中小企业转型滞后、资金人才技术要素掣肘等问题，深入推进制造业数字化转型任重道远。

一 河南制造业数字化转型发展情况

制造业数字化转型是运用工业互联网、大数据、云计算、人工智能、区块链等数字技术，以数据为驱动，对研发设计、生产制造、仓储物流、销售服务等业务环节进行数字化改造，推动制造业企业生产方式、企业形态、业务模式、就业方式的全方位变革，重构传统工业制造体系和服务体系，促进产业链、供应链高效协同和资源配置优化，催生新模式新业态。

从发展历程看，数字化转型是信息化建设的高级阶段，是在多年信息化、智能化发展积淀上，推动新一代数字技术与制造业深度融合发展。近年来河南省出台了《河南省信息化和工业化深度融合专项行动计划（2014～2018年）》《河南省智能制造和工业互联网发展三年行动计划（2018～2020年）》《河南省推进"5G+工业互联网"融合发展实施方案》等文件，从深入推动制造业信息化建设、智能化改造到大力开展数字化转型，不断加大制造业转型升级力度。河南数字化转型以信息化和工业化融合为主线，以智能制造为主攻方向，依托智能制造引领提升、工业互联网创新发展、新模式新业态培育壮大、中小企业数字化赋能四大行动持续推动，目前总体处于起步发展阶段。

（一）数字化转型起步发展

制造业数字化转型核心是数据驱动，重点是在生产制造环节依托数字化设备硬件和信息系统软件实现数据的全流程贯通。结合数字化转型内涵和国内相关研究，此次调查依据设备自动化程度、数据要素驱动等情况，将制造业生产过程划分为主要靠人工、实现基本自动化和实现基本数字化三个阶段。调查显示，25.7%的被调研企业受限于技术发展、行业特性等因素，处于第一个阶段，即主要靠人工阶段，虽有部分工序使用自动化生产设备，但应用比例不超过一半；41.7%的企业处于第二个阶段，即基本自动化阶段，通过自动化生产设备和信息系统的投产使用，逐步向数字化阶段迈进；32.5%的企业能紧跟形势快速发展实现基本数字化，享受数字化转型红利，处于第三个阶段。从调查整体情况看，河南近七成企业仍处于主要依靠人工和基本实现自动化的生产阶段，仅有三成多企业实现了基本数字化（见表1）。

表1 调研企业生产制造阶段情况

单位：家，%

阶段	定义	企业数量	占比
主要靠人工	50%以上的生产通过人工	53	25.7
实现基本自动化	50%以上的生产通过自动设备和流水线	86	41.7
实现基本数字化	50%以上的生产设备/生产线可留存和分析数据	67	32.5

注：本文所有图表资料均来源于河南省地方经济社会调查队专项调查。

从数字化转型重点指标看，数字化设备是数字化转型落地的直接体现，目前应用比例相对偏低。《中国两化融合发展数据地图》显示，2020年河南生产设备数字化率、关键工序数控化率分别仅为48.0%、49.6%，分别低于全国0.7个、2.5个百分点。从数字化转型重点工作看，河南规模以上制造业智能制造就绪率为8.7%，低于全国平均水平1.6个百分点，分别比浙江、江苏低10.4个、8.1个百分点；信息化和工业化两化融合发展水平指数为53.2，而全国平均水平达到56.0。综合判断，河南制造业数字化转型处于起步发展阶段。

（二）数字化转型基础良好

河南制造业信息化建设应用普及较广，为数字化转型奠定了良好的基础。2020年河南规模以上制造业企业实现计算机使用全覆盖，每百家企业拥有计算机3081.4台,比2015年增长29.4%。93.6%的企业有信息化投入,信息化投入金额为26.86亿元,比上年同期增长4.3%。92.3%的企业通过互联网对本企业进行宣传和推广,91.4%的企业有信息技术人员,70.3%的企业建立了局域网,48.8%的企业建立了网站。信息系统软件是企业物流、资金流、信息流集成管控的核心载体,98.0%的企业利用信息系统进行管理。其中,采用信息系统开展财务管理比例最高,达到88.1%;开展购销存管理和生产制造管理的比例分别达到52.4%和30.3%(见图1)。

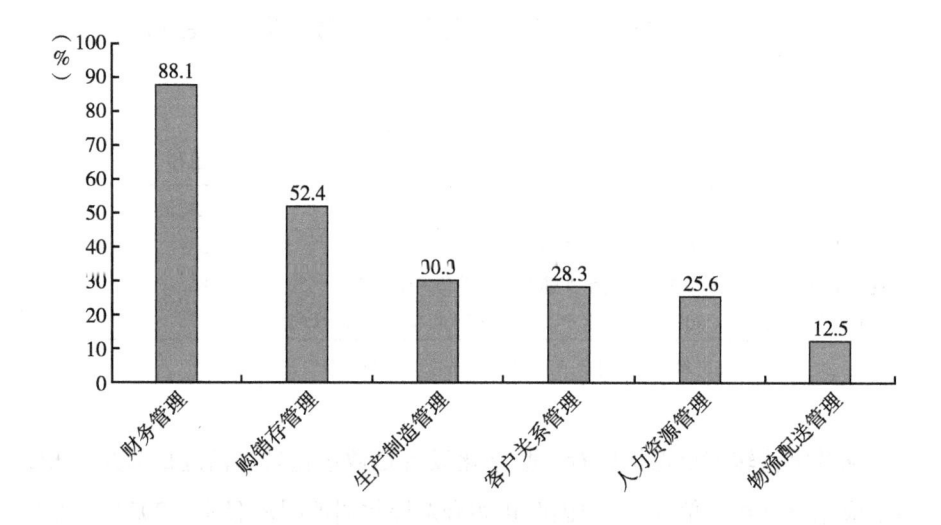

图1 2020年全省规模以上制造业信息系统使用情况

(三)工业互联网应用深入发展

工业互联网是新一代信息技术与制造业深度融合的产物,是制造业数字化转型的重要抓手。企业通过工业互联网实现工业数据的实时传输交换、快速计算处理和高级建模分析,提高生产管理水平和服务效率。河南规模以上制造业中,使用工业互联网和智能制造的企业9975个,占比57.7%。从生产过程使用看,生产过程自动控制比例最高,达39.1%,20.9%的企业自动优化调度生产线,13.0%的企业在线开展网络化协同生产,11.9%的企业在线追踪产品生产过程,9.0%的企业在线开展个性化定制生产(见图2)。

工业互联网平台发展按照大企业建平台、中小企业用平台的思路，累计认定综合性工业互联网平台1个、行业工业互联网平台培育对象24个，平台实现收入7.4亿元，服务企业1.3万家，接入设备产品355万台。目前全省在建工业互联网平台70多个[①]，在矿山装备、智能传感、节能环保等多个领域居于先进地位。

指标	百分比(%)
生产过程自动控制	39.1
自动优化调度生产线	20.9
在线开展网络化协同生产	13.0
在线追踪产品生产过程	11.9
在线开展个性化定制生产	9.0

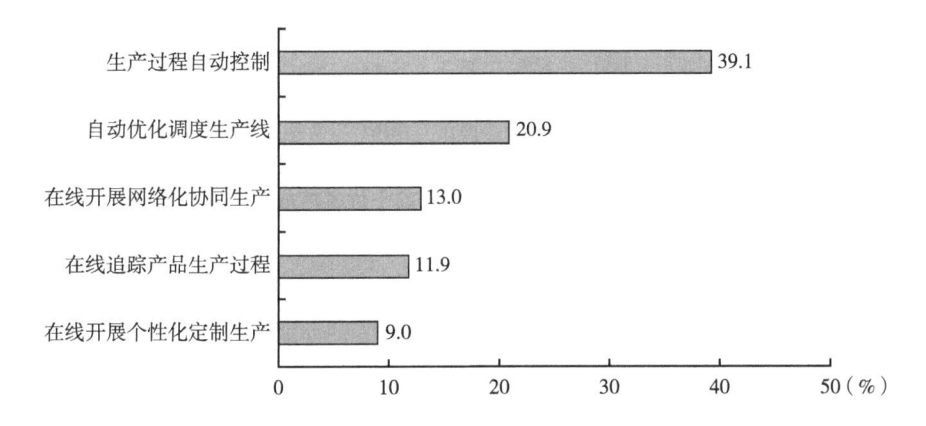

图2　2020年全省规模以上制造业工业互联网和智能制造使用情况

（四）企业上云快速推进

企业上云后数据通过云服务器存储共享，节省计算存储设备购买和维护成本，能有效提高数据利用率和信息传输时效。近年来，河南企业上云覆盖面不断扩大，有效加速了数字化转型进程。截至2021年第三季度，全省累计上云企业14万家，比2020年、2019年分别增加3.7万家、10万家。出于经济性和数据安全性的综合考虑，全省大中型企业大多采用公有云加私有云的混合云方式，非核心业务使用公有云，核心生产流程自建私有云。分地区看，郑州、洛阳、许昌等省辖市企业上云推进较快，其中郑州2020年累计上云达3.38万家，占全省的32.9%（见图3）。

---

① 河南省工业和信息化厅。

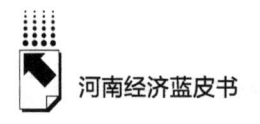

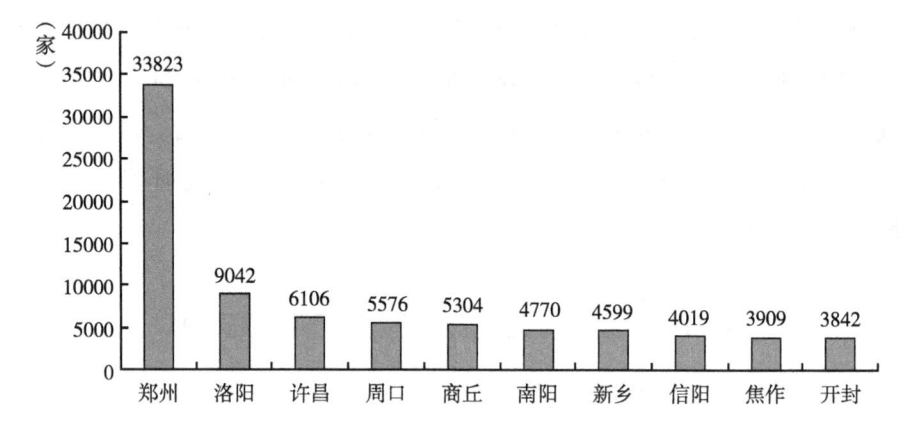

图3 2020年全省累计上云前十位省辖市情况

（五）5G技术和人工智能初步应用

调查显示，20.4%的被调查企业使用5G技术。5G技术具有高带宽、低延时的技术优势，数据采集更加准确快捷。大型企业通过"5G+项目"应用场景搭建，出现一批行业应用典型案例，实现技术赋能。29.6%的被调查企业使用人工智能。在生产环节使用人工智能机器人及智能影像识别、语音识别等人工智能技术，提高生产流程的智能化水平。两项技术仅在少数企业关键环节使用，处于探索应用阶段。

二 制造业数字化转型发展成效

河南制造业经过近年来信息化、智能化的大力发展，数字化转型效益显现，助推企业提质降本增效。

（一）生产运营效率大幅提升，实现高效集约管理

调查显示，81.1%的被调查企业提高了生产效率，降低了运营成本；74.3%的被调查企业提升了生产运营管理水平；42.7%的被调查企业增加了

产品销量，提升了市场地位。通过数字化生产制造管理系统的使用，企业依托"机器换人"大幅削减用工成本，资金流、物流、信息流高度集成，人均产量和产品质量持续提高，客户满意度和管理水平大幅提升。部分企业生产效率提高30%以上，生产成本降低30%以上，产品一次合格率达99.5%以上，有效改变了传统制造业劳动强度大、管理效率低下、产能质量不稳定的局面。特别是新冠肺炎疫情期间，智能车间、无人工厂快速复工复产，凸显了数字化转型优势。

（二）企业有效节能降耗，实现绿色低碳生产

调查显示，52.4%的被调查企业提高了能源使用效率，提升了环保水平。企业使用数字化节能环保技术实现清洁生产，实时分析设备使用效率，降低单位产值能耗，构建绿色制造体系。调研中，濮阳市一耐火材料制造企业采用先进的数字化环保处理系统，总体节能60%以上，废气排放量远低于最低排放限值，噪声、粉尘等损害员工职业健康的问题有效减少。

（三）企业实时数据采集预警，实现安全生产

企业利用数控系统对生产设备进行数据采集、实时监控、故障预警，发现问题自动控制，实现线上隐患排查治理、风险分级管控等功能，特别是易燃易爆危险品生产企业建立智能车间实现无人化或少人化，全方位保障生产安全、运输安全、存储安全等。调研中，驻马店市一化学原料制造企业应用DCS集中控制、ESD紧急停车等信息系统，智能监测到不安全情况时，通过一键停车按钮安全停止生产，杜绝人工现场操作出现危险；郑州市一工业自动控制系统装置制造企业，自主开发的工业车辆安全监控管理系统接入工业车辆超5.5万台，实现工业车辆全生命周期健康管理，保障工业车辆安全。

（四）新模式新业态创新发展，打造市场竞争优势

调查显示，28.6%的被调查企业实现了个性化、小规模定制的柔性制

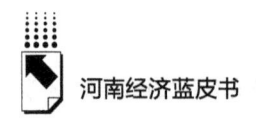

造，优化生产流程。智能制造、服务制造、共享制造、网络协同等新模式新业态不断出现，提升企业核心竞争力。调研中，郑州市一家具制造企业依托数字化转型形成大规模个性化定制模式，有效破解家具定制成本高、周期长、质量差及规模生产难4大难题，将定制家居生产周期从业界普遍的18~45天提高到最慢4天，行业平均用材率从76%提高至94%，定制产品差错率由6%~8%降低到0.3%以内，形成独特的竞争优势。

三 河南制造业数字化转型发展存在的问题

全省制造业数字化转型取得了一定成效，但受资金、技术、观念等因素影响，仍存在一些问题和困难。

（一）中小企业数字化转型滞后

第四次经济普查数据显示，2018年河南有中小型制造企业13.56万家，实现营业收入33889.04亿元，从业人员523.62万人，占全部制造业的比例分别达99.7%、63.3%、77.0%。中小型制造业是数字化转型的重要力量。调查显示，中小型企业数字化转型发展势头相对不足。中小型企业数字化规划、数字化管理部门、企业上云、5G技术、人工智能、工业互联网的使用比例均低于大型企业。以数字化转型的典型应用企业上云为例，中型、小型企业占比分别为26.6%、16.4%，分别低于大型企业14.0个、24.2个百分点（见表2）。从数字化转型阶段看，靠人工生产的企业主要集中于小型企业，占比为54.7%。

表2 不同规模企业数字化转型调研情况

单位：%

项目	大型	中型	小型
有数字化规划	69.6	64.1	54.8
有数字化管理部门	62.3	40.6	32.9
企业上云	40.6	26.6	16.4

续表

项目	大型	中型	小型
使用5G技术	30.4	18.8	12.3
人工智能	39.1	26.6	23.3
工业互联网	40.6	28.1	24.7

（二）资金、人才、技术等关键要素形成掣肘

对企业数字化转型中存在的困难进行调查，67.7%的被调查企业反映投资过大，资金困难，单台设备几十万元起步，成套设备和各种信息系统价值千万元甚至过亿元，运营维护也需持续的资金注入，资金匮乏是数字化转型的最大障碍；60.7%的被调查企业反映人才缺乏，全省数字化人才储备不足，年轻人不愿进工厂打工，制造业缺乏人才吸纳优势，数字化管理规划、技术研发、运营维护等领域高端专业技术人才缺口较大；42.2%的被调查企业反映存在技术难题，数字化的核心是全部生产设备和信息系统互联互通，实现全流程数据的连接、采集、共享、分析。但目前设备和系统集成困难，仅有27.7%的被调查企业实现了高度集成，多数企业处于部分集成阶段，数据碎片化、信息孤岛化严重，成为阻碍数字化转型最大的技术瓶颈。

（三）企业观念转变困难

管理层支持不力直接阻碍企业数字化转型。调查显示，16.0%的被调查企业缺乏管理层的支持。管理层看不到转型的必要性和迫切性，认为数字化转型并非现阶段的最优选择，企业上云、工业互联网、人工智能、5G等新技术没有实际需要。62.6%的被调查企业有数字化转型规划，但顶层战略设计不到位，重规划轻落实、重自动化轻数字化现象突出。员工层配合程度相对较差。45.1%的被调查企业建立数字化管理部门，受制于员工观念转变困难，数字化管理部门改革阻力较大。员工不愿接受组织结构、运营流程、工作方式等转型调整变革，横跨多个部门的分工、组织、协调任务较重，影响转型效果。调研中，焦作市一电池制造企业上线新信息化系统前调研实际需

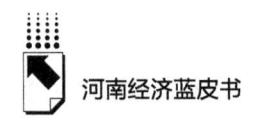

求，业务部门缺乏数字化理念导致需求沟通难，系统建成后发现与一线需求偏差较大。

（四）数字化设备、软件支撑相对薄弱

调查显示，45.6%的被调查企业认为现有设备、软件不能满足数字化转型需求。全省各行业数字化转型速度不同，与数字化设备、软件有很大关系。化工等行业技术成熟，企业上线一套完善的数字化设备、软件就能快速实现智能化、数字化。缺乏成熟设备、软件的行业转型较慢，如非标准化产品生产企业，生产流程的非标准化需要定制专业设备，定制困难制约行业发展；标准化产品生产企业购买通用设备、软件，与实际需求存在不适用性，设备的精度和软件的兼容性需调整升级。高精尖设备和工业关键核心软件对外依赖严重，部分前沿技术由国外垄断，"卡脖子"形势严峻，数字化转型落地困难。

（五）缺乏政府扶持引导

从企业希望享受的政府扶持来看，85.5%的被调查企业需要财政资金扶持，79.7%的被调查企业需要税收优惠，68.1%的被调查企业需要政府组织行业共享交流，62.3%的被调查企业需要技术咨询。调研中，某高新区反映，数字化转型政策都是针对企业制定的，缺乏针对政府部门的发展政策。该地自主引进机床研究中心重点实验室，用政府服务公益性促进技术外溢共享，效果良好，但每年需支付数百万元，省市两级政府没有配套政策扶持。

四 加快河南制造业数字化转型发展的建议

制造业数字化转型是推动制造业高质量发展、构建新发展格局的核心路径。河南要立足新发展阶段，贯彻新发展理念，把握新发展机遇，深入推进制造业数字化转型，提升全省制造业数字化、高端化、绿色化水平，加快先进制造业强省建设，打造国际竞争新优势。

（一）加强扶持引导，优化数字化转型发展环境

坚持市场主导、政府引导，做好制造业数字化转型顶层设计，坚持遵循规律、分类施策，进一步完善相关产业政策，推动新一代信息技术和制造业深度融合。加大财税扶持力度，强化产业基金引领，创新产融合作模式。深化金融服务供给，拓宽企业多元融资渠道。大力引进高端人才，优化人才政策体系，营造引才聚才用才的良好氛围。推进产教融合、校企合作，培养数字化专业人才。加快新型基础设施建设，规范数据资源开发利用，构建网络安全保障机制。

（二）坚持自主创新，深耕数字化转型核心技术

加强关键核心技术攻关，牵住自主创新这个"牛鼻子"，大力突破转型技术难关，探索制造业数字化标准、制度、技术规范和建设运营机制。加强产业共性技术平台建设，完善高水平创新平台体系。加快建立以企业为主体、以市场为导向、产学研用深度融合的产业技术创新体系，支持引导创新要素向企业集聚。重点突破智能传感、控制优化与建模仿真、工业大数据、数据库构建等技术，推进高端数控机床、工业机器人、智能装备、工业软件等软硬件研发，提升核心装备和关键工序的数字化水平，加快智能车间、智能工厂建设。提升工业互联网、云计算、人工智能等新技术创新能力，构建工业互联网平台体系，持续推动"企业上云上平台"，打造"5G+工业互联网"应用场景。

（三）强化分工协作，推动产业链供应链融通发展

深入利用河南产业链链长和产业联盟会长"双长制"，促进产业链、供应链、创新链深度耦合。推动装备、食品、轻纺、先进金属材料、新型建材等重点产业集群数字化建设，构建智能装备、生物医药、新能源等战略新兴产业链，加快产业园和产业集聚区数字化转型。发挥行业龙头骨干数字化生态引领作用，利用产业互联网优势，推动中小企业数字化转型，在产业链供

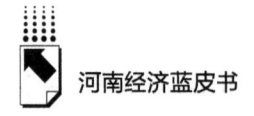

应链关键环节培育一批"专精特新"和制造业单项冠军企业，完善制造业梯级布局。发展网络协同制造，强化供应链企业在产品设计、制造、管理和商务等领域异地协同，形成产业链上中下游、大中小企业融通发展的产业生态。

（四）引导观念转变，营造数字化转型良好氛围

多渠道搭建行业交流平台，引导企业转变思想观念，明确数字化转型不是"可选项"，而是"必选项"，促进企业建立全面性、前瞻性的数字化设计蓝图。培育行业数字化转型标杆企业，鼓励开放先进技术、应用场景，将转型经验转化为标准化解决方案向行业企业辐射推广，促进技术外溢共享。引进培育一批专业化水平高、服务能力强的制造业数字化转型服务商，聚焦企业需求，开发部署高可靠、低成本、易维护的数字化解决方案，推动传统制造向高端、绿色、智能转变。

专题研究篇
Monographic Study Part

B.21 河南融入新发展格局研究

罗勤礼 张喜峥 张亚丽 雷茜茜*

摘 要： 推动形成以国内大循环为主体、国内国际双循环相互促进的新发展格局是"根据我国发展阶段、环境、条件变化提出来的，是重塑我国国际合作和竞争新优势的战略抉择"。新发展格局的形成为河南加快建设现代化经济体系，在新一轮区域竞争中实现直道冲刺、弯道超车、换道领跑带来了重要的战略机遇。本文阐述了新发展格局的背景和内涵，分析了当前河南在新发展格局中的地位和优势，并深入剖析了河南融入新发展格局的制约因素，在此基础上结合实际，提出了河南更好融入新发展格局的重点路径及举措。

关键词： 双循环 新发展格局 河南

---

* 罗勤礼，河南省统计局总工程师；张喜峥，河南省统计局国民经济核算处处长；张亚丽，河南省洛阳市古城街道办事处党工委书记；雷茜茜，河南省统计局国民经济核算处四级调研员。

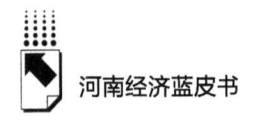

党的十九届五中全会明确提出，"十四五"时期我国要形成强大国内市场，构建新发展格局。2021年1月11日，习近平总书记在省部级主要领导干部学习贯彻党的十九届五中全会精神专题研讨班开班式上指出，进入新发展阶段明确了我国发展的历史方位，贯彻新发展理念明确了我国现代化建设的指导原则，构建新发展格局明确了我国经济现代化的路径选择。这是我国进入新发展阶段后，面对复杂多变的国际形势作出的重大战略选择。这一重大战略为河南在"十四五"乃至未来更长时期做好经济社会工作提供了根本遵循和行动指南。河南应紧抓这一战略机遇、找准突破口、打通关键环，锻造长板、补齐短板，全面主动融入新发展格局，在拉高标杆中争先进位，在加压奋进中开创新局，确保高质量建设现代化河南，确保高水平实现现代化河南。

一 我国构建新发展格局的背景和内涵

（一）我国构建新发展格局的背景

1. 适应我国经济发展阶段变化的主动选择

改革开放前我国经济以国内循环为主，进出口占国民经济的比重很小。改革开放特别是2001年加入WTO后，我国深度参与国际分工，主动选择出口导向型外循环发展战略，对快速提升经济实力发挥了重要作用。2008年国际金融危机后，党中央把扩大内需作为保持经济平稳较快发展的基本立足点，有效应对了外部风险，推动经济发展向内需主导转变，国内循环在经济中的作用开始上升。党的十八大以来，我国转向高质量发展阶段，推进供给侧结构性改革，同时实施扩大内需战略，使发展更多依靠内需拉动，国内循环的作用进一步上升。当前，我国正处于大国经济发展关口，已经逐渐从模仿、追赶阶段走向引领和自主创新阶段，要求我们把握发展主动权，塑造竞争新优势。

2. 应对错综复杂的国际环境变化的战略举措

当今世界正经历百年未有之大变局，地缘政治以及经济格局深度调整，特别是近年来，经济全球化遭遇逆流，新冠肺炎疫情也加剧了逆全球化趋势，对我国外部需求和产业链供应链安全稳定造成了严重冲击。面对外部环境冲击，必须进一步畅通国内大循环，提升我国经济发展的自主性和可持续性。

3. 发挥我国超大规模经济体优势的内在要求

随着我国由高速增长阶段转入高质量发展阶段，我国的比较优势已从劳动力和生产要素成本低，转变为国内统一的大市场优势、完整的产业体系优势等，客观要求释放内需潜力增强经济发展的动力活力。我们必须利用好大国经济纵深广阔的优势，使规模效应和集聚效应充分发挥。

（二）构建新发展格局的内涵

构建新发展格局是一个系统工程，体现了完善宏观调控的内在要求，考虑了供给和需求、消费和投资、改革和创新、国内和国外等辩证关系，统筹生产、流通、分配、消费等关键环节，注重依靠结构调整、改革创新等内生动力，是稳住当前经济基本盘、推动未来经济行稳致远的必然选择。

1. 畅通国民经济循环

依托强大国内市场，深化供给侧结构性改革，贯通生产、分配、流通、消费各环节，促进资源要素顺畅流动，形成需求牵引供给、供给创造需求的更高水平动态平衡，促进国民经济良性循环。

2. 国内国际双循环相互促进

国内大循环为国内国际双循环提供坚实基础，依托国内大循环可以引导全球商品资源集聚，打造我国全球合作竞争新优势；国际市场是国内市场的延伸，通过强化开放合作，同世界经济联系互动，可以提升国内大循环的效率和水平。

3. 加快培育完整内需体系

深入实施扩大内需战略，增强消费对经济发展的基础性作用和投资对优化供给结构的关键性作用，建设消费和投资需求旺盛的强大国内市场。

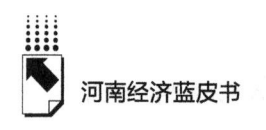

二 河南在新发展格局中的地位和优势

近年来,河南保持快速发展态势,发展水平不断提高,产业结构持续优化,形成了交通区位、产业基础、市场规模等发展优势,为河南融入新发展格局提供了基础保障和平台支撑。

(一)四通八达的区位交通优势

河南地处连接东西、贯通南北的战略枢纽,全国第一个"米"字形高铁网已经初步形成,最后一"点"郑济高铁省内段即将通车,全省高速公路通车总里程超过7000公里。以郑州为中心的2小时高铁圈覆盖4亿人口和市场,2小时航空圈覆盖全国90%的人口和市场,6小时高铁圈覆盖全国主要经济区域。郑州航空港经济综合实验区形成规模优势,郑州机场客货运吞吐量跃居中部地区双第一;中欧班列(郑州)综合指标居全国前列;跨境电商新业态新模式领跑全国,跑出了日均处理能力1000万包、通关速度500单/秒的"河南速度";铁海、河海联运扩容加密,淮河、沙颍河等内河高等级航道,有效联结上海等"海上丝绸之路"重点港口。河南多层次开放平台体系已经基本形成,作为内陆开放高地,河南可以充分发挥"传送泵"作用,加速国内外人流物流信息流等循环畅通。

(二)完备的产业供给体系

河南粮食产量占全国的1/10,小麦产量超过1/4,农业特别是粮食生产在全国占有举足轻重的地位;工业门类齐全、体系完备,拥有41个行业大类中的40个,207个中类中的197个,是多个产业链的发起点、支撑点、结合点。制造业总量稳居全国第5位、中西部地区第1位,综合实力和产业竞争力显著增强。中铁装备、双汇集团、宇通客车、许继集团、中信重工等企业享誉国内外。近年来,河南招商引资力度不断加大,一批高新精尖产业项目布局加快,龙湖金融岛、白沙科学谷、鲲鹏产业生态基地、郑东新区智慧岛大数据产业园、人机智能创新研究院等一批新产业落地布局，郑州与阿里巴巴集团深化战略合作着力打造"中部数字经济第一城"，与上汽集团合作打造的具有世界产业地位的中国汽车郑州品牌等为新业态新模式增势赋能。河南完备的产业供给体系和能力，能够满足规模经济和集聚经济需求，可以有效提升以国内大循环为主的经济效率。

（三）强大的市场规模优势

河南常住人口接近1亿，2020年全省居民人均消费支出16143元，商品房销售面积1.4亿平方米，消费市场潜力巨大；2020年末全省城镇化率为55.43%，低于全国8.46个百分点，城镇化推进空间大，大量农村人口向城镇转移产生巨大的"消费"累积效应，衣食住行等消费需求持续旺盛。据测算，河南城镇化水平每提高1个百分点，新增城镇人口110万人左右，新增消费支出100多亿元。同时，当前河南正处于工业化中期和城镇化加快发展阶段，郑州航空港经济综合实验区、中国（河南）自由贸易试验区、郑洛新国家自主创新示范区等战略平台加快建设，中原城市群、乡村振兴、百城提质工程、产业转型攻坚等战略深入推进，老旧小区改造、传统基础设施提升以及新型基础设施建设潜力较大，生态环保、先进制造业、新兴产业建设等投资需求巨大。

在新发展格局下，内需潜力将成为决定区域竞争力的核心因素，产业链将以提高稳定性和竞争力为导向加速调整重构，新产业新动能将迎来爆发式增长，新型城镇化将为经济循环注入强劲动力，对外开放将迈向新阶段和更高水平。因此，新发展格局的形成和构建对于河南加快建设现代化经济体系、在新一轮区域竞争中抢占先机带来了难得的发展机遇。河南要依托发展优势，发掘内需潜力，提升供给能力、质量和水平，形成需求牵引供给、供给创造需求的更高水平动态平衡，使经济高质量发展迈上新台阶。

三 河南融入新发展格局的制约因素

当前，河南全面融入新发展格局仍面临不少制约因素。对内，产业结构

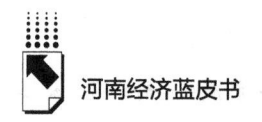

不合理、产能过剩与需求不足并存，生产、分配、流通、消费各环节仍有不少梗阻点，经济循环不畅；对外，国际高端供给的冲击和国内沿海地区出口转内销挤占省内市场空间等因素叠加，加上全省居民收入水平偏低等，直接影响了供需动态平衡，成为经济循环的突出障碍。构建新发展格局，关键在于经济循环的畅通无阻，只有生产、分配、流通、消费各环节全部实现充分的循环、高质量的循环，才能加快融入新发展格局。因此，河南要找准自身生产、流通、分配、消费等环节流通循环的卡点堵点，只有打通这些卡点堵点，才能更好地融入新发展格局，进入发展快车道，否则，则会错失发展良机，与周边区域拉开差距。

（一）在生产环节，产业结构偏粗偏重、产业链偏短，制约供给质量的优化提升

与全国及发达省份相比，河南供给侧结构不优，多数行业、企业、产品处于产业链价值链中低端，产业链条短、产品附加值低，优势企业和品牌集中在能源原材料行业，制约河南供给体系质量的优化提升。

1.产业结构偏粗偏重，新兴产业发展落后

河南是传统能源原材料大省，2020年能源原材料工业占全省规模以上工业增加值的四成以上。从全省重点监测的产品产量看，原材料行业中的黑色、有色、化工等行业生产，生铁、粗钢、电解铝、氧化铝、水泥等附加值低、能源消耗大、碳排量高的产品多，铁合金、航空航天铝材、碳纤维、石墨烯等高附加值产品极少甚至没有。六大高碳、高耗能行业占比居高不下。2020年，全省高耗能行业增加值占规模以上工业增加值的比重为35.8%。

战略性新兴产业规模仍偏小，且缺乏大的领军企业。2020年，全省战略性新兴产业企业单位数仅占规模以上工业企业单位数的16.1%，利润总额占比28.0%，增加值占比22.4%。在《2021中国战略性新兴产业领军企业100强》《2021中国大企业创新100强》榜单中，河南均只有郑州宇通上榜。2020年胡润瞪羚企业榜单河南无一企业上榜。

2. 产业链偏短，延展性较差

产业链即产业依据前向、后向的关联关系组成的一种网络结构，产业关联的实质就是各产业相互之间的供给与需求、投入与产出的关系。我们利用投入产出分析方法中的产业需求延展系数来分析产业链情况。需求延展系数反映特定产业在生产货物或服务过程中对其他产业需求的集中程度，该系数越低，表明特定产业对其他产业提供的产品和服务的需求越多元，产业链越长；反之，表明需求越单一，产业链越短。本文参照冯沛等研究我国全产业链延展性的方法，利用河南省2017年42部门投入产出表，测算各产品部门需求延展系数，近似地代表相关产业需求延展系数。计算公式为：

$$DEC_j = 1 - \sum_{i=1}^{N}[b^*_{(i-1)j} + b^*_{ij}]X^*_i$$

其中，DEC_j 表示产业 j 的需求延展系数，b^*_{ij} 表示产业 j 的所有纵向完全消耗系数升序排列后前 i 位行业的完全消耗系数累计百分比，b^*_{0j} 为0，b^*_{Nj} 为1，X^*_i 表示产业 j 所有纵向完全消耗系数升序排列后第 i 位产业的总产出百分比；N 表示产业数，本文为42个产品部门。产业延展性判别如表1所示。

表1 产业延展性判别

需求（供给）延展系数值	产业延展性
[0,0.2)	极强
[0.2,0.3)	较强
[0.3,0.4)	一般
[0.4,0.5)	较差
[0.5,1)	极差

总体上看，河南42个产品部门平均需求延展系数为0.6011，总体属于"极差"，与全国平均水平0.4785相比，河南产业链偏短，产业之间提供的产品和服务的需求较为单一。

分产业看，第一产业农林牧渔产品和服务需求延展系数为0.5734，说明河南虽是农业大省，但农林牧渔业产品对其他产业的需求偏低，产业链较短，与一二三产业融合发展的要求差距较大。第二产业平均需求延展系数为 0.6197，高于全省平均水平，表明第二产业各部门产业链偏短问题更为严重。其中，电力、热力的生产和供应，石油、炼焦产品和核燃料加工品，燃气生产和供应及水的生产和供应等产业延展系数均在 0.7 以上，产业链最短。需要引起注意的是，第二产业中金属矿采选产品，食品和烟草，纺织品，造纸印刷和文教体育用品，化学产品，金属冶炼和压延加工品，金属制品，通用设备，交通运输设备，电气机械和器材，通信设备、计算机和其他电子设备 11 个行业的影响力系数和感应度系数[1]均大于 1，表明这些产业属于关键和敏感部门，是产业结构中的枢纽，可以带动和促进其他产业的发展，提升整个产业链。如果这些关键行业的产业延展性和关联性降低，将会以乘数效应的形式传导至河南各个行业，从而对河南整体经济产生不利影响。第三产业平均需求延展系数为 0.5707，整体稍好于第一产业和第二产业，但第三产业需求延展性较好主要是因为房地产、租赁和商务服务等产业延展性较长，而一些生产性服务业如信息传输、软件和信息技术服务等产业延展性则较差。

3. 产品附加值偏低，市场竞争力不足

根据附加值率 + 中间投入率 = 1，通过测算中间投入率，可以间接得到各产品部门的附加值率。中间投入率反映各产品部门在生产过程中，为生产单位产值的产品需从其他各产业购进的原料价值在其中所占的比重。一个产品部门的中间投入率 F_j 越高，其附加值率就越低；反之亦然。计算公式如下：

$$F_j = \sum_{i=1}^{n} X_{ij} \bigg/ \left(\sum_{i=1}^{n} X_{ij} + N_j \right) (j = 1, 2, 3, \cdots, n)$$

---

[1] 影响力系数是指某一部门的最终需求增加一个单位时，对国民经济各个部门的影响，常用它来分析产业部门的后向关联度，即该部门对其他部门的拉动作用。感应度系数是指国民经济各个部门的最终需求都增加一个单位时，某一部门应该做出的反应和感应，反映的是该部门对其他部门的支撑和制约作用，常用它来分析产业部门的前向关联。一般说来，影响力系数和感应度系数都大于 1 的部门具有辐射性和制约性的双重性质。

我们利用河南省2017年42部门投入产出表，计算了全省各产品部门附加值率。从河南省42部门附加值率来看，各产品部门附加值率均值为0.3547，低于全国水平（0.3820），整体上附加值率较低。42个产品部门中21个附加值率低于全省平均水平，其中除了建筑、金属矿采选产品外均属于制造业，反映出第二产业特别是制造业大而不强，处于产业链低端，附加值率较低。特别是制造业中，通信设备、计算机和其他电子设备，纺织品，电气机械和器材，金属冶炼和压延加工品，金属制品，专用设备，纺织服装鞋帽皮革羽绒及其制品，化学产品，交通运输设备和通用设备这10个产品部门附加值率低于20%，而这10个产品部门所属产业增加值之和占规模以上制造业比重超过50%，极大地拉低了整个制造业的附加值率。第三产业中，批发和零售，文化、体育和娱乐，租赁和商务服务附加值率相对较高，居民服务、修理和其他服务，教育，交通运输、仓储和邮政等行业附加值率较低。

（二）在分配环节，居民收入水平低、差距大，阻碍消费潜力转化为有效需求

加快构建新发展格局，着力扩大内需和促进消费，就需要更加关注收入分配的公平和实现共同富裕，补上需求侧短板。居民收入水平是影响内需的直接因素，收入分配差距扩大会对消费产生负作用，还会通过影响市场预期对投资产生负作用。河南不同群体以及城乡间居民收入差距大，不利于河南加快释放内需潜力。

1.河南工资水平偏低，且地区、行业、城乡间差距大

一是总体工资水平偏低。2013年以来，全省城镇单位就业人员平均工资持续居全国末位，仅相当于全国平均水平的七成，其中城镇非私营单位就业人员平均工资仅相当于全国平均水平的72.1%，比中部地区平均水平低7954元；城镇私营单位就业人员平均工资仅相当于全国平均水平的81.0%，比中部地区平均水平低2128元；河南最低工资标准自2018年10月1日以来连续三年没有上调，是全国7个超过三年未上调标准的省份之一。2020

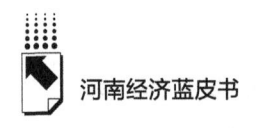

年河南居民人均可支配收入为24810元,仅相当于全国平均水平的56.6%,居全国第24位。

二是不同地区、行业、企业类型间工资水平差距较大。分企业类型看,2020年,城镇非私营单位就业人员平均工资是私营单位的1.5倍;分行业看,制造业就业人员平均工资仅为全省平均水平的84.0%,而金融业平均工资是制造业的2.1倍,电力、热力、燃气及水生产和供应业平均工资是制造业的1.6倍;分地区看,除郑州、洛阳、濮阳外,其他15个省辖市(示范区)就业人员平均工资均低于全省平均水平,其中最低的周口市平均工资仅相当于郑州市的2/3。

三是城乡居民收入差距不断扩大。城乡居民人均可支配收入差距从2014年的13706元增加至2019年的19037元,2020年略有下降,但仍达18642元。

2. 再分配调节水平有限

再分配是由政府按照侧重公平原则,通过税收、社保和转移支付对居民收入进行精准调节的第二次分配。从河南情况看,虽然已经在很大程度上起到了兼顾公平的作用,但是居民可支配收入的四个组成部分中,工资性收入占比依然较高,2020年仍达50.1%;经营净收入占20.7%;财产净收入仅占6.3%;转移性收入所占比重仍然较小,仅占22.8%,占比较高的主要是周口、驻马店、信阳、商丘等传统农业市,无法从根本上改善低收入群体收入状况。

3. 三次分配实力有待提升

三次分配是在道德力量的作用下,由高收入人群在自愿基础上,以募集、捐赠和资助等慈善公益方式对社会资源和社会财富进行分配,是对初次分配和再分配的有益补充,有利于缩小社会差距,实现更合理的收入分配。从河南情况看,缺乏全国行业领军企业,经济实力强的大企业数量有限,企业数量虽多但心有余而力不足。

(三)在流通环节,要素流动制约因素多,市场主体活力和发展动力不足

商品和生产要素自由流动是实现经济循环的必要前提。畅通国内大循

环，打造统一的国内大市场，激发社会创造力和市场活力，要求各种生产要素实现有序流动和更加优化的配置。当前制约河南发展的体制机制障碍仍然较多，企业利润率偏低，劳动力结构性短缺，高端人才匮乏，研发创新能力薄弱等问题突出，已成为制约河南发展的突出短板和瓶颈。

1. 企业利润率偏低，资本脱实就虚，导致实体经济融资难、融资贵，影响企业科技创新和盈利能力

近年来随着要素成本的快速上升，供需错配严重、市场竞争加剧等，导致河南实体经济生产经营困难，企业利润率不高，2019年、2020年分别为5.69%、5.38%，分别低于全国平均水平0.11个、0.70个百分点，差距不断扩大。全省工业投资自2011年以来总体呈较快回落态势且持续低于固定资产投资增速（除2019年），2016年起降至个位数增长；实际利用外商直接投资和利用省外资金增速均自2015年起回落至个位数增长，年末实有外资企业投资总额2018~2020年几乎没有增加，外商和港澳台商每年新签协议（合同）金额连续三年大幅降低，每年分别降低18.25亿美元、26.87亿美元、14.07亿美元。资金过多流向非生产环节和部门，导致金融资产和不动产价格虚高。2020年末，全省房地产贷款余额占各项贷款的36%，高于全国平均水平8个百分点。企业特别是中小企业得不到资金的有力支持，导致企业研发投入不足，扩大再生产能力和市场竞争力均受到限制，员工工资水平偏低，技术人才招聘、留用都比较难，又进一步加剧了对企业技术水平提升的制约。

2. 劳动力结构性短缺较严重，高端人才匮乏

河南作为人口大省，目前普工季节性短缺，技能人才和创新人才常态化短缺已成现实，企业招聘人才难，留住人才更难。普通劳动力情况：河南长期以来处于劳动力输出地位，2004~2017年每年新增农村劳动力转移就业均超百万人，2018~2020年每年新增转移50万人左右。随着河南工业化进程的加快，有力地促进了农村富余劳动力就地就近转移就业和返乡创业，2011年起省内转移就业超过省外。截至2020年末，河南农村劳动力转移就业累计3086万人，其中省内就业占六成，省外输出仅占四成。在此背景下，

全省"万人助万企"活动中仍发现河南各地企业普工季节性缺乏现象已成为常态。技能人才情况：助企调研中企业普遍反映设计、机电一体化、软件开发等技能人才和小语种外语、数学等专业人才缺乏，招聘人才难，留住人才更难。2021年5月，2021中国城市人才吸引力排名发布，在2020年最具人才吸引力城市100强中，河南仅有郑州、洛阳上榜，分别居第19位、第71位。创新人才情况：创新引领型人才偏少，2018～2020年全省研究与试验发展人员中博士占比稳中略增，分别为4.1%、4.4%、4.6%，然而规模以上工业企业这一比例仅分别为0.7%、0.7%、0.6%，远低于全省平均水平。每万就业人员中R&D人员29.2人，仅相当于全国平均水平的47.2%。2021年武汉大学计划招收博士生2000人，相当于河南全部高校博士生招生数的近2倍。高层次创新领军人才匮乏，"两院院士"、国家杰出青年科学基金获得者数量分别仅占全国的1.4%、0.03%。

3. 研发投入总量少、强度低，企业自主创新动力不足

2020年，全省研发经费投入901.27亿元，仅占全国的3.7%，仅相当于广东省的1/4；R&D经费投入强度为1.64%，低于全国平均水平0.76个百分点，仅相当于全国平均水平的68.3%，在中部六省中仅高于山西，与全国研发实力较强的北京（6.44%）、上海（4.17%）、天津（3.44%）、广东（3.14%）、江苏（2.93%）、浙江（2.88%）、陕西（2.42%）等地相比差距更大。基础研究能力薄弱，核心技术掌握较少。全社会研发投入中基础研究占比长期处于全国末位，2020年仅为2.3%。国家重点实验室、国家工程技术研究中心占全国总数的比重均不到3%，仅相当于湖北的一半。企业自主创新动力依然不足。全省规模以上工业企业中，国家级高新技术企业占比14.5%，有研发活动的企业占比24.7%，有研发机构的企业占比8.7%，研发活动符合国家规定享受研发费用加计扣除的企业仅占8.5%。高新技术企业数仅为全国的2.3%、湖北的63%、湖南的73%、安徽的74%。据调查，41872家四上企业中，开展创新活动的企业占37.0%，但实现产品创新的企业仅占14.5%，实现工艺创新的企业占17.9%。

4. 数据资源制度和标准缺失，信息基础建设发展不足

数据作为一种要素，只有连起来、跑起来、用起来，才能发挥最大作用。当前，制造业正在由"生产型"向"生产服务型"转变，商品生命周期变短，需要多渠道间预测、仓储、运输、交付实现同步，传统供应链急需利用移动计算、物联网、云计算、人工智能等一系列新兴技术进行数字化改造。要充分发掘数据资源要素潜力，就要做好数据资源的开发、利用、保护等，而当前河南对数据资源的确权、开放、流通、交易、安全保障等基础制度和标准规范缺失；数据中心、工业互联网等新型基础设施建设不足，5G、人工智能等应用场景支撑能力仍需提升；数字政府系统建设"信息孤岛"问题依然突出，部门间、部门内部系统建设分散、数据资源分散，信息基础设施集约化程度较低，实现跨层级、跨地域、跨系统、跨部门、跨业务协同管理和服务任重而道远，数字经济领域人才"招聘难、上手慢、水平不高"等问题普遍存在。

（四）在消费环节，消费、投资不足较为严峻，制约河南内需水平的提升

党的十九届五中全会提出，构建新发展格局，应坚持扩大内需这个战略基点。内需包括消费和投资，全面促进消费，拓展投资空间，提升内需的总量和水平，这既是构建国内大循环的基础，也是推动国内大循环的重要动力。河南要融入新发展格局，必须着力扩大省内有效需求。但是，从河南目前情况来看，制约消费和投资的因素较多，需求依然不足。

1. 消费能力仍有待提高

2020年，河南人均消费支出为16143元，仅相当于全国平均水平的76.1%，居全国第28位，全省社会消费品零售总额增速自2011年以来持续回落至10%左右的增长水平，2020年受疫情影响增速降至-4.1%，接触式消费受影响更为明显，住宿业营业额下降12.5%，餐饮业营业额下降8.0%，2021年有所回升，但远未恢复到疫情前两位数的正常增长水平。近年来全省政府消费支出占GDP的比重在缓慢上升，虽从2008年的12.7%升至2018年的15.9%，但仍低于全国0.7个百分点，特别是县乡级公共财政

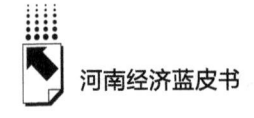

实力薄弱，基本公共服务均等化压力较大，政府消费更为不足。

2. 投资新开工项目不足，战略支柱产业项目偏少

河南投资尤其是工业投资增长缓慢，新开工项目不足，已严重影响工业产业结构的升级及产业链供应链布局的优化。全省工业投资增速从2011年的34.0%回落至2018年的2.0%，2019年虽回升至9.7%，但2020年继续回落至2.7%；工业投资占固定资产投资的比重从2011年的53.8%降至2020年的28.5%。新兴产业如生物医药和智能传感器产业投资占工业投资的比重仅为0.4%和1.0%，拉动作用不明显。项目投资规模偏小，从单个项目看，2020年平均每个项目计划总投资2.68亿元，其中亿元及以上项目平均每个项目计划总投资4.94亿元。特别是战略支柱产业项目投资规模较小，河南缺少像安徽省计划总投资534亿元的合肥长鑫晶圆、440亿元的第六代柔性面板、400亿元的京东方液晶显示、240亿元的惠科光电等投资规模巨大、带动力强的项目，难以强化战略支柱产业的支撑作用。

四 畅通经济循环，推动河南在构建新发展格局中展现新作为

新矛盾带来新挑战。当前，河南正处于开启全面建设社会主义现代化河南的新征程上，必须增强机遇意识和风险意识，在危机中育先机、于变局中开新局，抓住机遇、精准施策、乘势而上、奋勇前进，打通经济循环各个环节的堵点卡点，努力打造国内大循环的战略支点和国内国际双循环的重要节点，推动河南在构建新发展格局中展现新作为，为实现"两个确保"奋斗目标、中原更加出彩奠定更坚定的基础。

（一）生产环节：改进供给体系质量，实现供需在更高水平的动态平衡

1. 继续深化供给侧结构性改革

坚持深化供给侧结构性改革，增强产业基础能力，延链补链强链，提升

产业链水平，形成绿色智能环保高技术的产品有效供给体系，增强供给结构对需求变化的适配性，更好满足不断升级的国内需求。

2. 强力推动第二产业特别是制造业强链补链延链

要紧抓制造业转型升级大趋势，聚焦通信设备、专用设备、通用设备等装备制造业的重点产业方向，优先强化其研发能力，通过掌握核心技术工艺、专利、标准等，推进河南电子信息、装备制造、汽车等优势主导产业"强链"发展。对于冶金、化学、建材、轻纺、能源等传统行业，要推动本地产业链的整合优化，多措并举"延链补链"，发挥其对其他产业的支撑作用。鼓励传统制造企业从贴牌代工转向品牌建设，向研发设计、售后服务等价值链两端延伸。

3. 大力培育战略性新兴产业

把握国家发展战略导向，前瞻性布局谋划一批新一代信息技术、智能装备、生物医药、新能源、新材料等战略性新兴产业，最大限度吸引上下游产业配套。同时，面向国际市场和全球产业链搭建网络化、开放式、协同化平台，形成数据链联动、产业链协作、供应链协同的发展模式。

（二）分配环节：改进收入分配制度，提升内需市场潜力

1. 健全工资合理增长机制

中小企业由于效益不佳，难以保持工资合理增长。政府要从减轻企业负担、提供工资指导价、推动工资谈判机制以及推动二次分配等方面入手解决"涨工资"的难题，提高城市低保水平、提高最低工资水平，让"打工人"公平共享改革成果。

2. 完善按要素分配政策制度

健全各类生产要素由市场决定报酬的机制，探索利用土地、资本等要素使用权、收益权，增加中低收入群体的要素收入，多渠道增加城乡居民财产性收入。

3. 提高低收入者收入水平

加大税收、社会保障、转移支付等调节精准度，加快全面乡村振兴，发展

绿色产业，有效提高农村和落后地区居民收入水平，针对农村老人没有退休金也不习惯于缴纳养老保险的现象，给农村老人发放一定的生活补贴或养老补贴。

（三）流通环节：改进要素配置形式，巩固壮大实体经济根基

1. 深化金融体制改革，推动金融要素资源配置效率提升

引导商业银行更好服务实体。完善金融结构性政策，拓宽企业融资渠道，增加企业直接融资的比重，充分发挥资本市场对推动实体经济、资本和科技高水平循环的枢纽作用。

2. 坚持人才培养与引进并举，留住人才、用好人才

在高层次人才培养、急需紧缺人才引进、创新创业人才评价激励等方面构建系统、科学、有效的政策支持体系，优化人才发展环境。鼓励校企合作，增加实操实训，培养实用型技能人才，使职业技能培训精准，符合企业需求。

3. 聚焦科技创新，突出企业创新龙头作用

支持龙头企业牵头建设重点实验室、工程（技术）研究中心、企业技术中心，积极承担省部重大科技任务，组织实施技术攻关重点项目。加大技术改造投资和研发投入，完善优化科技创新生态，落实好制造业企业研发费用加计扣除等税收优惠政策，推动研发成果转化。

4. 大力发展数字经济，充分发挥数字经济的动力引擎作用

利用数字发展机遇实现弯道超车，大力发展以大数据、云计算、互联网、物联网、人工智能、5G为代表的数字技术。加快数字化改造，促进传统产业升级，大力发展数字型生产性服务业。

（四）消费环节：充分挖掘需求潜力，加快培育完整内需体系

1. 着力扩大消费需求

积极培育消费增长点，巩固和扩大基础性消费、升级类消费，扩大信息消费、绿色消费等新型消费，培育壮大智慧零售、数字文化、智慧旅游等消费新业态。加快贯通县乡村电子商务体系和快递物流配送体系。

2.积极扩大有效投资

加快推进"十四五"规划纲要重大工程项目,聚焦"两新一重"新型基础设施、新型城镇化等重大项目和补短板领域有效投资,加快5G、千兆宽带、一体化大数据中心等建设。补齐基础设施建设短板,推进城镇老旧小区改造,切实加大财政扶持力度,补齐农村公共基础设施建设短板。积极调动社会资本活力,鼓励民间投资稳定发展。

B.22
人口老龄化对河南经济增长的影响研究

马召 王琪斐 王韶光*

摘　要： 本文分析了河南老龄化的现状和特征，利用年龄移算法预测未来老年人口数量和结构，分析老龄化发展趋势，通过构建模型测算人口数量增长对经济增长的要素贡献率，并以此预测河南未来15年的劳动人口、老年人口数量变动对经济增长的影响程度。为积极应对老龄化社会，提出以前瞻30年的眼光，促进人口长期均衡发展，发展壮大养老产业，推动和规范养老服务业发展，切实提升养老保障水平的建议。

关键词： 老龄化　养老产业　养老服务业　河南

人口问题始终是制约和影响社会经济长期可持续发展的重大问题，也是关键因素，随着人口年龄结构的演变，人口老龄化成为人口发展最值得关注的问题之一，成为河南经济社会发展的常态。河南省2000年初步进入老龄化社会，2020年60岁及以上老年人口达1796万人，占全省常住人口的18.1%，处于从轻度老龄化社会末期向中度老龄化社会的过渡阶段。在经济发展进入新常态的背景下，不断加深的人口老龄化对经济社会发展既带来了一系列挑战，也蕴藏着发展的新机遇，需要对中长期人口发展趋势认真研究，积极应对。

---

* 马召，河南省统计局人口和就业统计处副处长，高级统计师；王琪斐，河南信息统计职业学院；王韶光，河南省统计局人口和就业统计处。

一 河南人口老龄化的现状及特征

第七次全国人口普查数据显示，全国65岁及以上人口数超千万的省份有山东、四川、江苏、河南、广东、河北。河南既是人口大省，也是老年人口大省，老龄化进程与全国基本一致，但人口结构发展趋势、老龄化仍表现出不同特征。

（一）人口结构呈现"两头升中间降"的特征

"两头升"是指老年人口数量和比重上升，低年龄段人口数量和比重小幅上升。2020年河南65岁及以上老年人口为1340万人，占常住人口的13.5%，较2010年上升5.1个百分点（见表1）。2020年河南省0~14岁少儿人口为2299万人，占常住人口的23.1%，比2010年增加324万人，比重上升2.1个百分点，扭转了上一个10年间少儿人口比重降低4.89个百分点、减少388万人的态势。"中间降"是指15~64岁人口（劳动年龄人口）的数量和比重下降，2020年河南省劳动年龄人口由2010年的6642万人下降到6297万人，减少345万人，占常住人口的比重由2010年的70.6%下降到63.4%，下降7.2个百分点。河南人口年龄结构"两头升中间降"的特征，反映出河南人口红利正在逐步减弱，人口老龄化程度逐步加快。

表1 河南和全国老年人口基本情况

单位：万人，%

地区	指标	2000年	2010年	2020年
河南	常住人口	9256	9402	9937
	65岁及以上常住人口	648	786	1340
	65岁及以上人口比重	7.0	8.4	13.5
全国	65岁及以上人口比重	7.0	8.9	13.5

资料来源：历次全国人口普查数据。

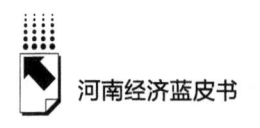

（二）老年人口规模大、增长快

从2000年进入老龄化社会以来，河南老年人口数量和比重都不断增长，特别是近10年增长态势更加明显。2020年河南65岁及以上老年人口比2010年的786万人增长70.5%，占常住人口的比重提升5.1个百分点，较上一个10年比重上升1.4个百分点相比增长显著。80岁及以上的高龄老人增长也很快。从2000年到2010年，河南80岁及以上人口占常住人口的比重由1.0%到1.5%，上升了0.5个百分点，80岁及以上人口由95万人上升到139万人，增加了44万人；从2010年到2020年，河南省80岁及以上人口占常住人口的比重由1.5%到2.4%，上升了0.9个百分点，80岁及以上人口由139万人上升到239万人，增加了100万人，总量和比重增速明显加快。

2010年65岁及以上老年人口比重全国为8.9%，河南为8.4%，河南比全国低0.5个百分点，到2020年这一比重都达到了13.5%，河南与全国老龄化水平基本相当，但老龄化进程快于全国，主要是由河南大量劳动年龄人口持续流出造成的。

（三）农村老龄化程度高于城镇

在发达国家和地区人口老龄化过程中，城市人口老龄化水平一般高于农村，但是在中国、河南情况正好相反。由于城镇化进程快速推进，大量农村劳动力向省外、城镇转移，老年人口留在了农村，造成农村65岁及以上老年人口数量和比重均远大于城镇，这种情况一方面延缓了城镇人口老龄化进程，另一方面却加深了农村老龄化程度。2010年河南农村65岁及以上老年人口占常住人口的9.1%，高于城镇1.9个百分点，2020年河南农村65岁及以上老年人口占农村常住人口的17.4%，城镇为10.4%，农村老龄化水平高于城镇7.0个百分点，差距比2010年扩大5.1个百分点。按照河南城镇化发展进程来看，这种城乡差距的状况将会持续较长时期。

（四）空巢化现象日益凸显

随着经济发展和社会转型，独生子女家庭增多，家庭户规模不断缩小，家庭结构趋向"小型化"。2020年河南省户规模为2.86人，比2010年降低0.61人。传统家庭的养老功能随之弱化，空巢化现象突出，独居老人不断增多。2020年60岁及以上老年人口的家庭中，"空巢家庭"（指老年人与子女分开居住，包括老两口共同生活或单独生活）占比为51.1%，其中独居（指一个老年人独自生活）的比例达10.9%。60~69岁低龄段的老年人口身体状况大部分较好，能够帮助照料家庭，与子女共同居住的比例为45.7%。进入70~79岁时，随着孙子女的长大，老年人需要承担的家庭负担减弱，与子女共同居住的比例下降为38.9%。随着年龄的进一步增加，80岁及以上老人的照护需求增加，与子女同住的比例上升为49.3%，同时健康状况变差，独居比例降低，机构养老比例也逐渐上升。

（五）老年人健康状况总体良好，家庭护理负担较重

普查结果显示，家庭养老仍然是河南老年人口养老的主要方式。全省60岁及以上老年人中，与子女一起居住的占44.0%，与配偶共同居住或独居的占51.5%，住在养老机构的仅占0.7%。河南老年人健康状况总体良好，身体健康或基本健康的占86.7%，不健康但生活能自理的占10.9%，不健康、生活不能自理的占2.5%。据此测算，全省生活不能自理的老人约45万人，而通过机构养老的人数仅有13万人（住养老机构的老人里包含生活能够自理的老人），说明至少有超过32万生活不能自理的老人仍然采用居家养老。而且在独居老人中仅有0.14%的雇用了保姆，其他的大部分独居老人需要子女的不定时照护。不断加重的家庭照护负担限制了家庭劳动力的释放，对劳动力市场的供给形成挤压，进一步推高了社会抚养负担。

（六）老龄人口抚养比上升较快

河南老龄人口不仅规模大，而且增长速度远快于常住人口，加上劳动年龄人口总量持续减少，造成全省人口抚养比快速上升。2010年以来，人口抚养比呈持续上升趋势，2020年河南少儿抚养比、老年抚养比分别为36.4%、21.3%，分别高于全国10.2个、1.6个百分点，与2010年相比分

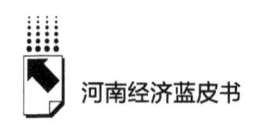

别上升6.7个、9.5个百分点，老年抚养比上升速度快于少儿抚养比。人口抚养比已从41.6%上升到57.7%，人口总体负担已经越过人口红利期。

（七）社会养老保障水平城乡差距大

从2014年开始实施的城乡居民基本养老保险制度，把非国家机关和事业单位工作人员及不属于职工基本养老保险制度覆盖范围的城乡居民纳入保障范围，初步实现了城乡居民一致的养老保险体制。2020年末全省参加基本养老保险的人数为7504.39万人（含城镇职工基本医疗保险），基本实现了基本养老保险的全覆盖。但保障水平差异很大，机关、事业单位退休人员工资相对较高，企业退休人员月平均养老金在2600元左右，这两部分人员主要集中在城镇，分别占60岁及以上老年人口的6.9%和22.3%，其余60岁及以上城乡居民领取基础养老金。2020年河南省基础养老保险最低标准为每人每月103元，加上部分人员个人缴纳部分，领取到的养老金约150元左右，各县（市、区）在政策执行时根据自身财政能力，在此基础上适当增加补贴力度，最高的郑州市可以达到每人每月195元。

2020年的人口普查结果显示，河南60岁及以上老年人口的生活来源方面，依靠国家转移支付的养老金和最低生活保障金的占22.5%，依靠劳动收入的占30.2%（主要是农村居民），依靠家庭成员供养的占38.4%。分城乡来看，城市以离退休金、养老金为主，镇和农村则是以家庭其他成员供养和劳动收入为主，但是2020年农村居民人均可支配收入为16108元，仅为城镇居民的46.4%，这种情况的出现是由长期的城乡二元结构造成的。整体来看，河南养老保障水平城乡差距大，特别是农村老人养老主要依靠家庭成员供养和自己的劳动收入，这种情况在全国各地也普遍存在。

二 河南省人口老龄化发展趋势分析

人口年龄结构变动是个长期过程，一旦形成短期内很难改变，在生育率持续走低、平均预期寿命不断提高的情况下，河南老龄化程度将不断加深。

（一）老年人口增长快，高龄化趋势明显

河南在2000年进入老龄化社会时，全省60岁及以上老年人口为929万人，2020年增长到1796万人，20年间增长93.3%，年均增长3.4%；65岁及以上老年人口20年间增长106.8%，年均增长3.7%。

根据第七次全国人口普查数据预测，河南60岁及以上人口2035年将达到2541万人，2040年将达到2470万人，分别占常住人口的25.4%、24.9%，将比2020年老年人口增长40%左右。65岁及以上人口2040年将达到1860万人，比2020年增长40%左右，约占常住人口的18.8%。80岁及以上高龄老年人口2035年将达到368万人，2040年将达到325万人，约比2020年增长36%（见表2）。受1958~1962年龄段人口锐减，以及20世纪70年代前后是河南出生人口高峰期两个因素影响，这部分人口在2035年左右逐渐进入65岁及以上年龄，老年人口总量在2035~2040年达到峰值后，将出现短期下降然后再逐年增加的波动趋势。

表2 河南老年人口数量预测

单位：万人，%

年份	60岁及以上 人数	60岁及以上 比重	65岁及以上 人数	65岁及以上 比重	80岁及以上 人数	80岁及以上 比重
2020	1796	18.1	1340	13.5	239	2.4
2025	2019	20.1	1395	13.9	254	2.5
2030	2312	23.0	1570	15.6	296	2.9
2035	2541	25.4	1807	18.1	368	3.7
2040	2470	24.9	1860	18.8	325	3.3
2045	2290	23.4	1780	18.2	346	3.5
2050	2365	24.5	1690	17.5	420	4.4

注：2020年数据为第七次全国人口普查数据，其余为依据河南省2020年人口普查数据预测。

（二）2025年进入中度老龄化社会，养老负担越来越重

按照对老龄化程度的一般划分，当60岁及以上人口占总人口比重为

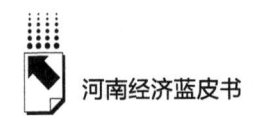

20%~30%时,为中度老龄化社会,超过30%时则进入超级老龄化社会。据此测算,河南在2025年将进入中度老龄化社会,2035年左右进入中度老龄社会中期,老年人口比重约为25%,每4个人中就有1个老年人。如果按实际赡养比(实际具有赡养能力的人数和老龄人口的比例)测算,河南将会"老得更快"。

老年人口抚养系数急剧上升,社会养老负担将越来越重。根据历次人口普查资料计算,河南老年人口抚养系数持续上升,1990年为9.0%,2000年为10.6%,2010年为11.8%,2020年为21.3%。依据第七次全国人口普查数据预测,河南老年人口抚养系数2035年将达到30%,即每3个成年人就要抚养1个65岁以上的老年人。

三 人口老龄化对河南经济增长的实证分析

从世界各国人口增长、经济发展程度结合来看,发现高生育率国家都是贫穷国家,但是中低生育率国家却有不同的收入水平,因此有理由认为,过高的生育率和人口增长率对经济发展是不利的。20世纪80年代中国实施的计划生育政策,就是在相对庞大的人口规模和相对较低的经济发展水平下,对过快的人口增长抑制经济增长所采取的必要措施。计划生育政策实施以来,人口过快增长势头得到有效控制,人口发展类型实现了从高出生、低死亡、高增长到低出生、低死亡、低增长的转变,随着计划生育政策的逐步调整,初步实现了稳定的低生育水平。河南与全国一样,在这波人口调整的大潮中,经济得到长期高速发展,但人口总量在得到控制的同时,劳动力人口趋于减少、老龄化加速等问题成为今后制约经济增长的关键因素。

(一)人口因素对河南经济增长率的贡献分析

人口变动主要通过劳动力供给、消费、储蓄、技术进步等路径对地区经济增长产生直接或间接的影响。在人口变动中,劳动力数量、老年人口数量以及分别占人口的比重是变化的核心要素。因此,我们利用全要素生产函数分别从劳动力数量及结构、老年人口数量及结构来测度人口因素对河南经济增长的影响。

1. 劳动力数量对经济增长的影响分析

作用于经济增长的劳动力因素主要有两个方面：一是劳动力数量，可以分解为人口总量和劳动力占人口比重；二是劳动力质量，可以用平均受教育年限即人力资本来代表劳动力质量分析对经济增长的影响。

利用柯布—道格拉斯生产函数的基本理论，将技术进步和人力资本纳入增长模型，并进行推导得到如下模型：

$$Ln(Y) = Ln(A) + \alpha_1 Ln(K) + \alpha_2 Ln(L) + \alpha_3 Ln(H) + \varepsilon \tag{1}$$

其中，Y 为总产出，用年度 GDP 表示，K 为总资本，用年度资本形成总额表示，L 为劳动力数量，用 15~64 岁劳动年龄人口表示，H 为人力资本，用平均受教育年限表示，A 为全要素生产率，表示技术进步，ε 为随机和不可观测的因素。

利用 1990~2020 年河南各指标数据，得到回归方程：

$$Ln(Y) = 5.99 + 0.61 Ln(K) + 0.75 Ln(L) + 1.99 Ln(H) \tag{2}$$

$R^2 = 0.998$，说明解释变量可以解释 99.8% 的因变量。标准化后，$Ln(K)$、$Ln(L)$、$Ln(H)$ 的系数分别是 0.68、0.15、0.17，据此可以得到资本、劳动力、人力资本和技术进步对经济增长的贡献率。测算结果显示，从 1990~2020 年，河南经济增长的各要素中，投资作用最为显著，其次是技术进步，人口因素的贡献率约为 6%，其中人力资本的贡献占 5%，而劳动力数量对经济增长的贡献率仅有 1%，而且主要是在发展的前半期，后半期随着技术进步，劳动力数量的优势逐渐减弱。但整体来看，劳动力数量对经济增长起到正向积极作用。

2. 老年人口数量和结构对经济增长的影响分析

利用上面同样的方法，我们建立老年人口数量及结构对第三产业经济增长的分析模型，得到如下回归方程：

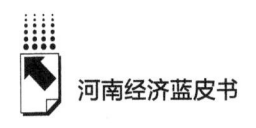

$$Ln(YT) = -3.02 + 0.52Ln(K) + 0.71Ln(OP) + 0.51Ln(H) \qquad (3)$$

$$Ln(YT) = -64.72 + 0.58Ln(K) + 4.64Ln(P) - 0.75Ln(H) + 0.30Ln(NO) \qquad (4)$$

其中，YT 为第三产业增加值，P 为人口总量，OP 为老年人口（65岁及以上人口）数量，NO 为老年人口占总人口的比重，H 为人力资本，用平均受教育年限表示。

从测算结果来看，在河南第三产业发展的各阶段，各要素中依然是投资和技术进步发挥主要作用，合计贡献率达到85%以上，老年人口数量对第三产业的贡献率约为6%，随着时间的推移老年人口增速加快，对第三产业增加值的贡献率不断提高。原因在于前期在经济发展水平比较低的情况下，老年人口增长增加了社会抚养负担，反而抑制了消费，使得1990～2009年老年人口数量对第三产业增加值的贡献率为-0.5%，2000～2020年的贡献率提高到3.9%。进一步，我们把老年人口数量分解为总人口和老年人口比重两个变量，观察对第三产业发展的影响。结果显示，各阶段人口总量对第三产业的影响趋势与老年人口数量对第三产业的影响趋势一致，但总人口对第三产业的贡献率为9.5%，高于老年人口的贡献率，同时老年人口比重的增长对第三产业增加值的影响较小，仅有0.4%，充分说明第三产业的发展更依赖于人口的规模，在规模一定的前提下，比重增长远低于总量增长对第三产业发展的影响程度。

（二）人口变动对潜在经济增长率的影响预测

依据模型测算结果，进一步测算出劳动年龄人口对经济增长的弹性系数为0.75，也就是说，劳动年龄人口增长1个百分点，可拉动GDP增长0.75个百分点。在其他因素不变的前提下，2020～2025年，河南劳动年龄人口增长5.6%，年均提高1.1个百分点，可以拉动经济增长年均提高0.83个百分点；2030～2035年劳动年龄人口年均降低0.5个百分点，拉动经济增长年均降低0.38个百分点。

依据老年人口对第三产业增长的模型结果测算，老年人口数量对第三产业增长的弹性系数为0.71，推测2020~2025年、2025~2030年、2030~2035年老年人口数量的增长，分别带动第三产业增加值年均增长0.57个、1.77个、2.12个百分点，如果按照第三产业占GDP总量的50%~55%计算，对三个时期经济增长的影响程度分别达到年均提高0.3个、0.9个、1.2个百分点左右。将老年人口数量分解为人口总量和老年人口比重两个变量，对第三产业增长的弹性系数分别为4.64和0.32，合计对第三产业增长的影响为2020~2025年和2025~2030年年均提高1.1个百分点，2030~2035年年均提高0.3个百分点；对2020~2030年经济增长的影响程度可以达到年均提高0.6个百分点左右。2030~2035年老年人口总量对第三产业的影响程度远大于人口总量和老年人口比重两个变量合计影响程度，主要原因在于这一时期人口总量将会下降，老年人口数量却持续增长，造成对第三产业增长的影响程度差异较大。

四 积极应对老龄化对经济社会的影响

（一）完善生育保障体系，促进河南人口长期均衡发展

随着生育政策的逐步放开，我国人口发展进入一个新阶段，完善生育保障体系，使生育率保持在一个可更替的合理区间，确保中长期人口总量可控、老龄化程度可控。落实国家生育政策，完善政策法规，给予育龄妇女在生育、就业方面更多的关照，增强生育政策包容性，提高优生优育服务水平，完善家庭护理、婴幼儿托养和教育等普惠公共服务体系，降低生育、养育、教育成本，解除家庭生育的后顾之忧，促进人口长期均衡发展。

（二）顺应老龄化社会，加快产业结构转型升级

以前瞻30年的眼光，顺应人口老龄化过程中劳动力供给变化、消费模式和消费结构的变化，以供给侧结构性改革和构建双循环新发展格局为指导，通过发展技术密集型产业，逐步减少对劳动力数量的依赖，将经济增长

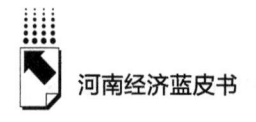

主要依靠物质和劳动力投入向主要依靠技术创新和科技进步转变，加快河南产业结构转型升级。积极推进消费性服务业及生产消费混合型服务业，加大对养老产业投融资的支持力度，扶持养老企业发展，培育养老服务人力市场，发挥市场在资源配置中的决定性作用，逐步形成政府和社会力量相互补充共同推动的健康养老产业和服务体系。

（三）构建家庭养老、社区托养相结合的养老模式

完善养老服务设施，建设以居家为基础、以社区为依托、以机构为补充、医养相结合的多层次养老服务体系，增加养老服务和产品供给，加强养老服务产业发展。建立政府主导、社会参与的合力发展普惠型养老服务和互助性养老，支持家庭承担养老功能，实施老年人居家和社区适老化改造工程，培育智慧养老等新业态新模式，构建居家社区机构相协调、医养康养相结合的养老服务体系。全方位完善家庭养老支持措施，建立满足不同年龄段、不同需求的老年人口和老年人口家庭需求的养老服务保障设施。

（四）加快收入分配体制改革，不断提高养老保障水平

《河南省国民经济和社会发展第十四个五年规划和二〇三五年远景目标纲要》中明确提出要坚持按劳分配为主体、多种分配方式并存，提高劳动报酬在初次分配中的比重；完善再分配机制，加大税收、社保、转移支付等的调节力度和精准性。在城乡居民收入水平不断提高的同时，加大社保政府补贴力度，使城乡居民养老保险金维持在合理区间并保持持续增长，既增强老年人口的获得感和幸福感，又激发劳动年龄人口缴纳养老保险的积极性，增加缴费金额，在家庭养老能力提升的同时社会养老保障能力也得到提升。

B.23
河南省巩固拓展脱贫攻坚成果实践问题研究

梁增辉 郑方 申付亮[*]

摘　要： 脱贫攻坚目标任务完成后，河南省着力推进巩固拓展脱贫攻坚成果同乡村振兴有效衔接，坚决守住脱贫攻坚胜利果实，让脱贫基础更加稳固、成效更可持续。本文梳理了2021年河南省巩固拓展脱贫攻坚成果工作开展情况，分析了当前存在的困难和问题，就2022年工作提出了完善落实防止返贫监测和帮扶机制、推进脱贫地区乡村特色产业加快发展、支持脱贫人口和监测对象持续稳定就业、深化易地扶贫搬迁后续扶持、支持省乡村振兴重点帮扶县加快发展等建议。

关键词： 脱贫攻坚　乡村振兴　河南

一　河南巩固拓展脱贫攻坚成果工作成效显著

2021年，河南省深入贯彻落实习近平总书记关于巩固拓展脱贫攻坚成果同乡村振兴有效衔接的重要讲话精神，严格落实"四个不摘"要求，着力巩固脱贫攻坚成果，扎实推进乡村振兴，在大灾之年守住了不发生规模性返贫的底线。全省脱贫户、监测对象年人均纯收入分别达14379元、10351元，同比分别增长10.2%、9.3%。

---

[*] 梁增辉，河南省乡村振兴局政策法规处处长；郑方，河南省乡村振兴局政策法规处副处长；申付亮，河南省扶贫开发信息中心统计师。

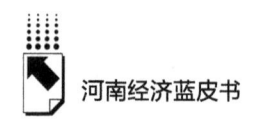

（一）强化组织领导，扛稳扛牢政治责任

1. 坚持高位推动

河南落实省负总责、市县乡抓落实的工作机制，建立省级领导干部联系乡村振兴示范县和脱贫县制度，五级书记一起抓巩固拓展脱贫攻坚成果和乡村振兴。河南省委常委会会议17次、省政府常务会议13次研究部署巩固脱贫成果和推进乡村振兴工作，先后召开全省巩固拓展脱贫攻坚成果同乡村振兴有效衔接工作会议和4次全省巩固拓展脱贫攻坚成果推进会议，持续加压推动。

2. 拧紧责任链条

河南将省脱贫攻坚领导小组、省乡村振兴领导小组职能并入省委农村工作领导小组，省委书记担任组长。省、市、县扶贫办整建制转为乡村振兴局，各级定点帮扶、市县结对帮扶、校地结对帮扶、"万企兴万村"等继续实行，确定4个原省级深度贫困县为省乡村振兴重点帮扶县予以集中支持。省巩固脱贫攻坚成果督查巡查组有计划地开展暗访、调研、督查和驻地指导。开展2021年省级巩固脱贫成果后评估。

3. 锤炼作风能力

河南省委省政府表彰1100名全省脱贫攻坚先进个人和800个全省脱贫攻坚先进集体，举办全省脱贫攻坚成就展，弘扬脱贫攻坚精神。分级分类培训乡村振兴领域干部51万人次，打造一支素质高、作风硬的干部队伍。

（二）紧盯政策落实，切实增强惠民实效

1. 有序做好政策衔接

河南省委省政府出台《关于实现巩固拓展脱贫攻坚成果同乡村振兴有效衔接的实施意见》，明确推进衔接工作的时间表、路线图。承接落实国家部委出台的帮扶政策，省级出台35个政策文件，实现"稳定一批""衔接一批""优化一批"。

2. 兜牢"两不愁三保障"底线

教育保障方面，河南完善"依法控辍、管理控辍、分类控辍、质量控辍、环境控辍"长效机制，实现义务教育阶段辍学学生动态清零；精准资助2021年春季学期农村家庭经济困难学生186.38万人次，做到应助尽助。医疗保障方面，2021年原基本医保、大病保险倾斜支付政策和医疗救助托底保障政策保持不变，脱贫人口门诊慢特病和住院费用政策范围内报销水平分别保持在85%和90%左右，行政村卫生室和合格村医"空白点"实现动态清零。住房保障方面，及时将动态新增危房纳入改造范围，采取修缮加固、拆除重建、租赁、置换等形式落实住房救助政策，完成危房改造8622户。饮水安全方面，动态监测农村供水工程运行和村民饮水状况，强化工程管护，维修农村饮水安全工程1.06万处。

3. 加强农村低收入人口常态化帮扶

河南开展农村低收入人口监测预警，加强低收入家庭经济状况认定，适度扩大特困人员保障范围，健全分层分类的社会救助体系。将农村低保标准由每人每年不低于4260元提高到不低于4524元，特困人员基本生活标准不低于当地低保标准的1.3倍。全面落实残疾人"两项补贴"，全省享受困难残疾人生活补贴97.5万人，享受重度残疾人护理补贴119.5万人。完善临时救助制度。加强养老保障和儿童关爱服务。

（三）做实帮扶工作，守牢防止返贫底线

1. 确保应纳尽纳

对易返贫致贫人口，在做好日常监测的基础上，针对洪涝灾害影响，实行"1357"精准识别工作法，发现一户纳入监测一户。"1"是排查工作不落一村一户，做到对所有行政村和农村人口全覆盖。"3"是坚持基层干部排查、部门筛查预警、农户自主申报3种渠道相结合。"5"是重点关注失业人员、大病重病或负担较重的慢性病患者、重度残疾人、失能老年人、困境儿童5类特殊群体家庭。"7"是明确因灾需要纳入监测对象的7种情形。

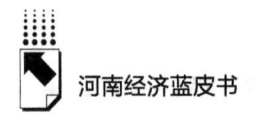

2. 强化精准帮扶

对每户监测对象明确一名干部作为帮扶责任人，开展"一对一"帮扶。针对返贫致贫风险点，精准制定帮扶措施，及时落实产业就业、小额信贷、"三保障"、兜底保障等帮扶政策，全省监测对象户均享受帮扶措施3.5项。鼓励各地采取"明白纸""爱心墙"等方式，使帮扶责任人、帮扶措施等内容入户上墙，发挥监督作用。

3. 坚持稳慎退出

严格执行风险消除标准和程序，对收入持续稳定、"两不愁三保障"及饮水安全持续巩固、返贫致贫风险已经稳定消除的监测对象标注"风险消除"，不盲目追求风险消除率。

（四）聚力灾后重建，有效防止因灾返贫

1. 强化政策资金支持

河南省委办公厅、省政府办公厅印发《防止因灾返贫致贫巩固拓展脱贫攻坚成果若干政策措施》，省直相关部门制定具体工作方案，指导支持各地灾后恢复重建工作。全省统筹安排省级新增财政衔接推进乡村振兴补助资金7亿元、中央财力性补助巩固脱贫攻坚成果灾后恢复重建资金6.6亿元，支持受灾脱贫地区重点实施基础设施建设和产业项目。对紧急转移安置的群众，按照每人每天150元的标准发放15天生活补助。对由住房倒塌或严重损坏导致无房可住的群众，按照每人每天30元的标准给予为期3个月的过渡期生活救助，并由当地政府统筹解决临时住房。

2. 及时做好生产恢复

针对种植业、养殖业受灾情况，开展生产自救，排除农田积水，抓好田间管理，修复损毁棚室，采取免费提供种子、落实奖补政策、给予保险理赔等形式帮助农户及时改种补种、补栏增养。灾后全省共改种农作物257万亩，修复重建受损棚室2.56万个。组织各地打好抢收抢排抢种攻坚战，全年粮食产量达1308.84亿斤。

3. 加快项目修复重建

有序推进水毁项目修复重建，坚持"三个优先"，即对脱贫人口、监测对象因灾倒损房屋，优先修缮或重建；对因灾受损的扶贫车间、光伏电站和其他产业扶贫项目逐一评估，优先修复或重建；对脱贫村、易地扶贫搬迁安置点受损的基础设施、基本公共服务设施、产业类项目，优先安排项目资金。截至2021年底，全省需要恢复重建的5311个扶贫项目竣工率达86.9%，受灾脱贫群众"两不愁三保障"问题有效解决。

（五）抓好产业就业，着力促进群众增收

1. 抓好产业帮扶

一是提升特色产业发展水平。实施田园增收、养殖富民、科技支撑等产业发展十大行动，抓好优质专用小麦、花生、林果等十大优质农产品生产基地建设，优势特色农业产值占比达到57%。二是强化产业发展资金保障。投入财政衔接推进乡村振兴补助资金115.07亿元，占衔接资金总量的57.9%。完善推广金融扶贫"卢氏模式"，截至2021年底全省小额信贷余额124.36亿元，惠及脱贫户39.22万户。加大精准扶贫企业贷款力度，截至2021年底发放贷款71.16亿元，惠及脱贫户12.4万户。三是加强产业帮扶载体建设。全省累计培育省级以上龙头企业970家（其中脱贫县374家）、农民合作社19.6万家（其中脱贫县10.6万家）、家庭农场25.85万家（其中脱贫县12.36万家），新型经营主体与72%的脱贫户建立利益联结机制。

2. 抓好就业帮扶

一是推动稳岗就业。与广东、上海等地签订劳务合作协议，开展"豫见"系列活动，对有外出意愿的脱贫劳动力实行点对点、组团式劳务输出。对因灾返乡的脱贫劳动力引导其及时返岗就业，往返路费由当地政府报销。依托帮带企业、农民合作社、扶贫车间等优先吸纳脱贫人口和监测对象就业，围绕排涝清淤、灾后重建、疫情防控等开发公益性岗位，采取以工代赈方式安排灾后重建项目吸纳就业。截至2021年底，全省脱贫人口、农村低收入人口外出务工236.4万人，较上年底增加30.98万人。二是加强技能培

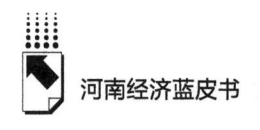

训。推进"人人持证、技能河南"建设,开展"互联网+职业技能培训",组织职业院校(技工院校)对脱贫村脱贫劳动力进行"订单式""定向式"免费培训,支持脱贫地区"两后生"接受技能教育,促进务工就业由体力型向技能型转变。

(六)强化搬迁后扶,加快建设美好家园

1. 促进就业增收,打造安心社区

通过支持后续产业发展、合理设置公益岗位、发挥以工代赈作用、开展用工精准对接活动等,带动搬迁群众就近就业。全省安置点配套经营性资产和公益性资产项目2666个,吸纳劳动能力强的搬迁群众1693人参与日常管护。通过公益岗位解决半劳动力、弱劳动力1.45万人就业,以工代赈项目带动1430名搬迁群众增收。

2. 强化社区治理,打造贴心社区

推动安置点属地化管理,各地安置点新设或合并设立居(村)委会、居(村)民小组451个,新成立基层党组织229个,派驻安置点第一书记及工作队260个,配备社区工作者2806人,形成了党建引领、功能完备、管理有序的搬迁社区治理体系。

3. 提升服务水平,打造暖心社区

完善基础教育资源,优化医疗卫生服务,确保搬迁群众就学就医得到保障。广泛开展志愿服务、上门服务、特殊人群看护服务等特色服务项目,建设老年人日间照料中心和儿童服务中心,完善社区公共服务综合体,增强搬迁群众的幸福感、安全感。

4. 推动社会融入,打造舒心社区

开展丰富多彩的社区文化活动,丰富群众精神生活。推广"双扶驿站",以劳动换积分,以积分兑物品。开展"创业之星""致富能手""文明之家"等评比活动,激发搬迁群众内生动力。

5. 消除风险隐患,打造放心社区

抓实防汛救灾,洪涝灾害期间全省搬迁安置点未出现房屋倒塌,未发生

伤亡事故。抓细疫情防控，充分发挥基层党组织和社区服务中心作用，全省搬迁安置点实现零感染。抓牢信访维稳，对群众反映的问题实行台账管理，及时处理到位。

（七）管好资金资产，着力发挥最大效益

1. 加大资金投入

2021年，中央、省、市、县四级共投入财政衔接推进乡村振兴补助资金198.85亿元，其中省级投入32.85亿元，与上年持平；市县投入103.9亿元，较上年增长2.2%。全省53个脱贫县共统筹整合财政涉农资金201亿元。全年全省交易宅基地复垦券1.62万亩，为脱贫县筹集资金30.66亿元。

2. 严格资金项目监管

河南省出台《河南省财政衔接推进乡村振兴补助资金管理办法》《支持脱贫县落实统筹整合财政涉农资金政策实施细则》，规范财政资金使用管理。加强县级巩固拓展脱贫攻坚成果和乡村振兴项目库管理，2021年项目库纳入项目2.96万个，预算总投资455.36亿元。充分利用信息系统动态监控，实行项目实施和资金支出进度月通报制度，截至2021年底，全省纳入年度实施计划项目开工率100%，拨付到县衔接资金支出进度99.4%。

3. 加强扶贫资产管理

分类摸清各类扶贫项目形成的资产底数，建立管理台账，全省37.55万个扶贫资产全部完成确权登记，资产总规模1228.23亿元。夯实后续管理责任，省、市两级政府加强统筹指导和监督，县级政府认真履行主体责任，积极探索多形式、多层次、多样化的管护模式。规范收益分配使用，严格扶贫资产处置，确保保值增值。

二 河南巩固拓展脱贫攻坚成果同乡村振兴有效衔接面临的形势

河南全面打赢脱贫攻坚战后，进入推进巩固拓展脱贫攻坚成果同乡村振

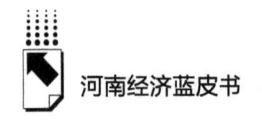

兴有效衔接的新阶段，但作为人口大省、农业大省，发展不平衡不充分的问题比较突出，巩固拓展脱贫攻坚成果的任务依然很重。

（一）脱贫地区和脱贫群众发展基础需要进一步夯实

河南省的大别山区、伏牛山区、太行山区、黄河滩区"三山一滩"地区，集中了全省大多数的脱贫县、村、户，受特殊地理环境、自然条件等因素制约，长期以来发展受限，虽然得益于脱贫攻坚期内实施的一大批扶贫项目，整体面貌发生显著变化，但是经济社会发展水平与其他地区相比仍然较低，群众生产生活条件有待进一步改善。农业质量效益不高，种植结构尚需优化，农产品精深加工占比较低，仓储保鲜冷链物流设施短缺，乡村物流缺"点"少"链"，产业链条较短，新产业、新业态、新模式发展不充分，"粮头食尾""农头工尾"有待深化。一些脱贫户和监测户收入水平不高，抗风险能力弱。2021年前三季度，全省38个原国定贫困县农村居民人均可支配收入增速高于全省农村平均水平1.6个百分点，但绝对值比全省农村平均水平低1396元。

（二）灾情疫情给巩固脱贫成果带来挑战

灾后重建工作取得阶段性成效，但需要2~3年才能全面恢复到灾前水平，灾后重建任务还很重，重建项目建设进度有待加速。疫情防控形势仍然复杂严峻，对产业发展、农民务工等带来的冲击仍在持续，一定程度上影响群众增收。

（三）村级集体经济发展需要加大力度

尽管全省脱贫村都有了每年5万元以上的集体经济收入，但37.7%的脱贫村集体经济收入在10万元以下，部分原非贫困村集体经济还比较薄弱。

（四）部分干部能力素质有待提升

各级党委和村两委集中换届后，干部调整变化较大，一些进入乡村振兴领域的干部对"三农"工作不够熟悉，对巩固拓展脱贫攻坚成果同乡村振兴有效衔接的相关政策不够熟知，从事乡村振兴工作的业务能力需要提升。

三 河南做好巩固拓展脱贫攻坚成果同乡村振兴有效衔接的思路

站位新阶段，河南必须坚持把巩固拓展脱贫攻坚成果作为乡村振兴的首要任务，以摘帽县、退出村、脱贫户、监测户为重点对象，以防止返贫监测帮扶为核心举措，坚决守住不发生规模性返贫底线，确保"两不愁三保障"问题不反弹、返贫致贫风险点及时消除，确保脱贫群众收入增速高于当地农民收入增速、脱贫地区农民收入增速高于全省农民收入增速。

（一）完善落实防止返贫监测和帮扶机制

建立监测标准年度调整机制，对监测对象不设规模限制，简化识别程序。坚持常态化排查和集中排查相结合，完善部门之间工作会商、数据共享、联合排查、分口把关机制，对易返贫致贫人口早发现、早干预、早帮扶。组织帮扶责任人深入开展"一对一"帮扶，根据监测对象风险类别、发展需求等精准施策。严格把握退出标准，规范退出程序，确保稳定消除返贫致贫风险。

（二）推进脱贫地区乡村特色产业加快发展

深入开展养殖富民等产业发展十大行动，培育龙头企业，打造产业基地，优化帮带模式，提高脱贫家庭经营净收入比重。提高财政衔接乡村振兴补助资金用于产业发展的比例，重点支持帮扶产业补上技术、设施、营销等短板。完善脱贫地区特色产业发展项目库，与巩固拓展脱贫攻坚成果和乡村振兴项目库实现共建、共用、共管。加强小额信贷管理，持续推进精准扶贫企业贷款，做好光伏帮扶工作。

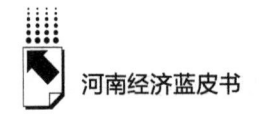

（三）支持脱贫人口和监测对象持续稳定就业

紧抓"人人持证、技能河南"建设机遇，加强人力资源和社会保障、农业农村、乡村振兴、教育、科技等部门联动，加大对脱贫人口和监测对象职业技能、农村实用技术等的培训力度，提高持证上岗率，优化就业结构，增加工资性收入。开展就业帮扶专项活动，强化有组织劳务输出服务。规范公益岗位管理，明确帮扶车间吸纳脱贫人口就业比重。

（四）深化易地扶贫搬迁后续扶持

支持易地扶贫搬迁安置点后续产业发展，强化搬迁脱贫群众就业帮扶，完善安置点配套基础设施，提升基本公共服务水平，健全社区治理体系，着力推动解决安置点配套设施不完善、社会管理跟不上、群众办事"两头跑"等问题，确保搬迁脱贫群众稳得住、能融入。

（五）支持省乡村振兴重点帮扶县加快发展

认真落实支持省乡村振兴重点帮扶县发展的政策举措，参照打赢深度贫困地区脱贫攻坚战的做法，组织编制省乡村振兴重点帮扶县巩固拓展脱贫攻坚成果同乡村振兴有效衔接的实施方案，集中力量支持重点帮扶县加快发展。

（六）强化社会帮扶工作

加强定点帮扶工作管理，继续实行"队员当代表、单位做后盾、领导负总责"责任制和"五天四夜"驻村工作制。持续开展市县结对帮扶、校地结对帮扶，深入实施"万企兴万村"行动，提高帮扶实效。深化消费帮扶，促进规范有序发展。

（七）严格资金项目资产管理

保持全省各级财政衔接乡村振兴补助资金投入力度不减，用足脱贫县统筹整合涉农资金政策，建好用好2022年度县级巩固拓展脱贫攻坚成果和乡村振兴项目库。建立健全扶贫资产管理长效机制，对道路、饮水等公益性资产加强后续管护，对经营性资产加强运营管理，对到户类资产加强指导帮扶，推动扶贫资产持续发挥效益。

（八）促进村级集体经济发展

在盘活用好扶贫资产的同时，深化农村集体产权制度和农村宅基地制度改革，引导支持各地因地制宜发展新型农村集体经济，探索设施出租、股权投资等新发展模式，增加村集体经济收入，增强村级办事能力和凝聚力。

（九）加强乡村振兴领域干部作风能力建设

大力弘扬脱贫攻坚精神，力戒形式主义、官僚主义。重点抓好乡村振兴系统、驻村第一书记、帮扶责任人"三支队伍"建设，加大培训力度，提升专业能力。

（十）从严从实督导考评

聚焦巩固拓展脱贫攻坚成果和推进乡村振兴，继续开展督查巡查、暗访调研，及时发现解决问题。做好2022年省级巩固脱贫成果后评估工作，促进真抓实干。

B.24
河南省生态环境保护现状分析及对策研究

赵 伟 段志峰[*]

摘 要： "十三五"以来，河南省深入学习贯彻习近平生态文明思想，大力推进生态文明建设和生态环境保护，污染防治攻坚战阶段性目标任务圆满完成，生态环境质量明显改善。目前，"十四五"刚刚开局，河南生态环境保护结构性、根源性、趋势性压力尚未根本缓解，实现碳达峰、碳中和任务异常艰巨，生态环境保护任重道远，必须保持战略定力，勇于担当作为，深入打好污染防治攻坚战，加快生态强省建设，确保高质量建设、高水平实现人与自然和谐共生的现代化河南。

关键词： 生态环境 污染防治 环境保护 河南

党的十八大以来，以习近平同志为核心的党中央把生态文明建设摆在治国理政的突出位置，作为统筹推进"五位一体"总体布局和协调推进"四个全面"战略布局的重要内容。习近平总书记多次强调，生态环境是关系党的使命宗旨的重大政治问题，也是关系民生的重大社会问题。2021年是"十四五"开局之年，也是深入打好污染防治攻坚战起步之年。2021年以来，在河南省委省政府的坚强领导下，全省生态环境保护工作深入贯彻习近平生态文明思想和习近平总书记视察河南重要讲话重要指示精神，牢固树立

---

[*] 赵伟，河南省生态环境厅综合处二级调研员；段志峰，河南省生态环境厅综合处。

绿水青山就是金山银山的理念，坚持以精准治污、科学治污、依法治污为工作方针，统筹推进污染治理、生态保护、应对气候变化，保持力度、延伸深度、拓宽广度，深入打好污染防治攻坚战，推动生态环境质量持续改善。

一 河南省生态环境保护取得的成效

（一）大气环境质量持续改善

2021年，河南省空气质量指标持续改善。全省8项空气质量指标同比实现"七降一增"。其中，PM2.5浓度45微克/米^3，低于国家目标9微克/米^3；PM10浓度77微克/米^3，低于省定目标10微克/米^3；优良天数比例达70.1%，优良天数256天，超额完成国家目标任务。15个县（市）PM2.5浓度实现空气二级达标，同比增加6个。PM2.5、PM10、二氧化硫、二氧化氮改善率和优良天数增幅均居全国前10位。

（二）水环境质量稳定向好

2021年，国家考核河南省的160个地表水水质监测断面中，Ⅰ~Ⅲ类水质断面127个，占79.9%，高于国家目标73.8%的要求；无劣Ⅴ类水质断面，低于国家3.1%的目标要求。省辖市集中式饮用水源地取水水质达标率为100%，南水北调中线工程水源地丹江口水库陶岔取水口及总干渠河南出境水质持续稳定在Ⅱ类及以上标准。

（三）土壤环境质量保持稳定

2021年，河南省土壤环境质量保持稳定，全省受污染耕地安全利用率、建设用地污染地块安全利用率全部实现100%。

（四）生态示范建设持续推进

2021年，河南省加大生态示范建设力度，全省共创建"绿水青山就是

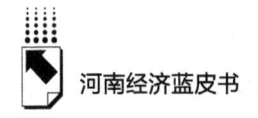

金山银山"实践创新基地2个、国家生态文明建设示范区3个、省级生态县4个。全省累计创建"两山"实践创新基地5个、国家生态文明建设示范区11个、省级生态县26个。

二 河南省生态环境保护的主要措施

2021年,河南省深入贯彻落实习近平生态文明思想,牢固树立绿水青山就是金山银山理念,锚定"两个确保"目标,以实现减污降碳协同增效为总抓手,以改善生态环境质量为核心,坚定实施绿色低碳转型战略,深入打好污染防治攻坚战。

(一)深入推进大气污染防治

一是坚持精准治污。科学制定2021年大气污染防治攻坚战实施方案、推动落后产能退出工作方案、清洁取暖工作方案和运输结构调整工作要点,对污染防治的任务、时间、区域、对象、措施实施精细管理。二是加快结构调整。推进市区内燃煤火电机组"退城进郊",实施重点行业2323个改造治理项目,关停淘汰落后工业产能装备112台(套)。持续推进清洁取暖,严格实施能耗"双控"和煤炭消费替代,拆改燃煤散烧设施设备5452个(套)。加快推进铁路专用线进企入园、大宗货物"公转铁"和"公转水"。三是开展夏季臭氧攻坚。开展臭氧及挥发性有机物综合防治技术培训,举办PM2.5与臭氧协同防控技术论坛和专题讲座,实施VOCs重点企业综合治理提升行动,全省完成源头替代企业2729家。四是强化工业企业深度治理。推进钢铁、水泥行业差别化电价、水价政策,倒逼企业全面实现超低排放改造,完成钢铁、水泥等重点行业超低排放改造工序242个。五是强化移动源管理。推进大宗物料运输企业门禁系统建设,累计安装门禁企业9037家。加强排放检验机构监管,共检查934家次。加大非道路移动机械执法检查力度,查处违法行为630起。六是推进重点行业绩效分级提升行动。印发重点行业绩效分级提升行动方案,将绩效分级行业由生态环境部要求的39个扩展到52个，组织开展绩效分级A级企业现场观摩，引导企业提升绿色发展水平。七是积极有效应对重污染天气。实施秋冬季大气污染综合治理攻坚行动，加强重点行业绩效分级和应急减排措施，全面实施烟花爆竹禁燃禁放，狠抓秸秆禁烧，科学精准预测预报，启动9次重污染天气管控，重度及以上污染天数同比减少3天。

（二）扎实推进水污染防治

一是坚持"三水统筹"。统筹推进水资源、水环境和水生态治理，深入打好水源地保护、城市黑臭水体治理、河湖水生态环境治理与修复三大攻坚战役，推进地表水水质持续改善。二是开展市县水质排名。对全国水环境质量排名后30位的省辖市，通过下督办函、现场督导等形式，推动问题整改落实。三是强化涉疫污水监督管理。对郑州、开封等省辖市的新冠肺炎定点诊疗医院及污水处理厂加强监测监控，完善应急处置预案，并邀请专家指导帮扶。四是加强水环境风险防控。每月召开全省水环境质量分析研判会，强化预警预报、联防联控、点源管理、应急值守和妥善处置，加强汛期和枯水期水生态环境保护工作，确保全省水质安全。

（三）稳步推进土壤污染防治

一是推进分类管理。完成耕地土壤质量类别划分，依法推进农用地分类管理，受污染耕地安全利用率达到100%。二是严格建设用地准入。持续开展疑似污染地块排查和污染地块联动监管，污染地块安全利用率均达到100%。三是加强源头预防。及时更新确定土壤污染重点监管单位，落实土壤污染隐患排查和自行监测，隐患排查率和自行监测率均达到100%。四是加强农村环境整治。完成925个行政村环境综合整治，超额完成800个的年度目标任务。整治纳入国家清单的农村黑臭水体119条，超额完成75条的年度目标任务。

（四）全面加强黄河流域生态保护

一是深化综合治理。实施河流综合整治项目23个、污水处理项目30

个，乡镇政府所在地村庄农村生活污水集中处理覆盖率超过70%。二是完善制度标准。发布《黄河流域水污染物排放标准》，加快编制黄河流域生态环境保护规划，建立了省市生态环境部门区域应急联动快速响应机制。三是开展节控水行动。坚持以水定城、以水定地、以水定人、以水定产，制定"五水综改"工作方案，实施深度节水控水行动。四是严格执法监管。持续开展黄河流域生态环境保护监督执法专项行动，大力打击流域环境违法问题。

（五）全力保障南水北调中线工程水质安全

一是加强规范化建设。研究制定了落实习近平总书记在推进南水北调后续工程高质量发展座谈会上重要讲话精神7项重点工作，指导水源区三市六县谋划实施了饮用水水源地规范化建设等重点项目103个。二是开展专项行动。开展南水北调中线工程水源保护区生态环境保护专项行动，对丹江口水库和总干渠两侧饮用水水源保护区开展"拉网式"排查，整改问题隐患522个，有力保障了"一泓清水永续北上"。三是加强全省水源地保护。完成乡镇级饮用水水源保护区划定，建立水源地联合巡查机制，坚持巡查制度，持续加强水源地监管，提升规范化建设水平。

（六）服务保障绿色高质量发展

一是深化"万人助万企"活动。组织全省生态环境系统开展"万人助万企"活动，制定"放管服效"改革、绩效分级管理等9项服务措施，实施25项惠企纾困政策。二是加强重大项目服务。通过加快环评审批、推行线上服务、优化监管方式、实施结对帮扶等8条措施，服务重大项目建设，新开工省重点项目环评审批完成率超过96%。三是深化企业服务日活动。坚持每月5日前后举办，采取省、市、县三级联动方式，坚持"倾听民意，服务基层，解决难题，推动发展"宗旨，累计开展29次，服务企业近2.9万家。四是提升绿色发展评价服务。细化评价指标60项，开展20个重点行业790家企业的绿色发展评价，提出有效建议2068条。五是优化监管执法方式。建立监督执法正面清单制度，利用"互联网+监管"系统、在线监控等科技手段，积极推进"无打扰"监管，全面提高执法工作效能。

三 当前河南省生态环境面临的形势

虽然河南省生态环境保护工作取得了积极成效，但全省生态环境质量改善的效果还比较脆弱，从量变到质变的拐点尚未到来，部分领域生态环境问题依然突出。

（一）大气环境质量依然需要持续改善

虽然河南省空气环境质量改善明显，但是PM2.5、PM10平均浓度依然偏高，各省辖市离环境空气质量二级标准还有一定差距。从产业结构来看，工业结构偏重、能源结构偏煤、运输结构不优等问题还未改变，结构性污染仍是影响大气环境质量的主要因素。产业结构偏重，冶金、化工、煤炭等重工业占比高。能源结构偏煤，煤炭消费占全省一次能源消费总量的比重仍高于全国平均水平。运输结构偏公路，全省机动车保有量大，公路货运占比远高于全国平均水平，高速过境车辆多，污染物排放量大。从地理条件来看，区位不占优势，17个省辖市及济源示范区均属于国家大气污染防治重点区域。河南省北、西、南三面环山，地形条件不利于污染物扩散，污染物易在省内堆积，受外来大气污染物影响大。河南地处黄河冲积平原，沙化土壤面积较大，土壤保墒性差，沙随风起，扬尘问题多发。从气候条件来看，河南省大部分地处暖温带，南部跨亚热带，属北亚热带向暖温带过渡的大陆性季风气候，常年风速较小，大气污染物扩散条件差。秋冬季静稳天气多，采暖期间污染物增加，轻中度污染天气时有发生。从城市化进程来看，河南省城镇化率仍低于全国平均水平，城镇化仍在加速推进，钢铁、水泥、能源、玻璃、建材等需求量大，这些城镇化建设原材料生产都给大气环境保护带来很大压力。

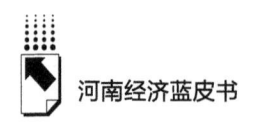

（二）水环境质量依然需要不断提高

近年来，河南省水环境质量持续提高，但是随着国考断面数量的增加，水环境质量整体仍有较大提升空间。从水资源条件来看，河南省河流生态流量不足，人均水资源量低于全国平均水平，年降雨量偏少，部分河流断流问题时有发生。从基础条件来看，污水处理能力不足，部分城市污水处理设施建设跟不上城镇化发展需要，污水处理厂满负荷或超负荷运行现象比较普遍，一些城市污水管网不配套，雨污不分流或分流不彻底。农村环境治理基础薄弱，全省农村生活污水治理率仅有30%左右。从制度建设来看，黑臭水体长效监管机制不够完善，部分已完成整治的黑臭水体仍有出现返黑返臭现象。违法违规排污问题时有发生，部分考核断面水质不能稳定达标。

（三）土壤环境质量依然需要稳步推进

虽然河南省土壤环境保持稳定，但是土壤安全利用工作仍需加大力度。从农业现状来看，河南省仍是全国的农业大省，全省耕地面积大，化肥、农药使用量大，同时也是全国的畜禽养殖大省，农业面源污染治理任重道远。从矿产资源来看，河南省矿产资源丰富，矿产开采企业、金属冶炼加工企业众多，土壤污染风险依然很大。从固体废物处置能力来看，河南省固体废物处理处置仍存在短板弱项，有的生活垃圾填埋场面临处理能力瓶颈问题，部分危险废物综合处置能力结构不平衡，这些都给土壤环境质量保护带来很大压力。

四 河南省深入打好污染防治攻坚战的对策

2022年，河南省要深入学习贯彻习近平生态文明思想，坚持精准、科学、依法治污，严格落实"党政同责、一岗双责"和"三管三必须"要求，强化责任担当，完善政策措施，深化污染治理，深入推进蓝天、碧水、净土保卫战，加快生态强省建设步伐。

（一）突出重点工作，持续改善大气环境质量

坚持细颗粒物和臭氧协同控制、氮氧化物和挥发性有机物协同减排，加快推进四大结构调整，实施落后产能清零，推动重点行业转型升级。深入推进臭氧污染防治，深化 VOC_s 综合治理。加快工业企业深度治理，推进钢铁、水泥行业超低排放改造，深入推进工业窑炉大气污染综合治理。持续加强移动源污染监管力度，提升移动源污染信息化监管能力。继续推进重点行业绩效分级提升，完善评定机制。强化面源污染管控，严格扬尘污染管控、秸秆禁烧和烟花爆竹禁放管理。深入推进碳达峰行动，控制重点领域二氧化碳排放。

（二）坚持综合治理，持续推进水污染防治

推进城市黑臭水体治理，建立以河湖长制为统领的长效监管机制，加快推动县（市）建成区黑臭水体治理。加强河湖水生态环境治理与修复，以污染相对较重河流和不能稳定达标断面河流为重点，开展重点河湖水生态环境评价，持续优化水资源配置。切实防范水环境风险，完善河流上、下游政府及相关部门之间的联防联控、信息共享、闸坝调度机制，强化应急演练和枯水期、汛期水污染防治。

（三）加强源头预防，持续推进土壤污染防治

严格土壤污染重点监管单位监督管理，持续开展农用地土壤镉等重金属污染源头防治行动。巩固提升耕地分类管理，严格落实耕地土壤污染预警制度。严格建设用地准入管理，强化部门信息共享和联动监管。加强农业农村污染治理，不断提升农村生活污水治理率。全面加强地下水污染防治，稳步推进地下水环境状况调查评估，推动地下水环境分区管理。

（四）推动重大战略，持续推进流域生态保护

编制实施河南省黄河流域生态环境保护规划，谋划实施一批污染综合治

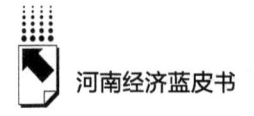

理、生态系统保护和修复重大工程，统筹做好"保好水""治差水"工作，推动水源涵养、水污染治理、水生态保护修复，着力打造沿黄生态保护示范区。持续推进河南省丹江口水源地和总干渠（河南段）饮用水水源保护区规范化建设，加强库区及上游水污染防治和水土保持，建立定期巡查机制，强化流域生态环境执法监督，深化自然保护区、饮用水源地、入河排污口等排查整治，努力构建保障"一泓清水永续北上"的长效机制。

（五）注重风险防范，持续加强生态环境安全

加强环境应急管理，完善健全跨省流域上下游突发水污染事件联动机制和生态环境部门与应急管理部门联动机制，定期组织开展突发环境事件应急演练。强化固体废物污染防治，加强"一废一库一品"（危险废物、尾矿库、化学品）环境监管和风险防控，加快补齐医疗废物、危险废物收集处理设施方面的短板，持续推进重点行业重金属污染治理。强化辐射安全监管，持续开展"清源"行动，排查辐射安全隐患，规范放射源使用全过程动态管理，切实维护生态环境安全。

B.25
加快构建河南绿色发展产业体系研究

洪波 仝宝琛 冶伟平 任静雯 郭小强*

摘　要： 近年来，河南秉承"绿水青山就是金山银山"的理念，发挥优势打好"四张牌"，贯彻新发展理念，以绿色制造体系建设、工业节能节水、资源综合利用、重污染企业搬迁为抓手，稳步推进工业绿色高质量发展和工业领域污染防治，取得了积极成效。但碳达峰、碳中和对产业发展模式提出了更高要求，绿色发展亟待向纵深推进。本文从河南绿色发展现状出发，通过梳理全省绿色发展的历史脉络，详细剖析制约全省绿色发展的难题，提出新时代支撑绿色发展的对策思路：完善绿色发展生态体系"共治理"，推进技术及信息化变革"重引领"，夯实绿色发展工作基础"固根基"，推进建设绿色产品园区"强制造"，推动绿色项目产业发展"添助力"，提高产业链现代化水平"促升级"。

关键词： 绿色发展　产业体系　新发展理念　河南

绿色发展是新时代推进生态文明建设的治本之策，是构建高质量现代化经济体系的必然要求。党的十九届五中全会提出"加快发展现代产业体系，推动经济体系优化升级"，同时也提出"推动绿色发展，促进人与自

---

* 洪波，河南省工业和信息化厅运行监测局（安全生产处）局长；仝宝琛，河南省工业和信息化厅运行监测局（安全生产处）副局长；冶伟平，河南省工业和信息化厅运行监测局（安全生产处）；任静雯，河南省工业和信息化厅运行监测局（安全生产处）；郭小强，河南省工业和信息化厅信息中心工程师。

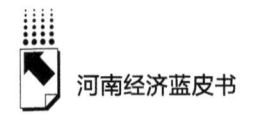

然和谐共生"。在新的发展阶段，河南亟须加快建设绿色发展的现代产业体系。

一 "十三五"时期河南绿色发展现状

（一）节能升级加快推进

近年来，河南坚持把严控煤炭消费总量作为能源消费结构优化升级重要抓手，从供需两端发力削减煤炭消费。通过开展高效电机能效提升、节能锅炉（窑炉）改造等8大专项行动，全面提升重点用能单位节能管理水平。推动河南省电力公司与安钢集团达成协议，在绿色物流项目、空压系统节能改造、余热暖民等7个方面展开合作，形成了综合能源服务"安钢模式"，在全省起到了良好的试点示范作用。面向社会推荐165项绿色先进技术，支持安阳、新乡、许昌、信阳等地创建了一批省级节能环保产业示范基地，许继电气、开源环保、艾尔旺、清水源等一批行业骨干企业乘势而上、脱颖而出。

（二）绿色指标持续优化

"十三五"期间，全省工业能耗及主要污染物实现双降，全省规模以上工业单位工业增加值能耗累计下降42.16%；年均工业用水量约50亿立方米，占总用水量的21.6%左右，总体呈下降趋势；一般工业固体废弃物年均产生量约1.49亿吨，年均综合利用量约1.10亿吨，年均综合利用率约73.55%；PM2.5、PM10年均浓度下降幅度超过30%。铁福来装备等29家企业成功创建"国家级绿色工厂"，济源玉川等2个产业集聚区成功创建"国家级绿色园区"，好想你等8家企业创建为"国家级绿色供应链管理示范企业"，天河通信等企业的24个产品成功创建为"国家级绿色设计产品"，四通锅炉等企业的35项节能技术装备被列入《国家工业节能技术装备推荐目录》，天力电气等企业的4个产品被评为"能效之星"。

（三）转型成果不断显现

随着制造业"三大改造"的深入推进，河南制造业转型升级步伐加快，钢铁、有色、化工、建材等传统产业不断提升技术水平并更新设备，骨干企业持续优化供应链、提高价值链、延伸产业链，向高端、精深、绿色的材料领域延伸发展。新型材料产业规模逐步扩大，产业集群集聚效应逐步显现，形成了洛阳、巩义、鹤壁、济源等有色金属基地，安阳、济源等钢铁基地，濮阳、平顶山等化工基地，郑州、洛阳等耐火材料基地。铝加工产业发展条件较好，板带规模居全国第1位，铝材产量居全国第2位；鹤壁镁粉（屑、粒）产量占全国的50%以上，镁牺牲阳极产量占世界的40%以上；焦作市六氟磷酸锂生产技术国内领先、产值居全国第1位；单晶金刚石产量占全国的80%、全球的70%以上，郑州三磨所、黄河旋风、中南钻石等企业技术水平达世界一流。

二 当前河南绿色发展存在的问题与挑战

"十三五"时期河南绿色发展取得了较大成绩，但也要清醒地认识到，与沿海发达省份相比，全省构建绿色发展现代产业体系的任务较艰巨、形势更紧迫、意义更重大，并面临着产业格局制约、创新驱动不足、制度标准滞后、金融支撑偏弱等诸多挑战。

（一）产业结构要素瓶颈制约

一是产业结构不合理。目前全省传统产业占比过大，新兴产业贡献不足，主要产品"粗而不精"，总体发展"大而不强"。面对双循环新发展格局，河南低端产品过剩、中高端消费品供给不足的问题将更加凸显，在畅通国内大循环中将处于不利地位。二是优化产业布局压力较大。全省传统资源型产业比重高，且主要沿黄河和京广铁路线布局。沿黄流域经济总量占全省的比重达60%以上，其中多数地市属于京津冀大气传输通道城市，工业污

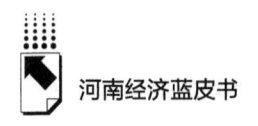

染治理任务较重。近年来，随着城镇化进程的不断加快，全省耕地保有规模已非常接近1.2亿亩红线，工业用地日趋紧张，省内调整产业布局的回旋余地较小。

（二）创新能力较弱支撑不足

2019年河南每万家法人企业中国家高新技术企业和科技型中小企业数量仅为全国平均水平的42%，国家级技术创新示范企业仅占全国的2.7%，国家重点实验室、国家工程研究中心均仅占全国总数的2.9%。同时，高校、科研院所资源匮乏，科技支撑能力明显不足。长期以来，全省绿色制造第三方服务市场规模小、散，不能为企业提供专业化、定制化的绿色制造第三方服务，高校、科研院所在绿色化关键技术突破方面进展不大，导致企业对节能减排技术改造的认知长期停留在直接购买技术装备的层面上。

（三）行业有关排放标准滞后

一是标准不健全。目前仅仅依靠达标排放已不能满足生态环保和工业绿色发展要求，但特别排放限值、超低排放限值标准行业类别覆盖率不高，开展绿色化改造工作缺乏必要的基础支撑。二是标准不稳定。如国家和河南省对钢铁、碳素、水泥、平板玻璃等行业超低排放限值标准要求不一致，2020年和最近出台的文件对同一行业超低排放限值标准要求也不同，很可能导致企业在短时间内被迫二次改造，造成投资浪费。三是宣传贯彻不到位。在标准和政策宣贯方面还存在机制、措施的缺失和短板，仍有大量企业对绿色制造相关标准、政策法规缺乏认识和了解，对绿色化改造的意识不够和动力不足。

（四）绿色金融支持力度不够

近几年工业企业普遍出现了融资难问题，如目前的贷款账户第三方监管、不能直接续贷等问题给企业经营带来很大风险。金融机构可接受的抵押物局限于传统的房屋、土地使用权、固定资产、动产等，对于专用设备、专利技术、其他创新性权益类资产（如碳配额、用能权）接受程度较低，无法为企业提供充足的信贷额度。绿色化改造普遍存在投资金额大、收回投资周期长、资金运营风险高、盈利能力弱的问题，大部分企业融资资金到位后常用于快速增加企业利润的项目，如扩大生产规模、投资新的高利润项目等，将资金直接投入绿色化改造的动力不强。

（五）中小企业成本攀升生存难度增大

从调研情况看，中小微企业抗风险能力低，生存更加困难。与能源原材料行业大型企业不同，中小企业大多处于产业链中下游，并未受益于本轮大宗商品普涨，相反因处于产业链的弱势地位，成本持续上升而产品提价困难，企业生产经营面临的压力不断增大。中小微企业多是典型的轻资产、少资产，向来缺乏抵押担保措施，多年来融资难度不减。虽然近年来随着经济转型发展，涌现了一批创新型高科技、高成长的新能源、新材料企业，但大多数规模较小，财务指标还未达到对应的上市标准，无法实现直接融资，中小企业融资难度依然较大。与此同时，中小企业的经营成本呈逐年升高态势，生存压力进一步增大。据调查，2020年企业员工工资年均增长10%以上，部分劳动密集型企业员工工资一年内增长近20%。此外，随着环境保护力度越来越大、安全生产标准越来越高，企业增加了不少安全、环保成本。能源成本也居高不下，很多企业反映冬季天然气价格经常阶段性大幅上涨。

（六）结构调整推进较慢制约高质量发展

传统高载能行业占全省工业总量的四成，能源结构升级、产业结构调整任务艰巨。由于历史遗留问题，河南工业目前仍然存在产业结构偏重、能耗大、环保压力大等问题，受国家宏观调控政策和环境保护政策的影响较大，每遇政策调整企业往往只能限产或停产半停产，投资项目也往往面临停建风险，产业结构调整优化和节能降耗的压力较大。2021年以来，受"两高"管控、能耗"双控"、产量压减及"双碳"目标等一系列政策影响，钢铁、有色、化工等传统行业产能发挥受限，加之秋冬季环保管控收紧，下行压力

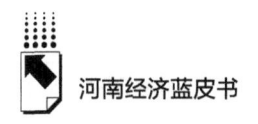

持续加大。自2021年第二季度开始，传统产业生产陆续出现下滑，化工、冶金、能源、建材等行业增加值陆续出现负增长，仅8月份就有4个行业同时出现负增长。很多传统行业的企业受重污染天气管控影响，停产、限产时间长，无法按期交货需承担违约赔偿，为保住优质客户，被迫增加成本请外地企业代工生产，甚至客户把订单交给其他企业，导致国内外市场丢失，严重影响了企业收入，从而造成企业生产经营困难。市场主体经营持续困难，很大程度上又影响了企业高质量发展的动力和潜力，延缓了制造业高质量发展的进程。

三 关于加快构建河南绿色发展产业体系的对策建议

绿色发展，时不我待。河南必须在新发展理念的指引下，大力提升产业链、供应链、创新链水平，全力固根基、强制造、振产业，着力发展绿色技术、绿色设计、绿色工艺、绿色产品，实现全生命周期绿色管理，加快形成绿色发展现代产业体系。

（一）完善绿色发展生态体系"共治理"

1. 完善绿色发展格局

完善绿色化改造统筹协调机制，构建职责明晰、协同推进的工作格局。强化各级地方政府在绿色发展中的引领作用，持续完善落实激励制度、评价制度、约束制度、监管制度、问责制度等，引导企业走绿色低碳循环的可持续发展之路。围绕全省的产业结构转型升级，建立健全企业间的生态产业链、利益链、价值链，不断催生生态产业共同体。建立专家组，为绿色化改造提供技术支撑。研究制定更科学详细的评判指标，为开展绿色化改造工作提供基础支撑。

2. 构建绿色供应链

发挥核心龙头企业的引领带动作用，加强供应链上下游企业间的协调与协作，建立长效的绿色供应链管理模式，优先支持绿色工厂及绿色产品供应商纳入绿色供应链管理名录。建设绿色回收体系，搭建绿色供应链信息管理平台，带动上下游企业实现绿色发展，构建以资源节约、环境友好为导向，涵盖采购、生产、营销、回收、物流等环节的绿色供应链。

（二）推进技术及信息化变革"重引领"

1. 加快技术变革

通过人才引育、平台搭建、氛围营造等构建绿色技术支撑体系，以产业集聚区为平台，培育更具竞争力的产业集群。围绕传统工业，加快技术创新、设备更新、工艺升级，营销转型、服务提升，重点发展新能源、新材料、生物技术和新医药、节能环保等战略性新兴产业，推动全省传统优势产业向高端、绿色、低碳方向发展。围绕现代信息产业，大力发展分享经济，积极推广高效节能、新能源等绿色消费产品，积极策应绿色需求。科技创新和体制机制创新同向发力，支持骨干企业牵头组建共性关键技术研发平台以及产业创新联盟，力争在智能网联汽车、创新药、智能化盾构装备等领域突破核心关键技术，加快科技成果产业化规模化应用。

2. 强化信息化带动

通过信息化手段促进精细化管控提升，尽快建立重点用能单位能耗双控实时监测、预警、响应平台，快速及时提出对产业影响最小的调控措施，以比较稳妥的方式推进能耗双控目标完成。突破能源、资源、环境的在线监测、统计分析、计量传感等关键领域技术，积极尝试新兴业态以及新商业模式在信息化、绿色化领域的应用，以信息化、智能化带动制造业高质量绿色发展。推动能源管控中心、环境治理设施在线监测、自动化运维等技术应用，推动制造业全生命周期中资源、能源利用效率不断提升。在新能源、汽车、高端装备、新材料、生物医药、节能环保等战略性新兴产业集群中，以绿色工厂、绿色产品、绿色供应链创建为载体，加快普及和推动技术可行、经济合适的现代信息化技术的应用，以信息技术提升管理水平，推动企业实现生产者责任溯源，推动实现绿色制造。

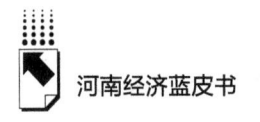

（三）夯实绿色发展工作基础"固根基"

1. 持续开展工业绿色发展政策宣传及调研

继续开展"绿动河南"工业绿色发展宣传贯彻活动，解读绿色发展趋势和政策，交流分享绿色发展典型经验。开展工业绿色发展企业家培训，提升企业家绿色发展意识。搭建绿色制造供需平台，为企业提供绿色发展系统解决方案，促进宣贯活动取得更大成效。广泛调研传统行业绿色转型升级情况，选树工业绿色发展典型，为科学有序推进工业绿色发展提供基础支撑。研究制定"河南省工业绿色发展指导意见"。探索开展全省工业绿色发展排行榜，研究发布区域工业绿色发展指数。

2. 搭建工业绿色发展网络平台

发挥河南省绿色制造联盟和行业协会资源优势，充分利用现代网络技术，及时发布国家和河南省关于绿色化改造的最新政策措施。挖掘和发布省内外工业行业绿色化改造典型案例，以做法、数据和成效为支撑，增强企业绿色化改造的信心和动力。交流各地推动工业绿色发展好的经验做法。

（四）推进建设绿色产品园区"强制造"

持续开展绿色设计产品、绿色工厂、绿色园区和绿色供应链创建，引导企业建设绿色设计平台，应用绿色工艺与材料，开发绿色产品，打造一批覆盖全产业链的绿色供应链管理示范企业，推动规模以上制造业企业绿色化改造全覆盖。

1. 创建绿色产品

鼓励企业按照产品全生命周期的理念，在产品设计开发阶段系统考虑原材料选用、生产、销售、使用、回收、处理等各个环节对资源环境造成的影响，积极开展绿色设计示范试点。创建一批在行业内具有典型示范带动作用的绿色产品，推动电子电器、纺织、食品等全省优势行业的地方绿色制造标准体系建设，提升绿色设计产品在消费终端的辨识度、社会影响力和产品竞争力，促进绿色供应链发展，鼓励绿色节能环保产品生产企业组团发展，打通上下游产业链，以核心企业带动为引导建立绿色制造生态链。

2. 培育绿色工厂园区

鼓励企业按照绿色工厂标准要求对标提升，不断加强能源环境管理，自主使用高效末端治理装备，淘汰落后生产工艺和设备，逐步建立资源回收利用长效机制。培育一批绿色园区，鼓励园区不断优化能源消费结构，形成低碳可持续发展的模式，实现园区整体绿色发展。

（五）推动绿色项目产业发展"添助力"

1. 推动绿色化改造重点项目建设

更新绿色化改造重点项目库，滚动实施项目管理，谋划一批、储备一批、开工一批、达效一批，积极争取财政资金支持。培育国家级绿色制造系统解决方案供应商。

2. 推动节能环保装备产业发展

研究制定节能环保装备产业发展指导意见，重点推动郑州、洛阳、商丘、许昌、南阳等节能环保装备产业集群发展。引导企业加大节能技术装备研发力度，积极申报《国家工业节能技术装备推荐目录》和"能效之星"。

（六）提高产业链现代化水平"促升级"

1. 强化新兴产业带动

必须从全省长远发展着眼，集中资源要素，实施新兴产业跨越发展工程，围绕10大新兴产业链的打造，重点培育10个千亿级产业集群、100个引领型企业和100个高水平创新平台，力争用五年的时间实现战略性新兴产业规模翻番。对基础较好的生物医药、节能环保、尼龙新材料、智能装备、新能源及网联汽车5个产业，要突破新技术、发展新产品，强化协作配套能力，推动规模扩大和质量提升，尤其是要加快发展节能环保产业，要借助节能产业促进高耗能产业绿色转型发展。对河南省内空白但有前景有条件的新兴行业与未来行业，要加强跟踪研究，力争实现突破。

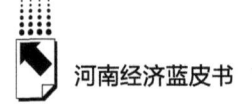

2.加快产业升级换代

围绕打造装备制造、绿色食品、电子制造、先进金属材料、新型建材、现代轻纺6个战略支柱产业链,针对断点堵点,实施延链补链,提升产业链供应链现代化水平。推进钢铁、铝加工、煤化工、水泥、煤电等产业绿色、减量、提质发展,增加传统产业生产中可再生能源利用,不断提高光伏、生物质能、风能、水能等可再生能源使用的比重,坚决淘汰落后产能,使传统产业焕发新活力。

B.26
"十四五"时期河南房地产发展趋势展望

顾俊龙 贾云静*

摘 要： 本文总结了"十三五"时期河南房地产市场发展取得的成就，指出河南房地产业从高速增长时代迈进了发展速度平稳、市场更趋理性的新阶段，分析了当前河南房地产市场面临的新情况和新问题，并展望了"十四五"时期河南房地产市场发展前景，预计未来五年河南房地产市场将转入平稳发展期，指出房地产市场的持续发展将依靠新型城镇化发展带来的刚性需求和追求更高生活质量的改善性需求拉动。最后为促进"十四五"时期河南房地产市场良性循环和健康发展提出相关建议：多措并举，建立多元供给住房保障制度；完善住房消费机制，解决居住性住房需求面临的突出问题；加强市场监测和研究，稳定房地产发展环境。

关键词： 房地产 新型城镇化 河南

"十三五"时期，河南坚持房地产市场发展的定位，坚持平稳健康发展主基调，不断加强调控，使房地产市场由过热转向基本平稳，初步实现了软着陆。展望"十四五"，宏观环境和房地产自身供求格局的变化将共同决定河南房地产市场进入平稳发展期，河南房地产市场将进一步支持城镇化建

---

* 顾俊龙，博士，河南省统计局固定资产投资统计处处长；贾云静，河南省统计局固定资产投资统计处。

设,支持商品房更好满足人民居住的需求。同时,应加强预期引导,防止市场过快降温,以进一步消化风险。

一 "十三五"时期河南房地产市场运行分析

"十三五"时期是我国经济发展进入新常态后的第一个五年。五年来,在省委省政府的科学领导下,河南以新发展理念为指导,以供给侧结构性改革为主线,全面落实因城施策、"稳地价、稳房价、稳预期"的长效管理调控机制,河南房地产业从高速增长时代迈进了发展速度平稳、市场更趋理性的新阶段。在促进经济社会发展、带动关联行业、加快城市化进程、改善人民生活、扩大城镇就业等方面发挥了重要作用,为全面建成小康社会贡献了坚实力量。

(一)市场调控成效显著,市场由热转稳

从2016年到2020年,河南商品房销售面积由11306.27万平方米增长至14100.66万平方米,五年累计销售面积66988.87万平方米,销售额39171.94亿元,年均分别增长10.5%和18.9%。[①]

2015年底,中央经济工作会议提出将"去库存"作为2016年经济工作和供给侧结构性改革的重点任务,此后,"去库存"成为河南楼市的主基调。2016年河南房地产市场持续升温,销售面积同比增长32.1%,增速为历史最高水平。销售面积增长的同时伴随着房价的快速上涨和投机性需求的迅速增加。面对过热的市场,2016年12月,中央经济工作会议首次提出"房住不炒",各地陆续出台限购、限价、限贷、限售政策。随着调控效应的持续深化,投机性需求逐步退出市场,房地产销售增速明显放缓,2017年河南房地产销售面积增长17.8%,2018~2019年房地产市场逐渐向平稳

[①] 本文所用房地产开发投资、商品房销售面积、房屋施工及竣工面积、建筑业产值、就业人数、城镇化率、城镇居民人均住房建筑面积等有关数据均来源于《河南统计年鉴》,房产税、契税、印花税、土地增值税等有关税收数据均来源于河南省财政收支月报,房地产贷款余额、个人住房贷款余额等贷款有关数据均由中国人民银行郑州中心支行提供。

发展期过渡，两年分别增长5.1%和2.1%，商品房销售速度明显放缓。2020年，面对突如其来的新冠肺炎疫情，河南房地产市场表现出较强的韧性，从年初的下降22.5%稳步回升，全年商品房销售面积仅下降1.2%。

2017~2020年，随着中央多次强调"房住不炒"定位，加之日益趋严的金融监管政策，一定程度上增加了投机者的资金成本，遏制了部分投机炒作行为，市场消费主体逐渐转移到以自住为主的住宅消费上来，住宅销售占比逐年攀升。2020年，河南商品住宅销售12831.18万平方米，占全部商品房销售的91.0%，占比较2019年、2018年、2017年分别提升0.1个、1.8个、3.1个百分点。

（二）开发投资稳步增长，投资结构不断优化

"十三五"时期，河南房地产开发投资由2016年的过快增长逐渐转为平稳运行，结构进一步优化，区域间格局发生改变。2016年全省房地产开发投资增长28.2%，高于全部固定资产投资14.5个百分点，2017年后增速逐渐回落。2018年，在持续严厉的调控政策下，全省新开工项目减少、新开工面积下降，加之环保、基数等因素，导致全省房地产开发投资负增长。2015~2020年，河南房地产开发投资整体上呈低速平稳的增长态势，房地产投资过热过快的局面得到遏制，基本实现了软着陆（见图1）。

从结构上看，房地产开发企业以市场需求为导向，逐渐形成了以住宅为主、以商业办公楼为辅的合理格局。2020年，河南省住宅投资占开发投资的比重为82.9%，较2015年提升9.7个百分点，与市场需求相适应。从项目体量看，房地产开发项目规模不断扩大，大楼盘占比逐渐提升。2020年规划建筑面积超过20万平方米的房地产开发项目1911个，比2015年末增加706个，占全部在建项目个数的比重由2015年的26.2%提升至29.6%；计划总投资超过10亿元的在建项目1354个，比2015年末增加827个，占全部在建项目个数的比重由2015年的11.5%提升至21.0%。从区域发展看，全省房地产业依然以省会郑州为龙头，2016~2020年，郑州市房地产开发投资占全省的比重分别为45.0%、47.4%、46.4%、44.9%、44.1%。

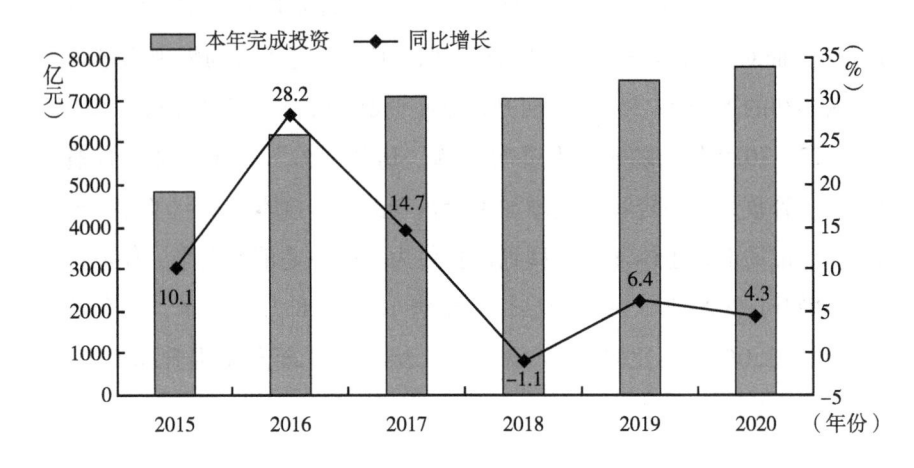

图 1 2015～2020年河南房地产开发投资情况

资料来源：河南省统计局。

（三）施工规模持续扩张，房屋供给不断增加

"十三五"时期，河南房地产开发的施工规模持续扩张，商品房市场供应充裕。2016～2019年，河南商品房施工及新开工面积快速增长，2019年，全省商品房施工面积达57567.10万平方米，较2015年增长40.4%，年均增长8.9%；新开工面积达15836.53万平方米，较2015年增长44.3%，年均增长9.6%。受新冠肺炎疫情影响，2020年全省新开工面积同比下降10.9%，施工面积增速放缓，全省2020年商品房施工面积增长1.5%。总体来看，"十三五"时期河南房地产施工规模较2015年有所扩大，2020年全省施工面积比2015年增加17443.81万平方米。

房屋供给不断增加，极大地提升了居民的居住水平，城乡居民的住房条件得到明显改善。河南城镇居民人均建筑面积由2015年的38.35平方米扩大到2020年的46.14平方米，增加了7.79平方米。在住房面积增加的同时质量也有很大提高，众多功能齐备、配套完善、环境幽雅的住宅小区相继建成，居民的居住品质得到有效改善。

(四)贡献日益提升,带动作用增强

房地产业关联度高、产业链长,涉及建筑业、钢铁、水泥等诸多产业和相关行业,能够直接或间接引导和影响经济的增长速度和运行质量。一是带动建筑业的发展。房地产业市场的蓬勃发展,为建筑业带来了发展机遇。2020年,河南资质等级内建筑业企业完成建筑业总产值13122.55亿元,较2015年增长63.1%,年均增长10.3%。二是增加就业机会。2020年,河南房地产开发业年末从业人员26.8万人,比2015年增加7.6万人,年均增长6.9%。同时,通过产业关联的影响,房地产开发企业不仅本身吸纳了就业人员,还为相关产业创造了大量的就业机会。2020年,河南建筑业从业人员达到288.17万人,比2015年增加49.34万人,年均增长3.8%。三是房地产税收贡献较大。一方面,房地产涉及的增值税、印花税、所得税等规模都比较大,房地产业税收占全省税收收入的比重大、对税收的贡献大。据税务部门数据反馈,2020年全省房地产税收1006.58亿元,占全省税收收入的19.9%。另一方面,房地产项目开发带来土地使用权出让收入的大幅增长,是全省政府性基金收入增长的重要支撑。2020年全省政府性基金收入3752.0亿元,其中国有土地使用权出让收入3286.4亿元,占比87.6%。

二 当前河南房地产市场面临的形势

随着城镇化水平不断提高以及房地产市场调控不断升级,2020年以来,河南房地产市场呈现出新的特点:金融政策持续收紧;郑州实施住宅用地"双集中"出让政策,土地市场先热后冷;投资炒房受到抑制,住宅居住需求成为主流等。

(一)"房住不炒"仍是主基调,长效机制建设全面推进

2020年11月,中央将"坚持房子是用来住的、不是用来炒的定位"列入"十四五"规划纲要,投机炒房行为被严厉禁止。2021年8月,北京市

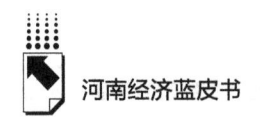

公布了《北京市住房租赁条例（征求意见稿）》，公开向社会征求意见，"房住不炒"拟写入地方立法，增加调控手段实行租金指导价。未来五年乃至更长时间，"房住不炒"都将是房地产调控的基本原则和底线。未来五年，河南将全面加速建设房地产长效机制，配套政策将继续落实发力，政策效果将逐渐显现，从而推动房地产市场平稳运行。

（二）金融政策持续收紧，房企融资困难

一方面，随着房地产贷款集中度管理、"三线四档"融资管理规则等房地产金融审慎管理政策的实施，房地产企业融资遇到前所未有的困难，2021年以来，房地产贷款余额增速呈下降趋势，使房地产企业现金流更多依赖销售回款，而放款周期延长不利于企业回款，部分房地产企业甚至出现债务违约风险。2021年以来，全省房地产贷款余额增速和个人住房贷款整体呈下降趋势，2021年全省房地产贷款23865.61亿元，同比增长8.7%，增速同比回落5.7个百分点；个人住房贷款18692.34亿元，同比增长11.3%，增速同比回落7.0个百分点（见图2）。以郑州为例，2021年3月以来，个人住房贷款利率较2020年有所上浮，达5.9%~6.2%，且放款周期较长。另一方面，非住宅库存占压企业大量资金，2021年全省非住宅商品房可售库存7708.28万平方米，多以商业用房、办公楼等形式存在，去化周期70个月，初步测算占压流动资金5878亿元左右。

（三）土地供应出台新政策，房地产企业拿地更为谨慎

2021年，郑州实施住宅用地"双集中"出让政策，即集中发布出让公告、集中组织出让活动，全年供地次数不超过3次。2021年4月，郑州第一轮集中供应住宅用地3396亩全部成交，成交总价414亿元，溢价率为10.8%，土地供应量少，溢价明显。受土拍规则调整、企业融资困难和楼市降温等影响，郑州第二轮、第三轮集中供地土地成交溢价率逐次下降，土地市场降温明显。2021年11月，郑州第二轮集中供应住宅用地820亩，成交444亩，成交总价65亿元，溢价率为2.5%；12月，郑州第三轮集中供应

"十四五"时期河南房地产发展趋势展望

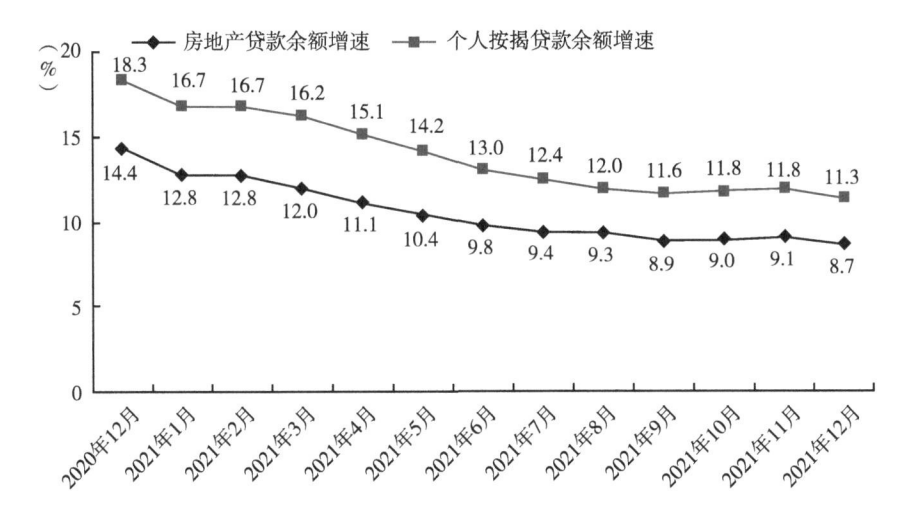

图2 2020年12月至2021年12月河南房地产贷款余额分月度增长情况

资料来源：中国人民银行郑州中心支行。

住宅用地1608亩，成交937亩，成交总价94亿元，溢价率仅为0.6%。随着土地市场交易规则进一步规范透明，加上房地产预期较稳，房地产企业拿地更加谨慎。

（四）住房需求渐趋理性，居住需求成为主流

居民住房需求主要分为两大类：居住需求和投资需求。居住需求主要包含刚性需求和改善性需求，刚性需求主要由常住人口和城镇化率的提升带来；改善性需求主要由住房条件的提升，即人均住房面积的提升带来。随着调控政策的落实和深化，面对趋严的金融监管政策，河南房地产市场需求渐趋理性，居住需求成为主流。

1. 新型城镇化建设推动刚性购房需求增长

回顾"十三五"，河南深入推进以人为核心的新型城镇化，五年间河南省城镇常住人口新增949万人，2020年全省常住人口城镇化率达到55.43%，比2015年提升8.41个百分点。根据河南"十四五"规划，到2025年全省常住人口城镇化率有望达到63.0%，意味着未来五年全省将有670万人口进城。

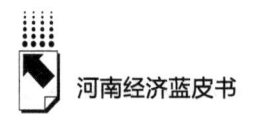

城镇常住人口的提升带来住房刚性需求的增长，住房需求仍有较强的支撑。

2. 改善性住房需求不断上升

一方面，随着我国经济的发展、居民收入的提高，中产阶层崛起，人们从"有房子住"到"住大房子"再到"住好房子"，追求提升住房品质的需求不断上升。2020年，河南省城镇居民人均可支配收入为3.48万元，比2015年增长35.9%。另一方面，随着"二孩""三孩"政策的落实，改善性需求进一步扩大。从2021年全省商品住宅销售数据来看，以90~144平方米为代表的改善性住宅销售占比呈上升趋势，全省90~144平方米住宅销售9521.22万平方米，占全部住宅销售的77.7%，占比较2020年和2019年分别提升4.5个和6.2个百分点。

3. 受金融政策等影响，投资性购房需求减弱

一方面，河南各地陆续出台限购、限价、限贷、限售政策，坚持"房住不炒"定位，严厉打击投机炒房行为，投资炒房门槛越来越高。另一方面，随着国家加强房地产金融监管，严查违规资金进入楼市行为，同时商业银行贷款利率上升、放款时间延长，无形中提高了投机炒房的运营成本。另外，2017年以来，河南商品房价格趋稳，没有大的波动，投资炒房利润不高，投资购房的市场预期减弱。投资性购房需求正逐渐被遏制，市场将逐渐回归满足居住性需求的本质。

三 "十四五"时期河南房地产发展趋势预测

房地产行业发展长期看人口、中期看供应、短期看金融。展望"十四五"，宏观政策环境、房地产自身供求和人口变化共同决定着河南房地产市场将进入平稳发展期。

（一）未来五年，住房需求增长趋缓

1. 城镇新增住房需求增长趋缓

第一，2016~2020年，全省城镇新增常住人口数量呈递减趋势，平均

每年减少约6.0%,照此推算,未来五年将有约670万人进城,比"十三五"时期减少29.3%。第二,当前河南人口结构呈现"两头升中间降"的特征,劳动年龄人口(15~64岁)的减少也将影响未来五年城镇新增住房需求的增长。第七次全国人口普查数据显示,2020年河南省劳动年龄人口由2010年的6642万人下降到6297万人,占常住人口的比重由2010年的70.6%下降到63.4%,减弱对城镇房地产的刚性需求。第三,当前较高的城镇居民人均住房建筑面积将进一步减少改善性住房需求。2020年河南省城镇居民人均住房建筑面积达到46.14平方米,比2001年提高了18.36平方米(见图3)。据了解,目前不少城镇家庭已拥有两套以上住房,住房空置现象比较明显,对未来改善性住房需求增长形成客观约束。

图3 1998~2020年河南城镇化率及城镇居民人均住房建筑面积趋势

资料来源:河南省统计局。

2.个人住房贷款受限影响改善性住房消费

随着我国经济的发展,居民收入的提高以及"二孩""三孩"政策的出台,改善性住房需求进一步扩大。但是受金融调控政策收紧影响,河南住房消费市场受到明显影响。一是住房公积金贷款门槛提高,大多数居民购房只能采用商业贷款。二是个人按揭贷款额度减少、放款周期拉长,由原来的1个月左右拉长到3个月以上,各地普遍存在轮候排队现象,一些购房人因贷

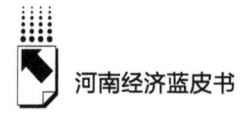

款长时间未批复，无法及时支付房款而选择退房。三是个人住房商业贷款利率上升。据了解，河南2021年6月份个人住房贷款加权平均利率为6.07%，高于2020年同期5个基点，郑州首套房贷加权平均利率5.80%，高于2020年同期10个基点，均高于全国平均水平（5.52%），一定程度上推高了购房成本，挤压了居民住房消费能力。

3. 缺乏产业就业有力支撑及偏低人均收入影响新市民居住

在城市常住人口中，有部分群体被称为"新市民"，主要包含外来务工、经商、创业人员，大学毕业生，高学历引进人才等。随着城市产业的发展及各地招才引智政策的出台，"新市民"不断增加，对住房的需求也在增加。但是与发达地区相比，一方面，河南产业链现代化差距明显，缺乏产业就业的有力支撑，对"新市民"的吸引能力弱。受工业化整体水平不高、城镇就业吸纳能力和承载能力低等因素的影响，河南外出务工、经商等跨省净流出量由2010年的995万人增加到2020年的1483万人。同时，教育、科研、信息传输等知识密集型行业及金融等现代服务业就业占比低，吸引集聚人才能力存在明显不足。另一方面，河南城镇居民收入水平偏低，房地产销售缺乏有力支撑。2020年全国城镇居民人均可支配收入为43834元，河南为34750元，排名第28位，收入水平相对偏低。

（二）未来市场供需预测

预计未来五年河南住房需求总体趋势为，住房稀缺时代已经过去，房地产市场持续发展将依靠新型城镇化发展带来的刚性需求、追求更高生活质量的改善性需求拉动。但是，因城镇化增速放缓，城镇常住居民住房已基本得到满足，同时由于缺乏产业就业的有力支撑及偏低人均收入影响，吸引集聚人才能力不足，房地产市场由之前的持续扩张转入平稳发展期。预计未来五年河南住房需求共5.6亿平方米，与"十三五"时期累计销量6.7亿平方米相比略有下降，"十四五"时期河南房地产市场将处于平稳发展期。

1. 新增城镇人口住房需求

未来五年，河南将继续坚持推进以人为核心的新型城镇化，在深化农村改革、户籍制度改革等作用下,农民进城将更加自由便利,在此过程中,新增城镇人口产生的住房需求将成为未来房地产市场总需求的坚实支撑。2016~2020年河南省城镇化率以年均1.7个百分点的幅度提升,根据河南"十四五"规划,到2025年全省常住人口城镇化率有望达到63.0%,意味着未来五年全省累计新增城镇人口将在670万人左右。2020年,全省城镇居民人均住房建筑面积为46.14平方米,照此计算,未来五年新增城镇人口带来的住房需求至少为3.1亿平方米,是住房需求的坚实支撑。

2.改善性住房需求

本文用人均住房建筑面积提升产生的住房需求代表改善性需求。随着经济的发展、生活条件的进步,居民对改善居住环境的需求日益增长,2020年,全省城镇居民人均住房面积46.14平方米,较2015年增长20.3%。考虑到目前城镇家庭居民套均面积已达到较高水平,加之当前商品房销售市场降温明显,结合中国房地产业中长期发展动态模型,预计2025年河南省城镇居民人均住房建筑面积将提升至50平方米左右。预计未来五年城镇居民人均住房建筑面积将以年均0.8平方米的幅度递增,改善性住房需求共2.5亿平方米,是住房需求的关键支撑。

从供给看,当前住宅用地紧张,耕地受到严格保护,扩张性的供给将受到严重制约,改建和改造将成为房地产供应的主要方式。

四 促进房地产业良性循环和健康发展的建议

建议以防风险与保民生为着力点,坚持"房住不炒"定位不动摇,从供给端、需求端、市场环境端三方面完善政策体系,促进"十四五"时期河南房地产市场平稳健康发展。

(一)多措并举,建立多元供给住房保障制度

建议住房供给体系遵循"租购并举、因城施策"的原则,协调好住房

市场与住房保障的关系。一是房地产企业适当增加大中户型的规划与投放，满足改善性住房需求。二是住房管理部门将棚改房、安置房纳入统一的管理体系，加强住房存量管理，推进新建市场、存量市场和租赁市场的协同发展。三是有效增加保障性住房供给。以保障性租赁住房为着力点，加强住房保障体系建设，解决困难群体和新市民住房问题。四是积极发展住房租赁市场。完善长租房政策，积极推动利用集体建设用地按照规划建设租赁住房，支持企业将商业用房、闲置用房等按规定改建为长租房，落实已出台的税收优惠和融资支持政策，降低长租房运营成本。

（二）完善住房消费机制，解决居住性住房需求面临的突出问题

建议"十四五"时期通过住房消费机制的完善，消除当前刚需和改善性需求群体购房面临的突出问题，促进住房消费市场健康发展。一是改善收入分配，提高低收入群体的收入水平，降低首套房商业贷款利率，更好地支持居民合理的住房需求。二是积极鼓励农民工城镇落户，通过人口管理创新、户籍制度改革以及赋予农民更多财产权利等改革措施的推进，提高农业转移人口的住房消费能力和消费意愿。三是完善现行住房公积金管理条例，发挥公积金制度的政策性住房金融作用，支持新市民和中低收入群体住房消费。

（三）加强市场监测和研究，稳定房地产发展环境

一是加强对河南房地产市场运行的监测，及时掌握经济运行和新调控政策对市场的影响，特别是商业银行涉房贷款集中度管理和开发企业"三线四档"扩大试点管理的影响。二是高度关注企业资金链风险，重点加强中小型企业的运营监管，防止发生资金链断裂而导致项目烂尾。三是完善房地产金融宏观审慎管理评估体系，逐步将房地产贷款集中度、贷款结构、不良贷款、差别化住房信贷政策执行情况、首付比例、房贷利率水平和房地产压力测试等纳入宏观审慎评估内容，发挥差别化住房货币信贷政策的激励约束作用，引导银行合理配置房地产资金。四是增强服务意识，将"万人助万

企"活动长期推行下去,围绕项目建设开展"一对一"精准服务,及时发现和解决房地产开发项目建设中的问题,确保面上服务深化精准、点上个性问题及时化解,有力有效保证项目快落地、早投产,提高房地产市场稳定性。

B.27
加压奋进 开创航空港区高质量发展新局面

曹青梅 常伟杰 杨博 吴沛 宋嘉慧*

摘　要： 郑州航空港经济综合实验区牢记嘱托，紧紧围绕高质量发展目标，坚持产业引领、项目带动，集聚创新要素，经济社会保持快速发展势头，实验区已经成为郑州及河南经济发展的"领头羊"。《郑州航空港经济综合实验区发展规划（2013~2025年）》确立的五大战略定位基础不断夯实，实验区已经成为省会经济的重要增长极。未来实验区将全力以赴推进发展速度、发展质量双提升，加快现代化港区建设。

关键词： 航空港区　高质量发展　增长极

近年来，郑州航空港经济综合实验区（以下简称"实验区"）作为目前全国唯一一个拥有独立区划、由国务院批复设立的国家级战略平台，按照习近平总书记指引的路子，坚持一张蓝图绘到底，统筹推进发展建设，五大战略定位基础不断夯实。

---

* 曹青梅，郑州航空港经济综合实验区经济社会调查队队长，高级统计师；常伟杰，郑州航空港经济综合实验区经济社会调查队副队长，高级统计师；杨博，郑州航空港经济综合实验区经济社会调查队；吴沛，郑州航空港经济综合实验区经济社会调查队；宋嘉慧，郑州航空港经济综合实验区经济社会调查队。

一 高层设计、领导重视，为实验区发展指明方向

实验区在成立之初就受到党中央、国务院和河南省、郑州市的高度关注，各级领导对实验区高度重视，寄予厚望。实验区建设发展过程中，各级领导多次做出重要指示，实地调研指导，为实验区快速发展把舵定向。

（一）党中央、国务院亲切关怀

2013年3月7日，国务院正式批复《郑州航空港经济综合实验区发展规划（2013～2025年）》，对实验区的发展定位是国际航空物流中心、以航空经济为引领的现代产业基地、内陆地区对外开放重要门户、现代航空都市、中原经济区核心增长极，并准予先行先试权。2017年6月14日，习近平总书记在会见卢森堡首相贝泰尔时提出支持建设郑州—卢森堡"空中丝绸之路"，为河南明确参与"一带一路"建设重点、打造"空中丝绸之路"核心区指明了方向。2021年，国务院相继颁布《关于新时代推动中部地区高质量发展的意见》《黄河流域生态保护和高质量发展规划纲要》，明确提出加快推进郑州国际物流中心建设和郑州—卢森堡"空中丝绸之路"建设，提升郑州区域航空枢纽功能，充分发挥实验区在对外开放中的重要作用。

（二）党委政府高度重视

河南省、郑州市历届政府高度重视实验区建设发展，将其列为全省"一号工程"，确立为全省高质量发展"名片"、高水平开放"龙头"与郑州国家中心城市建设"引领"，出台了一系列政策措施支持实验区发展。2013年，河南省人民政府办公厅出台《关于支持郑州航空港经济综合实验区发展的意见》。2017年，河南省委省政府出台《关于加快推进郑州航空港经济综合实验区建设的若干意见》。2020年11月28日，河南省第十三届人民代表大会常务委员会通过《郑州航空港经济综合实验区条例》。

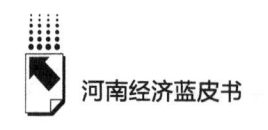

二 牢记嘱托、加压奋进，实验区高质量发展成效显著

近年来，实验区牢记嘱托，紧紧围绕高质量发展目标，坚持产业引领、项目带动，集聚创新要素，经济社会保持快速发展势头，实验区已经成为郑州乃至河南经济发展的"领头羊"，同时成为省会经济的重要增长极。2013~2020年，实验区综合实力连年迈上新台阶，GDP总量以一年一个百亿台阶的速度提升，年均增长15.7%，分别高于全省、全市8.5个、7.7个百分点；规模以上工业增加值年均增长17.8%，分别高于全省、全市10.0个、9.6个百分点；一般公共预算收入年均增长28.3%，分别高于全省、全市18.3个、17.2个百分点；外贸进出口年均增长11.1%，分别高于全省、全市2.9个、1.9个百分点，实验区外贸进出口总量占全省、郑州的比重持续保持在65.0%、90.0%左右。总体来看，实验区主要经济指标增速基本上是全省、全市平均增速的2倍左右。2021年，实验区GDP总量有望突破1200亿元，同比增长10.0%以上。

（一）国际航空物流中心地位不断巩固

作为河南打造国内大循环重要支点、国内国际双循环战略链接的重要载体以及全国首个空港型国家物流枢纽，实验区在构建新发展格局中扮演着重要角色，经过多年努力，已在航线网络通达能力、基础设施保障能力、通关便利化能力和服务创新能力等方面形成竞争优势，成为一个立体综合、多式联运物流枢纽。

1. 综合交通基础设施不断完善

实验区位于郑州、开封、许昌黄金三角都市区的"重心"。2022年初，郑州高铁南站将建成投用，郑州"米"字形高铁网将基本成型，实验区正式进入航空、高铁"双枢纽"时代。同时，郑州高铁南站还是中原城市群城际铁路中心站。通过城铁、地铁、高速路、快速路将实验区与中原城市群主要城市紧密连为一体，加之正在谋划的薛店物流基地，实验区将拥有除海运以外的所有运输方式，成为一个立体综合、多式联运物流枢纽，在全国、全球物流枢纽体系中的核心节点地位将大幅提升。

2. 航空枢纽功能不断增强

为加快推进郑州国际物流中心建设，提升航空枢纽功能，实验区也在"一带一路"和"空中丝绸之路"建设中实施创新性举措。2018年《郑州国际航空货运枢纽战略规划》出台，2019年郑州机场获批全国首个空港型国家物流枢纽，2020年实验区郑州机场获批实施航空电子货运试点项目，2021年启动国内首个航空电子货运信息服务平台，真正实现了"一单到底、物流全球"。机场三期工程建设加快推进，基地航空公司达到5个，航线网络快速拓展，全国首个海外货站在匈牙利布达佩斯投用。2021年1月，空中丝绸之路中匈航空货运枢纽项目在郑州机场签约，在欧洲设立全国首个海外货站，实现"国货国运"，为河南发展跨境电商提供了强大的物流基础支撑。同年，实验区郑州机场开通了郑州至伦敦、雅典、马拉尼等多条货运航线，河南机场集团荣获唯一一个空港型国家物流枢纽建设运营标杆企业。

截至2021年，在郑州机场运营的全货运航空公司有31家，其中国际地区全货运航空公司25家；开通全货机航线48条，其中国际地区全货机航线38条。

3. 航空货运逆势高速增长

近年来，实验区凭借丰富的航线网络、一流的综合保障能力、全国领先的通关环境，国际航空货运得到快速发展，物流运输能力强劲。2020年，郑州机场货邮吞吐量63.94万吨，全国排名提升至第6位；旅客吞吐量2140.67万人次，全国排名提升至第11位，客货运全国排名均晋升1位，运输规模连续4年保持中部"双第一"。2021年尽管遭到"7·20"特大暴雨灾害、新冠肺炎疫情等诸多不利因素影响，郑州机场的货运一直保持平稳增长态势，2021年货邮吞吐量突破70万吨，达70.47万吨，同比增长10.2%，货运规模连续两年居全国第6位、跻身全球前40强；国际地区货邮吞吐量突破54万吨，同比增长23%，连续5年居全国第5位，出入境货

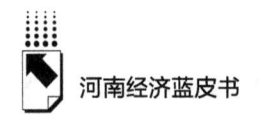

运航班首次突破1万架次，创历史新高，郑州机场已成为中部地区重要的航空货运枢纽。

（二）现代产业基地建设稳步推进

实验区紧紧围绕培育大产业的发展理念，以富士康为龙头，以产业集群培育为目标，把加强重大项目招商、加快重大项目建设、优化营商环境作为稳增长、调结构、补短板、惠民生的有效途径，着力推进产业振兴，招商引资成效显著，现代产业基地建设稳步推进。

1. 招商引资质量显著提升

2021年实验区共谋划重点项目357个，总投资4330.10亿元，年度计划投资610.70亿元。其中，列入省市重点项目共计72个，总投资2480.90亿元，年度计划投资474.80亿元。2021年1～10月累计完成投资超过400亿元，占年度计划投资的85.0%以上。亿元以上项目60个，比2020年同期增加38个，完成投资超过200亿元。其中新开工项目45个，比2020年同期增加38个，完成投资超过100亿元，较2020年同期增长316.1%。超聚变、合晶硅、东微芯片靶材、以色列先进切割技术公司半导体划片机、浪潮安全可靠生产基地、鸿运华宁新药基地等一大批高新技术项目签约入驻、建成投产，填补了河南空白。比亚迪新能源汽车配件、富驰智能终端主板研发及制造两个百亿级项目签约，实验区龙头牵引作用进一步增强。

2. 现代产业基地建设稳步推进

电子信息产业是实验区的龙头产业，也是郑州市"一号产业""一号工程"，2020年产值超过3200亿元，占全省比重达76.6%；2021年1～11月产值达3704.99亿元，同比增长30.7%。在做大做强信息产业的基础上，实验区引进一批智能终端、光电显示和集成电路、生物医药、现代服务业等新兴产业，产业发展支撑能力快速提升。初步形成了以比亚迪新能源汽车零配件生产基地为中心的新能源汽车产业，以鸿运华宁、安图生物、美秦宝等龙头项目为引领的生物医药产业，以华锐光电为核心的新型显示产业，以合品单晶硅、东微电子、光力科技等重点项目为依托的半导体产业，以视博电子、北斗产业园、中移动大数据等平台为抓手的新基建产业。同时，恒丰科创园、临空生物医药园、智能终端手机产业园、台湾科技园、锦荣信息科技园等创新平台加速成型，已累计入驻各类创新型企业800余家。截至2021年9月底，已有北航郑州人工智能研究院、上海交大医工交叉临床转化创新中心等创新平台相继入区，国家、省、市级研发平台111家，高新技术企业71家，科技型中小企业314家。

（三）"一带一路"倡议引领实验区成为对外开放的重要门户

作为郑州乃至河南对外开放的"桥头堡"，实验区紧紧围绕"空中丝绸之路"建设，坚持走"枢纽+开放"的路子，实验区进出口总额领跑全省，跨境电商业务连续多年实现跨越式增长。

1. 进出口总额领跑全省

实验区站位中原城市群坐标系，放眼国内国际双循环，全面提升对外开放水平，以开放赋能现代化建设新征程。新郑综合保税区2020年进出口总额4103.50亿元，同比增长18.5%，实现封关以来"9连增"，稳居全国综保区第一方阵。实验区已初步建成一个种类多、功能全、效率高的"1+1+7"口岸体系，全面实施"7×24"小时通关机制、"提前申报"通关模式，探索实施增值税一般纳税人、选择性征税、口岸作业区、电子口岸等一系列改革创新，逐步创建了大通关模式，进出口通关效率领先全国。同时，实验区还拥有河南联合签证中心、联合国工业发展组织投资和技术促进办公室北方区域协同中心等国际开放平台，成为河南乃至全国与世界沟通的重要桥梁。

2. 跨境电商业务连续多年翻番式增长

实验区按照"买全球、卖全球"的目标，紧抓跨境电商快速发展的机遇期，坚持创新引领，全面推进跨境电子商务综合试验区建设。实验区的跨境电商业务从基础的仓储、通关、物流服务，发展到如今的园区、金融、供应链等平台服务，相继实现了从以1210跨境进口业务向9610出口业务为主的过渡，从传统的单一B2C向B2B、B2B2C、B2C多形式并进的过渡，以及从日用生活品向多品类共融发展的过渡。跨境电商业务在连续五年保持翻

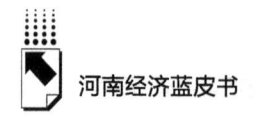

番式增长的基础上，实现"亿单"和"百亿元"双突破，跨境电商规模、应用水平、跨境电商综试区建设水平均稳居中西部首位。

2021年，实验区积极优化营商环境，多策并举，不断降低通关成本、提高通关效率，通关便利化和贸易多元化水平持续提升。截至2021年9月28日，实验区跨境电商进出口单量达10014.74万单，较2020年突破1亿单的时间提前近1个月。河南电子口岸数据显示，2021年"双十一"促销期间（11月1~13日），综保区跨境电商共完成保税进口申报778.04万单，总货值12.66亿元，继2020年高速增长之后，再次呈现发展高潮。"双十一"当天，综保区跨境电商保税进口共完成申报216.16万单，总货值3.34亿元。

（四）现代航空都市雏形初现

经过多年的发展，实验区人居环境不断改善，城市承载力进一步增强，城市面貌焕然一新，曾经的空港小镇已初具航空新城雏形。截至2021年，实验区实际土地规划面积约430平方公里，基础设施覆盖超过220平方公里，建成区面积超过100平方公里，年均增长约10平方公里。国际经济文化交流中心、公共文化服务中心两大核心板块已完成规划设计，建设工作已全面展开。兰河、正弘、青年、梅河等多个城市公园建成投用，园博园、双鹤湖、苑陵故城三大城市公园与梅河、兰河等一批水系、公园的建成投用，基本形成"300米见绿、500米见园"的生态体系。郑州工程技术学院、郑州一中、河南省实验小学等优质教育资源触手可及。郑州市第一人民医院、郑州市中医骨伤病医院等优质医疗资源相继引进。

三 认清形势、居安思危，积极融入新发展格局

近年来，实验区在全省、全市中的引领支撑作用明显提升。尤其2020年以来，面对百年未有之大变局、错综复杂的国际形势、疫情防控和暴雨灾害的严峻形势，实验区迎难而上、锐意进取，枢纽建设加速推进，开放体系

不断完善，产业培育加快升级，营商环境逐步优化，城市框架快速拉大，人民生活大幅改善，全面建设已取得初步成果。同时也要看到，进入新发展阶段，实验区经济社会发展面临的形势依然严峻，自身发展仍存在诸多问题需要攻克。

从国际形势看，"十四五"时期，国际环境日趋复杂，充满不稳定性不确定性。一方面，新冠肺炎疫情在全球范围内的影响广泛深远，经济全球化遭遇逆流。全球经济复苏步伐整体放缓，加之全球宏观经济政策环境发生复杂变化，2021年世界经济虽已出现恢复性增长，但复苏力度不强，形势仍然复杂严峻。另一方面，世界进入动荡变革期，保护主义、单边主义上升，全球产业链供应链因非经济因素面临冲击，国际经济、科技、文化、安全、政治等格局都在进行深刻调整。

从国内形势看，得益于国内有力的疫情防控措施和有效的宏观调控政策，我国经济运行呈现稳中加固、稳中向好态势，发展质量进一步提升。但经济运行面临的困难增多，挑战上升，一些结构性、体制性问题凸显，国内经济发展面临需求收缩、供给冲击、预期转弱三重压力，存在缺煤、缺电、缺芯、缺柜、缺工等问题。

从全省层面来看，经济运行稳的基础还不牢固，恢复还不均衡，尤其是2021年第三季度以来，特大暴雨灾害、新冠肺炎疫情等因素对河南经济产生了较大冲击，加之能源原材料供给紧张、价格上涨等因素影响，一些长期存在的深层次结构性矛盾在经济恢复过程中更加凸显。规上工业、投资、消费等指标与全国以及经济体量相近省份的差距依然较大，巩固向好态势仍存在不稳定不确定因素。

从实验区自身来看，"十三五"建设工作虽取得突破式增长，但仍存在诸多问题需要攻克。一是经过8年建设发展，立体交通畅联已达到全国领先水平，但枢纽能级优势不足，数据畅通仍然滞后。二是高水平开放体系虽已形成，通关便利化水平已领先全国，但多元化的对外贸易主体格局尚未完全形成。三是人口净流入量逐年增加，但人才存量仍旧无法满足市场需求。四是产业基础虽已成型，但产业生态圈尚未形成，集群效应还未显现，产业亟

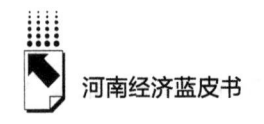

待提档升级。五是城市基础设施建设已初步形成了框架，但城市功能存在缺失，距离国际化水平较远。六是营商环境虽不断改善，但缺乏危机意识和创新意识，改革力度欠缺，尚未形成绝对领先优势。

四 不忘初心、重装上阵，开创航空港区高质量发展新局面

"十四五"时期是高质量建设、高水平实现现代化河南新征程，加快郑州国家中心城市建设的关键阶段。实验区要进一步增强"国家队"豪情，增强主阵地、主战场、主引擎意识，重装上阵、二次出发、二次创业，全力以赴推进发展速度、发展质量双提升，在全省"两个确保"、全市"四个高地"建设新征程中挑大梁、走在前、做引领，当好"主力军"。

（一）引育并重，打造特色产业集群

要坚持"长短结合、引育并重"的总体思路，抓"引"又抓"育"，以航空经济为核心，做好转型升级、集群打造。要强化"引"，快速集聚项目、资金、技术，建立更具筛选性的准入制度，吸引高质量的科技型、生态型、创新型企业入驻，扩大产业规模，确保短期发展速度，快速形成规模效应。要强调"育"，以"引"为基础，为长远培育更多本土企业，坚持政府引导、企业协作，强化基金、人才、科创赋能，注重研发、展销、检测平台助力，为产业集群发展提供强力支撑，增厚长远发展基础，确保实现高质量发展。

（二）锻链强链，力争全产业链发展

要进一步深入推动"五链耦合"，把完善供应链提高投资拉动力作为现代经济体系建设的牵引任务。要拉"长度"，强化链式招商，对产业链的每个环节锁定领先企业，建立信息手机系统、定期拜访制度，推动产业集群纵向延伸；要提"高度"，围绕优势领域扶优育强，强化基础设施、研发设

计、品牌营销等配套服务，以科技创新赋能，提升产业集群核心竞争力；要增"厚度"，发展配套产业园，从地理位置上将产业链上的一个链环、从事同一领域的企业聚集起来，推动产业集群横向延伸。

（三）创新赋能，形成高端引领发展格局

要紧抓"企业"这一创新主体，建立健全高成长企业挖掘、培育、扶持机制，全面促进高成长企业发展和能力提升，实施以"瞪羚企业""独角兽企业"等为代表的"高成长企业培育行动"，重点围绕人工智能、集成电路、生命健康等前沿重点领域，培育一批具有颠覆式创新、爆发式成长、竞争优势突出、未来发展空间大等特点的高成长性企业。拓宽渠道引进人才，以人才推动创新，以创新引领产业。加快建立引进与培养相结合的人才支撑体系、科创园区平台体系以及学术交流和成果发布相结合的展会体系，举办高水平论坛，广泛合作、系统谋划，增进交流、集聚智慧，大力推动"招商"与"招才"并举、"产业"与"人才"融合、"资本"与"智力"对接，让人才创新创业活力充分涌流、竞相迸发。

（四）深化改革，营造一流营商环境

要抓机遇，主动对接、深度嵌入河南省委省政府和郑州市委市政府的重大工程、政策措施。要促融合，以物理联通为基础加快数据联通，畅通流通渠道，降低企业运营成本。要广宣传，扩大港区知名度，提升美誉度，吸引更多优秀的企业入区，为招商引资、产业发展提供强有力的舆论支撑。要给实惠，加快推进"一套机制、一个平台、一本规划、一张蓝图"的成果体系，全面提升项目审批效率，切实让市场主体"看得见、摸得着、能感受、得实惠"。要改机制，紧扣实验区战略定位，深化"管委会＋公司"建设管理模式，加快建设专业化、国际化、市场化的管理团队。要提质量，加快推进教育、医疗、文化等公共服务设施建设，推进生态绿地、水系、公园建设，强化平安港区建设，加快人口集聚，为产业发展提供充足的人力支撑。

B.28 "双循环"背景下加快推进河南农业高质量发展研究

宗 方 王 静*

摘　要： 在"十四五"开启全面建设社会主义现代化河南的关键时期，农业高质量发展是推动乡村振兴，建设现代农业强省的重要环节。近年来，河南加快转变农业发展方式，推进农业现代化，推动农业迈向高质量发展。本文总结了当前河南农业发展取得的成绩和存在的突出问题，提出了夯实农业发展基础、补齐农业产业化发展短板、强化科技创新支撑等战略举措，为"双循环"新发展格局下河南推进农业高质量发展提供参考建议。

关键词： "双循环"　农业　高质量发展　乡村振兴　河南

当前我国经济发展面临着严峻复杂的国内外环境，为抵御外部风险，增强经济发展新动能，习近平总书记提出加快构建以国内大循环为主体、国内国际双循环相互促进的新发展格局。河南近年来加快发展现代农业，增强农业综合产能，为保障国家粮食安全和重要农产品有效供给作出了积极贡献，同时在加快转变生产经营方式的过程中也显现出一些突出矛盾和问题。因此，立足河南实际，深刻剖析河南农业发展的优势和不足，探索新发展格局下具有河南特色的农业高质量发展之路，对助力河南乡村振兴战略实施意义重大。

---

* 宗方，河南信息统计职业学院副院长，高级统计师；王静，河南信息统计职业学院。

一 "双循环"背景下推动河南农业高质量发展的实践与理论基础

"双循环"新发展格局的重大战略部署为农业高质量发展提供了前所未有的历史机遇,开启了农业发展的新篇章;推进农业高质量发展,促进乡村振兴,也为构建"双循环"新发展格局提供了坚实的基础支撑。

(一)"双循环"新发展格局是农业高质量发展的现实背景

当前国际形势多变,国内经济基础牢固,人们日益增长的强大消费需求和国内市场需求被激发,中国经济存在的结构性"供需梗阻"亟须破除。在"双循环"新发展格局下,市场结构将发生深刻转变,农业农村潜力将不断释放,为重塑农业增长新动能,加快推进农业高质量发展提供了历史机遇。

(二)农业高质量发展为河南融入"双循环"新发展格局提供支撑

《河南省人民政府关于加快推进农业高质量发展建设现代农业强省的意见》指出,推进农业高质量发展,是实施乡村振兴战略的重要支撑。加快推动农业高质量发展,促进农业提质增效,实现产业兴旺,为乡村振兴筑牢物质基础,带动农民增收致富,吸引资源要素回流,进而实现乡村全面振兴。

乡村振兴为经济"双循环"新发展格局提供战略支持。乡村产业振兴有助于降低主要农产品的对外依赖程度,保障国家粮食安全;随着乡村振兴战略的全面实施,农村消费需求将被释放,资金流、技术流将涌入农村,从而为经济"双循环"提供更广阔的市场空间。

二 当前河南农业发展现状

现阶段河南省农业工作面临重大的提质导向转变,农业发展基础雄厚,

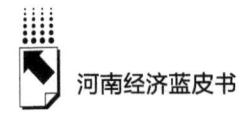

势头强劲，政策红利不断加码，综合生产能力稳步提升，生产经营方式持续优化，改革创新活力加速释放，龙头企业带动能力显著增强，新发展格局下农业竞争优势不断凸显。

（一）河南省委省政府全面部署，全力推进农业高质量发展

2016年以来，河南省积极推进"四优四化"，农业生产经营和资源利用方式发生深刻变化。2018年，河南省提出加快推进农业由增产转向提质的导向，农业开启"高质量"发展阶段。2020年，河南省出台《关于加快推进农业高质量发展建设现代农业强省的意见》，与高标准农田建设、粮食产业"三链同构"、数字乡村建设、加快畜牧业高质量发展、加快发展农业机械化等方面的政策意见构成河南农业高质量发展"1+N"政策体系，形成了以"六高"为目标、以"六化"为方向的工作方案，致力于实现由粮食资源大省转变为现代农业强省，奋力实现河南现代农业高质量发展走在全国前列。

（二）农业综合产能稳步提升，供给侧结构性改革成效显著

1. 重农抓粮，粮食综合生产能力稳步提升

河南深入落实"藏粮于地、藏粮于技"战略，粮食产量已连续5年超过1300亿斤，2021年达1308.84亿斤，为扛稳国家粮食安全重任作出了"河南贡献"。持续推进高标准农田建设，截至2021年底，河南累计建成高标准农田7580万亩，累计新增粮食生产能力超200亿斤，高标准农田建设连续3年获得国务院督查激励表彰。

2. 固本提质，农业产业结构不断优化

种植结构持续优化调整。2021年，全省十大优势特色农业产值为6066.78亿元，占全省农林牧渔业总产值的比重达57.8%。另外，特色农产品发展势头良好。食用菌产量曾一度占据全国第1位，林果产品地理特色鲜明，中药材产值稳步提升，优质水产品基地建设不断推进。从"粮头食尾""农头工尾"入手，以面、肉、油、乳、果蔬制品为重点做好农产品加工业，大力推进高效种养业，逐步实现绿色食品业转型。

（三）生产经营方式实现转变，新业态新模式不断涌现

1. 农业机械化助力农业现代化

农业机械化水平显著提升。"十三五"期间，河南共获得中央和省财政农机购置补贴资金87.97亿元，各类农机具补贴70.90万台（套），52.84万户农户受益，带动投入205.27亿元。2019年，小麦耕种收综合机械率为98.8%，基本实现全程机械化；玉米耕种收综合机械率达到92.0%；水稻机收率达到89.5%；花生机收率为69%，同比增长达109%，主要粮食作物机械化水平大幅提升。此外，河南还不断完善农机社会化服务，提升农机服务的能力。结合农业生产的季节性特点整合农机资源，提高农业服务面积和利用效率，引导农户因地制宜流转土地，反推新机具、新技术的推广应用。全省的农机装备水平和结构得到优化，农业现代化稳步推进。

2. 数字农业促进农业生产提档升级

河南数字农业建设初见成效。2021年，河南共4个县区入围"全国县域农业农村信息化发展先进县"，其中浚县、淇县已连续3年上榜。全省建成一批设施农业物联网技术示范应用基地，节本增效应用模式得以推广，以花花牛为代表的部分乳制品企业，实行智能化繁育的效率提高超过50%，标准化饲喂管理使产犊间隔时间平均缩短约30%。

依托现代农业产业园，实现数字化精细管理。目前小麦、玉米等主要大田作物，可以使用"四情"信息监测管理系统，田间传统农活借助网络系统和App做到实时监测。数字化覆盖农作物生产、加工到销售的整个环节，推动产业链智能化升级。数字农业的发展为现代农业产业化经营以及发展农村数字经济提供了强大动力。

（四）改革创新持续深化，资源要素活力加速释放

1. 深化土地改革，严格践行耕地保护政策

一是农村承包地改革取得积极进展。"十三五"期间，全省土地流转面积3823万亩，规模经营面积占家庭承包耕地面积的比重达69.3%，1778万

农户领取新版土地承包经营权证。二是农村集体产权制度改革基本完成。多地将改革与清产核资、扫黑除恶、人居环境整治行动等相结合，扩大了工作成效；采用"一村一策"等灵活有效的政策和方式，对集体经济组织的成员身份进行确认；主动挖掘农村特色资源，建设特色小镇，充实集体经济，盘活农村用地。三是耕地保护制度依法落实。河南创新自然资源督察制度，严厉打击违法占用耕地行为；2021年2月发布《河南省农村宅基地和村民自建住房管理办法（试行）》，减少耕地非农化用途，盘活和改造闲置宅基地资源，严守耕地红线，巩固粮食安全基础。

2. 激活人力要素，推动多元融合发展

一是培育新型农业经营主体。"十三五"期间，河南省培育农民专业合作社19.3万家、家庭农场25万家，各类农业社会化服务组织超过11万家。二是培养新型职业农民。依托新型职业农民培养基地、培训班、雨露计划、职业院校扩招等形式，发挥农村剩余劳动力的潜力。三是壮大返乡下乡人员队伍。全省各地市通过开展"五个一"活动，积极引导农民工等在外人员返乡下乡创业。

3. 创新金融服务，强化要素保障

一是加大银行金融机构支持力度。"十三五"期间，河南省农信社涉农贷款余额增加近3700亿元，累计投放贷款超2600亿元，发放扶贫贷款总量居全省金融机构首位。二是扩大农业保险规模。河南农业保险费规模由2007年的4亿元增长至2019年的48亿元，居全国第2位。三是提升财政效能助力。2013~2020年，河南省已累计投入财政资金135亿元，带动约750亿元的社会资金投入，支持建设1600多个美丽乡村。

（五）龙头企业队伍不断壮大，辐射带动效应增强

1. 培育特色产业集群，拉动产业链延伸

河南培育出了以漯河食品为代表的多个千亿级产业集群。双汇集团以畜禽屠宰和肉类精深加工为重心，不断延伸产业链条，通过深化"倍增工程"，围绕"食品+"带动漯河市肉制品产业链高质量发展。平舆县借助传

统的白芝麻，开展国内外的文化推广活动，成为全国最大的芝麻生产基地。西峡县将香菇产业融入"一带一路"倡议，出口额一度达数十亿美元，在国内菌类食品出口中遥遥领先。

2. 创建现代农业产业园，打通全产业链

截至2021年4月，全省共创建8个国家级、80个省级、187个市级、98个县级现代农业产业园，覆盖主要特色优势产业。河南多地围绕主导产业，依托现代农业产业园集聚农业产业化龙头企业，进行全产业链开发。其中，漯河打造了"三链同构·农食融合"的全产业链发展模式。正阳县推进花生全产业链扶贫，创新联农带贫机制，成为全国唯一一家荣获全国脱贫攻坚先进集体表彰的国家现代农业产业园。三门峡灵宝市发展"苹果+"产业，构建了"龙头企业+基地（合作社）+农户"的联结机制，主导产业产值达56亿元，园内农民人均可支配收入达2.52万元，实现了产业富民。

三 河南省推动农业高质量发展面临的问题

当前，河南农业高质量发展还存在基础薄弱、产业发育程度不高、科技创新能力不强等问题，以农业高质量发展带动乡村振兴，参与构建和融入新发展格局的基础还不牢固。

（一）资源环境约束趋紧，高质量发展基础薄弱

1. 耕地资源紧张，供需矛盾仍较突出

2021年河南人均耕地面积为1.12亩，远低于全国平均水平。河南农用耕地平均等级为7.42级，5~8级的高等耕地占全省耕地面积的86%，拥有较高的基础地力，然而绝大多数高等地位于东部平原地区和南阳盆地，优质耕地分布不均。河南耕地后备资源仅为94.13万亩，且其中多数已禁止开发，土地供需矛盾已成为农业高质量发展的刚性约束。

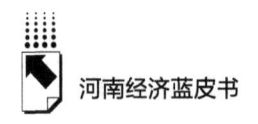

2. 水资源短缺，发展空间受到制约

河南水资源总量多年均值为403.5亿立方米，人均水资源占有量长期低于500立方米的国际极度缺水标准。人均水资源量、耕地亩均水资源占有量分别为368立方米、373立方米，仅为全国平均水平的1/5、1/4。河南水利建设落后。黄河开发难度大加上水利工程设施不足，黄淮水利开发和利用还远远不够。节水灌溉对比山东差距明显，山东拥有1.14亿亩耕地，2020年其节水灌溉面积达5200万亩，同期河南仅为3000万亩，节水任务艰巨。

3. 农业生态环境恶化，发展方式亟待改善

一是生态环境污染治理的速度跟不上工业化发展的进程，生态环境欠账较多，整体治理难度较大。二是农户环保意识淡薄，生产方式粗放，化肥、农药滥用的现象还未得到根本性改观。2020年，河南农用化肥施用折纯量为647.98万吨，山东、黑龙江分别为380.88万吨、224.22万吨，河南农用化肥施用折纯量高于山东、黑龙江。化肥、农药长期过量使用导致水源污染、耕地生产能力遭到破坏。

4. 农村劳动力减少，发展内在动力不足

2021年河南新增农村劳动力转移就业45万人，累计转移就业超过3100万人，农民外出务工人数久居全国首位。农村劳动力流失，特别是青壮年劳动力减少导致当下农村务农者多为老人、妇女，不利于农业高质量发展的推进，一定程度上影响了农村经济的发展，原有的劳动力要素对农业投入的效能减弱。

（二）产业发育程度较低，高质量产业体系欠缺

1. 产业结构不合理，产品结构不优

一是产业结构失衡。2020年，全省农、林、牧、渔业产值占总产值的比重分别为66.8%、1.4%、30.5%、1.3%。畜牧业增加值占比偏低，存在供给缺口；林业和渔业比重小，发展缓慢。二是农产品结构性过剩和不足并存。主粮供应充足，肉、蛋、奶以及水产品等产量有限，质量一般。绿色优质农产品供给不足，绿色粮食产品、绿色水果、绿色蔬菜、绿色油料、绿

色畜产品、绿色水产品、绿色食用菌占比分别为 1.2%、0.9%、0.2%、0.9%、1.4%、0.9%、3.0%。三是产业链条短。农产品加工转化率为 68%，精深加工仅占农产品加工的 20% 左右，60% 以上的农产品加工副产物未得到有效利用。采摘体验、农家乐、休闲旅游等新业态同质化严重，无法适应消费升级带来的需求层次的提升。

2. 新型经营主体发展水平不高，产业带动能力不强

河南绝大多数仍是分散的小农户经营。参与农民合作社、土地托管、"公司+农户"的农户数量占比较低，一些合作社存在社会化服务组织服务能力不足、规模小、运行不规范、利益联结不稳固等问题。全省农业龙头企业实力较弱。从龙头企业数量和营收水平来看，河南与山东、江苏、湖南等省份还有一定的差距，全国农业龙头企业 500 强中，营收总额 100 亿元以上的企业共 62 家，河南仅占 5 家，不少企业经营不善，资金周转困难，龙头企业对产业链的辐射带动效应有限。

3. 机械化发展失衡，特色农产品发展受阻

农业机械缺门断档问题突出，少数产业和生产环节机械化水平较低。林果、茶叶作为河南优势特色产业，机械化作业均落后于江苏、山东。小类作物仍多以传统劳动为主，缺少合适的农机装备，生产效率低下，不利于产品生产的规模化和品质的标准化，制约了本省特色农业的产业化发展。

4. 品牌建设落后，产品影响力不足

截至 2019 年底，全省共有"三品一标"产品 4679 个，居全国第 12 位；绿色食品排名全国第 15 位，位于中部六省末位，与河南农业大省的地位极不匹配。河南有灵宝苹果、河阴石榴等不少地理标志农产品，但全国知名品牌数量很少，也未形成像山东寿光蔬菜、金乡大蒜等全国知名的产业集群高地。

（三）科技创新相对滞后，高质量发展动力不足

1. 关键技术领域受到制约，科技面临"卡脖子"困境

推动农业高质量发展受高端农机与育种研发等"卡脖子"关键技术的制约。如国产 300 马力以上的高性能 CVT 拖拉机和喂入量在 12 公斤/秒以

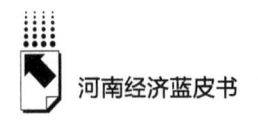

上的大型高效谷物联合收获机还比较薄弱，无法满足大规模高效农业生产的需要。打捆机的打结器，采棉机的采棉头，拖拉机、收割机的液压无级变速器等核心零部件严重依赖进口。育种体系不完善，种企多而不强，科研投入不足，种质资源保护力度不够等问题长期存在，《2020年中国农作物种业发展报告》全国种企10强名单中，河南无一家企业上榜。

2. 基层管理者思想保守，创新意识不强

目前河南一些地区乡镇干部思维固化、观念守旧，创新意识不足，工作中不能开拓创新，缺乏执行力，导致政策落实不到位，影响农民增产增收。许多农民小农意识严重，思想保守，随波逐流，缺少应用新技术的动力，致使农业技术推动不畅，阻碍了当地农业科技的发展。

3. 人才储备不足，结构层次较低

当前河南还未建立起成熟的现代乡村人才培养管理体系机制，农技人员能力参差不齐，人员配备不足，基层农技宣传推广单位中高级专业职称人员比例小，新型职业农民占比不到2.5%。2021年，河南新增返乡下乡创业人数同比增长21.9%，人员整体回流态势良好，但农业人才往往难以扎根农村，转移就业人数持续增加，人才回归的障碍还未清除，农村人力资源依然紧缺。

四 "双循环"背景下河南加快推进农业高质量发展的对策建议

河南应全力破解农业高质量发展面临的各项难题，不断夯实发展基础，提升质量效益，推进科技进步，改善发展环境，深度融入"内循环"，积极参与"外循环"，厚植竞争优势，打造河南特色的农业"芯片"，释放农业农村发展潜力，为全省经济增长注入新动能。

（一）夯实发展基础，坚持绿色发展

1. 强化责任担当，筑牢粮食生产安全根基

作为国家重要的粮食生产基地，扛稳粮食安全政治责任是党中央对河南

农业发展的基本要求。为夯实粮食安全根基，提高农业发展保障，要坚持深入贯彻"藏粮于地"政策，加强耕地质量建设管理。坚守耕地保护红线，确保耕地面积稳定；开展耕地质量保护与提升行动，深入开展节肥节药节水行动，通过推广增施有机肥、秸秆还田、合理轮作等方式，改善土壤性状，提升土壤肥力；持续推进高标准农田建设，加快推动节水灌溉技术研发、节水灌溉设施普及；加强耕地质量检测，科学评价耕地质量等级。

2. 贯彻新发展理念，切实坚持绿色发展

习近平总书记在河南考察时强调，要坚持走绿色发展的路子，推广新技术，发展深加工。新发展阶段下推动农业高质量发展要坚持以绿色发展为引领。一是树立绿色发展理念，提高全民生态文明意识。农业生产经营者要有绿色发展的底线思维，不以生态环境破坏作为农业发展的代价，主动参与绿色种养、绿色生产、绿色加工；消费者要有绿色意识，选择环保品牌，购买绿色农产品，以消费引领绿色供给，促进农业产业链不断向绿色化延伸。二是完善制度建设和措施保障。加大宣传，普及环境保护法律法规；建立健全绿色发展诚信体系，完善公众监督等制度，构建人人有责、全民参与的行动体系；跟进落实，及时总结借鉴好的经验做法，加大对违法违规者的处罚力度。

（二）补齐产业发展短板，撬动产业发展新动能

1. 大力发展农产品加工业，促进农产品增值

一是立足于本省各地区资源优势，优化产业布局，提高农产品附加值。积极引导各地发展畜牧业、林业、渔业，丰富农产品品种，持续推进一县一品示范区建设，确定各地重点产业，不断延链补链强链，把发展农产品精深加工、农业废弃物再加工和培育特色支柱产业作为主要抓手，将初级农产品"吃干榨净"。二是依托产业园区，积极引导优势特色农产品加工企业向园区集中，带动园区产业发展，打造生产、加工、营销、物流融合发展的产业集群，促进产业提档升级。

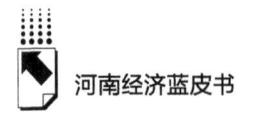

2. 培育壮大龙头企业，带动产业链延伸

一是加强政策扶持。拓宽融资渠道，实施减税降负，给予项目补贴，加大引培力度，为龙头企业的发展创造良好的外部条件。二是注重龙头引领。鼓励龙头企业实施兼并重组，进行技术改造，推进转型升级；通过实施一定的奖补政策来激励龙头扶持产业内同类或配套小微企业，搭建企业合作平台，形成大中小企业各具特色、优势互补、协同发展的态势；鼓励龙头企业带头组建农业产业化联合体，建立农产品基地，延长产业链条，扩宽产品市场，带动农民增收，打造产销一体化经营模式。

3. 破除经营主体发展阻力，激发农业农村发展活力

一是加强指导评价。立足各地区资源优势因地制宜发展农业专业大户、家庭农场、合作社、农业产业化联合体、社会化组织等经营主体。通过系统化的培训提高经营主体素质，遴选优秀经营主体发挥示范带动作用。二是提供金融支持。加快农村金融创新，加大信贷支农力度，简化信贷担保手续，组织政策宣讲，解决经营主体发展的资金瓶颈。充分发挥财政支农的作用，适当扩大保费补贴；建立农业保险信息服务试点，简化流程和手续，为农民参保提供便利条件；加强宣传引导，提高农户参与保险的积极性。三是创新组织形式。例如通过采用土地、资金、技术入股的方式，采取"公司+农户"、企业牵头成立合作社等形式成立农业产业化联合体，促进各经营主体深度融入产业链。四是改善基础条件。加快农村基础设施建设，改善公共服务水平，完善用地政策，为经营主体创造良好的发展基础。

4. 加强农业品牌建设，助力农业转型升级

河南应完善农业品牌化工作协调机制，依据各地市农业特色，统筹规划，合理布局农业品牌发展。应严格把控农产品质量标准，抓好绿色、有机、无公害产品认证和安全检测系统建设工作，为品牌化发展提供质量保障。应加大农业品牌扶持力度，对于重点品牌项目进行招商引资或予以相应经费支持，投入现代要素对传统知名品牌实施改造提升，努力打造一批国际知名品牌。应加强宣传推广，借助新媒体营销手段进行品牌推广，依托交通区位优势拓宽农产品产销渠道。

（三）强化科技创新支撑，优化农业发展环境

1. 主动融入新发展格局，强化科技支撑

发挥洛阳一拖集团等大型农机集团的研发制造优势，进行农机装备技术攻关。加大高端农机研发投入，整合农机装备发展的优势资源，对标世界先进水平，积极引进国外先进技术，攻克农机装备材料、工艺、信息技术等难题，提升河南农机装备制造水平。围绕保障国家粮食安全政治责任，不断推升种业发展水平。确立种业企业的研究主体地位，给予相应的政策支持；依托国家生物育种产业创新中心、集中高校和科研院所的力量，加大主要农作物育种研发投入力度，培育优质高产种子和新品种，为国家种子安全贡献河南力量。

2. 充实乡村干部队伍，创新农业管理方式

一是严把选拔任用关，将思想认识高、综合能力强，熟悉农村情况的干部选拔到县乡两级班子中去，提高整体管理水平。二是强化培训考核，建立健全容错纠错机制，创新考核方法，给予基层干部更多自主性，提高工作主观能动性。三是加大普及农业科技知识和科技前沿动态，激发创新意识、提高创新能力，推动当地发展新业态、应用新技术。

3. 制定激励政策，改善农业发展环境

一是重视科技创新领军人物和骨干人才的引进和培养，搭建国内外人才交流平台。以政策吸引人才，扩充人才队伍，丰富人才层次；以项目培养人才，积累实践经验，提升科研能力。二是开展人才建设行动。提供政策保障，各地依据现实情况最大限度给足返乡创业人员政策支持，完善财政奖补、税费减免、用地支持、贷款支持等政策措施。搭建平台，建设人才返乡创业公共服务平台，提供配套、优质的创业服务。编制发展规划，不断充实乡村人才队伍，持续保障人才供给，充分发挥返乡创业人员和项目的辐射带动作用。

B.29
河南省县域经济发展研究

王茜 张乾林 刘晓源 樊怡 张艺 魏巍*

摘 要： 在我国经济社会发展中，县域经济有着举足轻重的地位，是国民经济稳定、协调发展的基础。河南经济的繁荣发展离不开县域经济的提质振兴。但是，当前全省县域经济发展存在县域发展不平衡、发展潜力尚未完全释放、脱贫成果仍需巩固等问题。本文通过对改革开放以来全省县域经济发展战略进行回顾，总结归纳"十三五"时期取得的辉煌成就，及时剖析县域经济发展过程中存在的问题，结合习近平总书记提出的"三起来""三结合"的工作要求，提出合理化建议，为省委省政府科学决策提供参考依据。

关键词： 县域经济 高质量发展 发展新动力 河南

县域经济是河南省国民经济和社会发展的重要基石。作为全国农业大省、人口大省，河南省县域面积占全省总面积的近九成，常住人口占比近七成，经济总量占比超六成，全省经济的繁荣发展离不开县域经济的提质振兴。2014年，习近平总书记视察指导河南工作时，提出了"把强县和富民统一起来，把改革和发展结合起来，把城镇和乡村贯通起来"（简称"三起

---

* 王茜，河南省统计局统计监测评价考核处处长；张乾林，河南省地方经济社会调查队省直管县经济指标调查处处长；刘晓源，河南省统计局统计监测评价考核处；樊怡，河南省统计局统计监测评价考核处；张艺，河南省统计局国民经济核算处；魏巍，河南省地方经济社会调查队住户和价格调查处。

来")和"乡镇要从实际出发,把改进作风和增强党性结合起来,把为群众办实事和提高群众工作能力结合起来,把抓发展和抓党建结合起来"(简称"三结合")的重大要求。这是习近平总书记对县域治理工作规律的深入思考和经验总结,是新时代做好县乡各项工作的总指针。在当前推动河南省蓄势崛起、转型攻坚、高质量发展的关键时期,基础在县域,难点在县域,潜力也在县域。

一 改革开放以来河南省县域经济发展战略回顾

改革开放以来,以县域经济竞争为代表的地区间竞争,成为我国经济迅猛发展的根本动力。改革开放40余载,立足河南省情,历届河南省委省政府坚持解放思想、改革创新,走出一条颇具河南地方特色的县域经济发展之路。

(一)20世纪90年代:十八罗汉闹中原

1992年底,河南省委省政府大胆探索,决定选取巩义、偃师、禹州等18个经济发展速度和效益明显高于全省平均水平的试点县,给予部分省级经济管理权限,出台一系列政策措施,如扩大县在经济发展中的审批权,稳定一把手任职期限,书记、县长归省委组织部管,县项目直接报省里审批等,推动试点县高起点、超常规、大跨度、跳跃式发展。这次改革被形象地称为"十八罗汉闹中原"。龙门从此打开,江鲫竞相飞跃,全省县域经济发展有了良好开端。

(二)2002~2008年:"壮大县域经济"领航中部崛起

2002年,党的十六大首次提出"壮大县域经济"的发展战略,这是党和国家的纲领性文件第一次使用"县域经济"这个概念。2004年3月,在河南省首次发展壮大县域经济工作会议上,时任河南省委书记李克强对县域经济的定位清晰而准确:发展壮大县域经济是实现中原崛起的重要支撑。同年4月,《河南省委省政府关于发展壮大县域经济的若干意见》出台,这一时期成为河南县域经济全面推进时期,2005年12月,"中部百强县"榜单揭晓,河南以39席独占鳌头。2006年3月、2008年4月,河南省委省政府分别召开第二、第三次全省县域经济工作会议,加大了政策扶持力度,对县域经济发展做出了新的调整和部署。

(三) 2009~2012年：产业集聚推动县域经济嬗变

2009年,河南省委省政府在总结河南开发区、高新区、产业园区建设和发展经验的基础上,做出了建设产业集聚区的重大决策；2012年,为推动服务业集聚发展,培育新的经济增长点,实现经济转型升级,又做出了规划建设商务中心区和特色商务区的重要战略举措(以下简称"服务业'两区'")。全省产业集聚区、服务业"两区"的设立有效促进了县域土地集约利用、有效资源整合、产业集群发展、农村人口向城镇转移。县市结合自身产业基础形成颇具特色的产业集聚,实行错位发展,并在更大范围内形成了产业链集群,从而带来了规模和效率的双重改进,产业集聚成为河南省县域经济持续向上的重要影响因素。

(四) 2013年至今：践行县域治理"三起来",引领县域经济高质量发展

党的十八大以来,河南省坚定不移贯彻新发展理念,着力打好"四张牌",持续践行县域治理"三起来"、乡镇工作"三结合",先后印发出台《关于推进县域经济高质量发展的指导意见》《河南省市县经济社会高质量发展综合绩效考核评价办法(试行)》等文件,充分发挥考核评价的指挥棒作用,推进县域之间取长补短、找准差距、竞相发展。

2020年4月,全省县域经济高质量发展工作会议召开,公布了长垣、长葛、孟州等15个第一批践行县域治理"三起来"示范县(市)名单。同年9月,河南省政府办公厅印发《关于赋予长葛市等9个践行县域治理"三起来"示范县(市)部分省辖市级经济社会管理权限的通知》,明确赋

予除6个省直管县外的9个县（市）156项省辖市级经济社会管理权限。这些县（市）在推动全省县域经济高质量发展中将充分发挥引领带动作用。

二 "十三五"以来河南省县域经济发展辉煌成就

"十三五"以来，河南省经济社会发展取得了一系列标志性成就和历史性突破，实现了经济总量、城乡居民人均收入比2010年翻一番的"两个翻番"目标；完成了产业结构由"二三一"到"三二一"、由乡村型社会向城市型社会、由内陆腹地向开放高地的"三个转变"。古人云："郡县治，则天下安。"以上成绩的取得，与全省县域经济发展密不可分。截至2020年底，河南省下辖104个县市（83个县、21个县级市），数量居全国第4位。全省69.5%以上的常住人口在县域，县域生产总值占全省经济总量的61.3%以上，一般公共预算收入占全省的41.3%左右，县域经济在河南省经济社会发展全局中始终是强力支撑、坚实底盘。

（一）经济总量快速增加，结构调整成效显著

"十三五"期间，全省县域GDP由2015年的23403.13亿元增至2020年的33739.11亿元，年均增长6.3%，与全省持平，2020年占全省GDP比重达61.3%；全省有21个县市GDP超过400亿元，最高为新郑，达1335.6亿元。

全省县域人均GDP由2015年的33561.67元增至2020年的48825.90元，年均增长6.3%，与全省持平，占全省的比重由85.8%提高至88.1%，提高2.3个百分点。

全省县域一般公共预算收入达1717.09亿元，为2015年的1.5倍，年均增长8.5%，高于全省0.7个百分点，占全省比重由37.8%提高到41.3%，提高3.5个百分点；其中，超过30亿元以上的县市有11个，新郑市、中牟县分别达到82.6亿元、61亿元。

"十三五"以来，104个县市根据县域自身的发展阶段、区域环境、资

源禀赋、人力资本等条件，采取"宜农则农""宜工则工""宜商则商""宜游则游"等不同发展模式，不断调整优化经济结构，逐渐走出了一条因地制宜、发挥自身优势的经济发展新路。2020年，河南省县域经济三次产业结构由2015年的15.5∶50.0∶34.5调整为13.5∶43.5∶43.0，第一产业、第二产业比重分别下降2.0个、6.5个百分点，第三产业比重提高8.5个百分点，县域经济产业结构正由"二三一"向"三二一"格局转变，呈现"工业型经济"向"服务型经济"转型的大趋势。

中国社会科学院财经战略研究院发布的《中国县域经济发展报告（2020）》暨全国百强县（区）报告显示，在2020年全国县域经济综合竞争力100强榜单中，河南省有7个县（市）强势上榜：新郑（第52位）、济源（第65位）、永城（第68位）、新密（第73位）、巩义（第74位）、中牟（第80位）、长葛（第99位），上榜县市数量为2015年的3.5倍。其中，新郑、巩义连续6年在榜。

（二）城乡融合发展统筹推进，脱贫攻坚取得全面胜利

作为传统农业大省，河南省城镇化基础相对较差，改革开放初期常住人口城镇化率仅为13.6%，远低于全国平均水平。2014年春天，习近平总书记视察指导河南工作时明确提出"发挥优势打好四张牌"，其中，"以人为核心推进新型城镇化"这张牌为河南推进城镇化发展注入了强大动力，河南省逐步探索出一条适合农业大省发展的特色城镇化道路。"十三五"时期，全省县域常住人口城镇化率由2015年的37.6%提高到2020年的44.6%，年均提高1.4个百分点，正在逐步实现由乡村型社会向城市型社会的关键性转变，其中，高于全省常住人口城镇化率的县市有20个。

全省县域居民人均可支配收入由2015年的14782.91元提高到2020年的22011.93元，提高近1.5倍，年均名义增长8.3%，高于全省0.6个百分点，与全省居民人均可支配收入之比由73.5%提升至88.7%，提高15.2个百分点。其中，县域城镇、农村居民人均可支配收入分别年均名义增长7.0%、8.5%，分别高于全省0.7个、0.3个百分点。城乡居民基本养老保

险和基本医疗保险实现制度、人群全覆盖。

县域既是河南省"三农"问题的主要承载体，也是脱贫攻坚的主战场、主阵地。全省坚决贯彻落实党中央、国务院关于打赢脱贫攻坚战的决策部署，脱贫攻坚取得全面胜利。"十三五"时期，河南省53个贫困县GDP年均增长6.7%，高于全省0.4个百分点；贫困地区农村居民人均可支配收入达14366元，年均增长10.1%，高于全省1.9个百分点；一般公共预算收入年均增长12.3%，高于全省4.5个百分点；累计新增高速公路319公里，新改建农村公路4.05万公里、普通干线公路1908公里，全省行政村通硬化路率、具备条件的行政村通客车率均达100%；农村集中供水率达93%，自来水普及率达91%，分别较全国"十三五"规划目标高出8.0个和11.0个百分点；全省农村实现户户通电、村村通动力电，在全国率先实现20户以上自然村光纤接入和4G网络全覆盖。截至2020年底，全省累计实现718.6万建档立卡贫困人口脱贫，9536个贫困村全部出列，53个贫困县全部摘帽。

（三）产业集聚效应凸显，发展载体成为强大引擎

十余年的产业集聚区建设，使全省部分经济基础较差的传统农业县、贫困县经济实现了突破和跨越，许多县（市）产业集聚区规模以上工业增加值占全县（市）规模以上工业增加值的比重超过80%。2020年，河南省政府进一步出台《关于推进产业集聚区用地提质增效 促进县域经济高质量发展的意见》，产业集聚区载体作用更加凸显。2020年末，全省产业集聚区规划面积4063.76平方公里，建成区面积达2205.98平方公里，占规划面积的54.3%。纳入"四上"企业统计的企业数达1.53万家，其中，规模以上工业企业接近1万家，占全省规模以上工业企业个数的50.7%。2011～2020年，全省产业集聚区累计外商直接投资项目1600多个，实际利用境外资金累计超过950亿美元。富士康、格力电器、海尔空调、中国联塑、上海汽车、百事饮料等一批行业龙头企业相继落户，为所在县域经济发展向高端化、品牌化、国际化方向转变提供了新的机遇和动力。

服务业"两区"成为县域服务业集聚发展的主平台。截至2020年底，

全省服务业"两区"入驻服务业企业2.11万家，比2013年增加6563家，增长45.0%。2020年"两区"服务业企业吸纳从业人员达81.61万人，比2013年增长150%，有效促进了县域企业和高端要素集聚；区域性研发、物流、营销、结算、培训、后台服务等商务服务中心加快形成，交易展销、特色消费、文化体验、休闲旅游等特色服务集群不断涌现，在全省175个"两区"中，营业收入超过50亿元的达17个，其中有6个超过了100亿元。服务业对全省县域经济增长的贡献率不断提高，发展动力转换迈出坚实步伐。

三 当前县域经济发展存在的问题

河南牢记习近平总书记的殷切嘱托，走好县域经济高质量发展之路，打造出新时期县域经济竞相出彩的生动局面。但是，县域经济自身发展基础较为薄弱，同时也是全省弱势群体主要聚集地，仍存在一些问题不容忽视。

（一）县域发展不平衡问题突出

河南省虽然多项指标在全国位居前列，但受自然条件、经济区位、资源禀赋、开放程度和国家政策导向等不同因素的影响，省内县域经济单元间的区域差距一直存在。比如，2015年全省县域单元中人均GDP最高的义马市为90333元，为最低的鲁山县的6.2倍；2020年，长葛市人均GDP跃居全省首位，达110107元，为最低的鲁山县的5.0倍，虽然倍差有所减少，但是县域间差距依然非常明显。又如，2020年城乡居民人均可支配收入低于县域平均水平的有63个县市，占比超过60%，贫富差距不容小觑；2020年县域城镇化率排名前10位的县市平均水平达64.1%，比排名后10位的县市平均水平高约30.6个百分点。

（二）县域发展潜力尚未完全释放

当前，河南省县域常住人口城镇化率虽有所提高，但比全省仍低10.8

个百分点，城乡要素流动仍然存在障碍，城乡二元户籍壁垒尚未根本消除，且受城市高速发展带来的人口虹吸效应影响，县域常住人口城镇化率与全省常住人口城镇化率的差距由2015年的9.3%扩大至2020年的10.8%；县域GDP占全省比重有所回落，说明县域发展潜力仍有较大挖掘空间；作为农业大省，农产品精深加工的发展还较为滞后，市场竞争力有待提升；近年来产业集聚区中规模以上工业企业个数呈减少趋势，2020年末已不足万家，对县域经济的发展带动作用有所减弱；2020年县域经济整体产业结构已向"三二一"方向转变，但是产业结构调整幅度不大，县域经济中第三产业的增长速度仍然相对缓慢。

（三）脱贫成果仍需巩固

当前，河南省贫困群众已摆脱了绝对贫困，但仍有部分贫困家庭缺乏劳动力和生产技能、文化水平低，致贫因素尚未从根本上根除，存在返贫风险。此外，为巩固脱贫成效，扶贫资金、项目、驻村帮扶力量等各项资源均以贫困地区为重点进行优先考虑，导致"双非"地区（非贫困县、非贫困村）发展不平衡的问题日益凸显，县域经济差距可能会进一步拉大。从长远来看，多数贫困村虽然通过实施扶持农业龙头企业带动政策、县级财政注入帮扶、村集体资产租赁等途径发展村集体经济，但村集体经济收入仍较为薄弱，缺少有效的产业支撑，自我"造血"功能不足，可持续性有限，未能充分发挥"资产"变"资金"的优势。

四 新发展阶段对县域经济发展的若干思考

当前，河南省正处于战略叠加的机遇期、蓄势跃升的突破期、调整转型的攻坚期、风险挑战的凸显期，全省县域经济发展也面临全新挑战。全省要深入学习贯彻习近平总书记关于乡村振兴、脱贫攻坚及县域和乡镇工作的重要讲话指示批示精神，落实"三起来"、做到"三结合"，汇聚强大合力统领全省县域经济发展实现新突破。

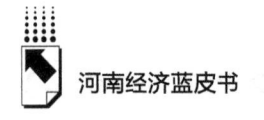

（一）厘清县域经济发展定位，不断加大相关扶持力度

河南始终把县域经济发展作为全省全局工作的一个重要方面，将其作为城乡融合发展的关键点、脱贫攻坚的主战场、乡村振兴的主阵地。新发展阶段，河南要进一步厘清县域经济发展的重要定位，依托"一带一路"建设，立足县域实际，积极创新落实路径和先行先试政策措施，以更大力度推动县域经济高质量发展。尤其是针对经济基础较为薄弱的县域，要注重发挥政府的主导作用，结合当地自身的区位优势和资源禀赋等自然条件，做好产业发展规划和引导工作，并通过提供高质量的服务，补齐资金和投资环境等方面的短板；同时，政府要适时地转变角色，注重发挥市场的主导作用，逐步由引导者、管理者向监督者、服务者转变。

（二）牢记粮食安全重要战略地位，大力推进粮食产业工业化

习近平总书记视察河南时曾明确指出："粮食生产这个优势、这张王牌任何时候都不能丢。"河南作为农业大省，农业特别是粮食生产对全国影响举足轻重，是经济发展的"压舱石"、社会稳定的"定海针"。要坚持把国家粮食安全放在重要的战略地位，同时，要充分提高农民种粮效益，做到"粮食吃不完，手里有钱花"。因此，应改变全省农业大而不优的局面，坚持以工业理念发展农业，延伸粮食产业链、提升价值链、打造供应链，突出龙头企业带动作用，不断提高农业质量效益和竞争力，发展规模化和基地化特色农业，使现代农业快起来、新动能强起来，推动河南省由农业大省向农业强省迈进。

（三）谨遵"产业为纲"，审慎评估发展载体，坚持产业发展项目化

当前，产业集聚区、服务业"两区"等开发区已建设成为河南产业发展的重要载体、全省县域经济的重要支撑和增长极，新时代要赋予它们新的生命力。建议各开发区结合县域产业基础、资源禀赋和区位条件，聚焦有比较优势的细分领域优化设置主导产业，原则上各县市重点发展2~3个主导

产业，推动产业集聚区加快培育壮大。瞄准现有产业链延链补链方向，发展替代升级产业，加快补齐产业链短板，提升产业链主导力、控制力。要采取分类指导，对发展较好的产业集聚区、服务业"两区"支持做大做强，对发展速度中等的开发区鼓励企业改造提升，对不适合当地发展的开发区协助退出转型。

（四）强调"项目为王"，加强战略谋划，狠抓招商引资

"一带一路"倡议的提出，改变了河南省过去不靠海、不沿边的被动局面，外部条件的变化为全省整体经济赶超发展提供了重要契机。县域经济要紧抓发展机遇，深入开展招商引资活动，积极承接产业转移。应以产业集聚区为重要依托，引导和鼓励县市由引进单个项目向引进"产业链"转变，积极承接沿海发达地区产业链式、集群式转移。比如民权县产业集聚区紧紧围绕制冷产业大招商，引进香雪海制冷、浙江华美、江苏鑫雪等多家制冷企业，形成了全国重要的制冷产业基地。各县市要学习类似先进经验，力促优势产业走上全国乃至世界级竞争舞台。同时，要进一步改进招商方式，用好用足国家和省里给予的政策空间，尽力消除与周边的政策落差，拓宽招商领域，鼓励更多的外资企业进入县域农产品加工业、特色制造业等新兴产业。

（五）以民生改善促县域发展，从脱贫攻坚走向乡村振兴

河南省农业主业比较效益偏低、农民增收步伐减缓、巩固脱贫成果仍有压力，是实现乡村振兴战略道路上的重大挑战。河南省要多措并举，推动有温度的县域经济发展新思路。一是大力发展农村经济，结合农业工业化趋势，建立有利于农民增收的制度环境，形成因地制宜的农户增收长效机制，创造更多就业机会，引导贫困农民对外务工，进一步缩小城乡差距，切实提升农民收入及获得感。二是全面总结脱贫攻坚宝贵经验，夯实稳定脱贫基础，制定好新时期推进乡村振兴战略规划，平衡脱贫攻坚与乡村振兴的内在联系，持续加强脱贫攻坚普惠性政策的后续延展。三是要贯彻落实"改革政策要实、社会政策要托底"的政策思路，以每年开展的全

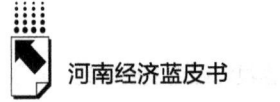

省重点民生实事为载体及突破口，不断拓宽实事覆盖广度与深度，尤其注重对特定人群特殊困难的精准帮扶，全面提升创业就业、教育、医疗卫生、社会保障等公共服务水平，切实解决好人民群众最关心、最直接、最现实的利益问题。

B.30
推动河南在中部地区实现高质量发展的问题研究

曹雷 崔岚 李莹莹 刘倩倩*

摘 要： 2021年3月30日，习近平总书记主持召开中央政治局会议，审议通过了《关于新时代推动中部地区高质量发展的指导意见》，强调"推动中部地区加快崛起，在全面建设社会主义现代化国家新征程中作出更大贡献"，为新时代中部地区高质量发展指明了方向。本文通过比较分析2000年以来河南与中部地区和国内发达地区的优势短板，提出河南在中部地区实现高质量发展的政策建议：全面推进乡村振兴，夯实奋勇争先基础；实施创新驱动战略，打造奋勇争先引擎；加快融入双循环，构筑奋勇争先平台；建设现代产业体系，插上奋勇争先翅膀；完善现代城镇体系，拓展奋勇争先空间；做好生态保护文章，绘制奋勇争先底色。

关键词： 两个确保 高质量发展 中部崛起 河南

近年来，河南深入学习贯彻习近平总书记视察河南重要讲话精神，全面落实在中部地区崛起中奋勇争先，谱写新时代中原更加出彩绚丽篇章的重要指示要求，争先崛起势头正劲，高质量发展大有可为。进入新发展阶段，河

---

* 曹雷，河南省统计科学研究所高级统计师；崔岚，河南省统计科学研究所统计师；李莹莹，河南省统计科学研究所；刘倩倩，河南省统计科学研究所。

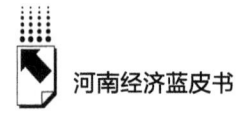

南要抓住促进中部地区高质量发展的战略机遇，认清现实、找准差距、对标先进、把准定位、争取主动，在推动中部地区加快崛起中展现新作为，跃上高质量发展新台阶。

一 2000年以来河南经济社会发展取得的成就

进入21世纪以来，河南省委省政府坚决贯彻落实党中央、国务院决策部署，聚精会神搞建设、全心全意谋发展，综合实力显著提升，在中部地区发展大局中的地位和作用凸显。

（一）综合实力雄厚

经济总量大。2020年河南生产总值达54997亿元，分别是山西、江西的3.1倍、2.1倍，安徽的1.4倍，湖南和湖北的1.3倍，占中部地区的24.7%，稳居中部地区首位、全国第5位。农业生产稳。河南粮食产量从2000年的820.30亿斤提高到2020年的1365.16亿斤，占全国的比重从8.9%上升到10.2%，已成为全国第二粮食生产大省。工业家底厚。河南工业门类齐全、体系完整，工业总量稳居全国第5位、中西部第1位。服务业发展快。2001~2020年河南服务业年均增长10.3%，高于同期全省GDP增速0.3个百分点，以现代金融、现代物流、科技服务为代表的现代服务业蓬勃发展。财政金融实力强。2020年河南一般公共预算收入4169亿元，金融机构人民币各项存款余额76446亿元，社会融资规模增量11472亿元，均居中部地区首位。

（二）基础设施优势明显

综合交通枢纽优势显著。截至2020年底，河南高铁通车里程1998.02公里，"米"字形高铁网基本建成；高速公路通车里程是2000年的14.2倍，达7100公里，居全国前列。能源保障能力不断增强。青电入豫项目建成投用，电力装机容量突破1亿千瓦，可再生能源装机占比突破28%。信息通信水平全面提升。郑州成为全国第 5 个获批建设国际通信专用通道的城市和国家级互联网骨干直联点，河南成为全国七大互联网信源集聚地、全国十大通信网络交换枢纽。

（三）需求潜力巨大

高质量投资需求增多。随着构建以国内大循环为主体、国内国际双循环相互促进的新发展格局，黄河流域生态保护和高质量发展、中部地区崛起等国家战略叠加效应持续释放，河南乡村振兴、生态环保、先进制造业等高质量投资需求巨大。消费市场空间广阔。2020 年河南常住人口城镇化率 55.43%，居全国第 26 位，提升空间巨大。河南有 6500 多万的劳动力，每年约有 150 万的农业转移人口，住房、汽车、文化娱乐、教育、医疗等消费需求持续旺盛。

（四）对外开放水平优越

外贸规模高速扩张。河南货物进出口总额从 2000 年的 188 亿元增加到 2020 年的 6655 亿元，年均增长 19.5%；占全国的比重由 2000 年的 0.5% 提高到 2020 年的 2.1%；外贸规模居全国位次由 2000 年的第 18 位前移至 2020 年的第 10 位。贸易结构持续优化。机电产品出口所占比重从 2000 年的 9.7% 提高到 2020 年的 69.2%，提高 59.5 个百分点。"四条丝路"筑起对外开放新高地。以国际化机场货运航线为依托，打造郑州—卢森堡"空中丝绸之路"，2020 年货邮吞吐量 63.94 万吨，旅客吞吐量 2140.67 万人次，分别居全国第 6 位、第 11 位，连续 4 年保持中部"双第一"；"陆上丝绸之路"中欧班列（郑州）综合运营能力居各地中欧班列前列；自贸区、跨境电商建设如火如荼，构建起买全球、卖全球的"网上丝绸之路"；发展铁海联运建设"无水港"，推进内河水运与沿海港口无缝对接，"海上丝绸之路"越行越远。

（五）社会事业保障有力

脱贫攻坚成效显著。河南提前一年实现 53 个贫困县全部脱贫摘帽，

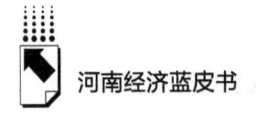

718.6万建档立卡贫困人口全部脱贫，9536个贫困村全部退出贫困序列，"三山一滩"区域性整体贫困得到解决。社会保障网越织越大。2020年末，河南基本养老保险、医疗保险、失业保险、工伤保险参保人数分别达7504.39万人、10349.51万人、885.87万人、999.98万人，社会保障卡持卡人数达1.067亿人，覆盖面进一步扩大。公共医疗保障能力不断提高。2020年底，河南共有卫生机构74653个、执业（助理）医师27.64万人，分别是2000年的6.9倍、2.5倍，县县均有综合医院、中医院和妇幼保健院，乡镇卫生院、行政村卫生室实现全覆盖。教育水平进一步提升。河南学前教育毛入园率、九年义务教育巩固率、高中阶段毛入学率分别由2015年的83.2%、94.0%、90.3%提高到2020年的90.3%、96.0%、92.0%，均高于全国平均水平。郑州大学、河南大学进入国家"双一流"建设行列，高等教育取得重大突破。生态环境持续改善。"十三五"时期河南单位GDP能耗累计下降25.12%，超额完成单位GDP能耗下降16%的目标任务；2020年河南PM2.5、PM10年均浓度同比分别下降11.9%、13.5%，优良天数增加52天，增幅居全国第1位。

二 河南推进高质量发展中存在的短板和不足

要清醒地看到，新一轮以高质量发展为导向的区域竞争正在展开，各地都在展其所长，重塑发展优势、提高发展位次。河南必须牢记领袖嘱托，着眼全国大局，锚定"两个确保"，前看标兵、回望追兵，在对比中找差距、补短板，切实增强高质量发展的紧迫感和自觉性，在深化实践中探索高质量发展之路径。本文选择的参照系是2020年全国经济总量前10位省（市）和中部地区6省，包括广东、江苏、山东、浙江、河南、四川、福建、湖北、湖南、上海、安徽、江西、山西，共13个省（市）。

（一）人均经济水平低

在人均GDP方面，2020年河南人均GDP为55435元，仅相当于江苏和浙江的1/2左右、广东的2/3左右,在经济总量前10位的省市中居末位;是湖北、湖南的74.5%、88.1%,居中部地区第5位,仅高于山西。2000年河南人均GDP是四川、安徽、江西的1.1倍,2020年却分别仅为四川、安徽、江西的95.4%、87.4%、97.5%。在居民收入方面,河南长期低于全国平均水平且增长偏缓。2020年河南居民人均可支配收入24810元,仅相当于全国平均水平的77.1%;2015年河南居民人均可支配收入分别是安徽、江西、四川的93.3%、92.9%、99.4%,2020年却分别仅为安徽、江西、四川的88.3%、88.6%、93.5%,2015年以来持续居中部地区和经济总量前10位的省市末位(见表1)。

表1 2020年河南在中部地区和经济大省的主要指标位次

单位:元,%

	人均GDP	居民人均可支配收入	服务业增加值占GDP比重	R&D投入强度	进出口总值占全国比重	外贸依存度
全国	72000	32189	54.5	2.40	—	31.6
广东	88210	41029	56.5	3.14	22.0	64.0
江苏	121231	43390	52.5	2.93	13.8	43.3
山东	72151	32886	53.6	2.30	6.8	30.1
浙江	100620	52397	55.8	2.88	10.5	52.3
河南	55435	24810	48.7	1.64	2.1	12.1
四川	58126	26522	52.4	2.17	2.5	16.6
福建	105818	37202	47.5	1.92	4.4	32.0
湖北	74440	27881	51.3	2.31	1.3	9.9
湖南	62900	29380	51.7	2.15	1.5	11.6
上海	155768	72232	73.1	4.17	10.8	90.0
河南在经济大省的位次	10	10	9	10	8	8
山西	50528	25214	51.2	1.20	0.5	8.5
安徽	63426	28103	51.3	2.28	1.7	13.9
江西	56871	28017	48.1	1.68	1.2	15.6
河南	55435	24810	48.7	1.64	2.1	12.1
湖北	74440	27881	51.3	2.31	1.3	9.9
湖南	62900	29380	51.7	2.15	1.5	11.6
河南在中部大省的位次	5	6	5	5	1	3

资料来源:《2021年河南统计年鉴》和国家统计局网站。

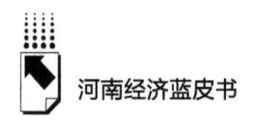

（二）产业结构调整任务艰巨

2020年河南服务业增加值占GDP比重为48.7%，较2000年提高16.1个百分点，但仍低于全国平均水平5.8个百分点，居全国第28位；在中部地区中居第5位，仅高于江西；在经济总量前10位的省市中居第9位，仅高于福建。与2000年相比，河南服务业增加值占GDP比重提高幅度不仅低于江苏、山东、浙江，且与三省的差距分别由3.3个、2.5个、3.8个百分点扩大到2020年的3.8个、4.9个、7.1个百分点。

（三）创新能力有待加强

在研发投入方面，2020年河南研究与试验发展（R&D）投入强度为1.64%，相当于全国平均水平的2/3左右，居全国第18位；在中部地区中居第5位，仅高于山西；在经济总量前10位的省市中居末位。与2000年相比，河南R&D投入强度与广东、江苏、浙江的差距拉大了1个百分点左右，且被江西反超。在发明专利授权量方面，2020年河南发明专利授权量9183项，是2000年的43.9倍，年均增长20.8%，但增速分别低于广东、安徽、江苏11.5个、9.7个、7.0个百分点，授权量和年均增速分别居中部地区第4位、第5位，在经济总量前10位的省市中均居末位。如安徽2000年的发明专利授权量不足河南的一半，2020年是河南的2.3倍。在科技成果转移转化方面，2020年河南技术市场成交合同金额379.78亿元，是2000年的17.9倍，年均增长15.5%，但增速低于全国平均水平5.2个百分点，规模和年均增速分别居中部地区第4位、第6位，在经济总量前10位的省市中均居第9位。河南不仅慢于经济发达省份，也与中部地区省份爆发式增长的态势形成鲜明对比，如安徽2000年技术市场成交合同交易额仅6.10亿元，不足河南的三成，但2020年达659.57亿元，是河南的1.7倍。

（四）对外开放水平有待提高

在货物进出口方面，2020年河南货物进出口总值6655亿元，占全国的

2.1%，居全国第 10 位；仅分别相当于江苏、浙江、上海的 15.0%、19.7%、19.1%，在经济总量前 10 位的省市中居第 8 位。与 2000 年相比，河南占全国比重提高 1.6 个百分点，但慢于江苏、浙江、四川；河南与四川的差距由 2000 年的 23 亿元拉大到 2020 年的 1427 亿元。在经济外向度方面，2020 年河南外贸依存度为 12.1%，虽然较 2000 年提高 8.4 个百分点，但仍低于全国 19.5 个百分点，更远低于沿海省份，分别低于上海、广东、浙江 77.9 个、51.9 个、40.2 个百分点，居全国第 18 位，在中部地区中居第 3 位，在经济总量前 10 位的省市中居第 8 位。在外贸多元化格局方面，河南外贸龙头企业较少，外贸对富士康等境外投资企业依赖严重，省内民营企业、国有企业外贸占比相对较低。2020 年河南民营企业、国有企业的外贸占比分别为 30.4%、7.2%，远低于外商投资企业 61.6% 的占比。

（五）城乡区域发展不平衡

在城镇化建设方面，2020 年河南常住人口城镇化率为 55.43%，低于全国 8.46 个百分点，居全国第 26 位；居中部地区末位，比居首位的湖北低 7.46 个百分点；居经济总量前 10 位省市的末位，比前 2 位的上海、广东分别低 33.87 个、18.72 个百分点。在中心城市带动引领方面，2020 年郑州市经济总量占河南的 21.8%，省会城市首位度在中部地区居末位，在全国经济总量前 10 位的省市中居第 6 位（除上海外）；副中心城市洛阳经济总量仅占河南的 9.3%；河南经济前两城的经济总量合计占全省的 31.1%，这一比重在中部地区居末位，在经济总量前 10 位的省市中居第 8 位（除上海外），比居首位的广东低 16.5 个百分点（见表 2）。

表 2 2020 年经济大省和中部地区的经济前两城占比情况

单位：%

省份	省会城市	GDP 占全省比重	除省会外经济总量最大城市	GDP 占全省比重	两市 GDP 合计占全省比重
广东	广州	22.6	深圳	25.0	47.6
江苏	南京	14.4	苏州	19.6	34.0

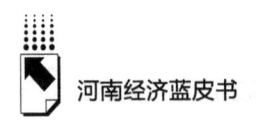

续表

省份	省会城市	GDP占全省比重	除省会外经济总量最大城市	GDP占全省比重	两市GDP合计占全省比重
山东	济南	13.9	青岛	17.0	30.9
浙江	杭州	24.9	宁波	19.2	44.1
河南	郑州	21.8	洛阳	9.3	31.1
四川	成都	36.5	绵阳	6.2	42.7
福建	福州	22.8	泉州	23.1	45.9
湖北	武汉	35.9	襄阳	10.6	46.5
湖南	长沙	29.1	岳阳	9.6	38.7
河南在经济大省的位次	—	7	—	8	8
山西	太原	23.5	长治	9.7	33.2
安徽	合肥	26.0	芜湖	9.7	35.7
江西	南昌	22.4	赣州	14.2	36.6
河南	郑州	21.8	洛阳	9.3	31.1
湖北	武汉	35.9	襄阳	10.6	46.5
湖南	长沙	29.1	岳阳	9.6	38.7
河南在中部地区的位次	—	6	—	6	6

注：本表中不含上海市。
资料来源：2021年各省统计年鉴和国家统计局网站。

（六）绿色发展格局有待巩固

在水资源开发利用方面，2020年河南人均水资源量仅为411.9立方米，不到全国平均水平的1/5，在中部地区和经济总量前10位的省市中均居末位，水资源开发利用率远超国际公认的40%的生态警戒线，水资源开发利用现状严峻。在能源消费方面，2020年河南人均能源消费量、用电量分别为2.3吨标准煤、3419.01千瓦时，分别仅为全国平均水平的65.0%、64.2%，人均能源消费水平偏低。在空气质量方面，2020年河南城市空气优良天数比率为67.0%，低于全国平均水平20.0个百分点；2020年全国空气质量排名倒数20个城市中河南占据4席。

（七）公共服务保障能力有待提升

在高等教育资源方面，2020年末河南常住人口占全国的7.04%，居全国第 3 位，但普通高校数却只有全国的 5.5%，低于广东、江苏等省份；2020 年河南本科录取率（含本科提前批）约为 34.2%，远低于天津（79.43%）、北京（68.91%）、江苏（59.82%）；2020 年河南博士毕业生 495 人，远低于陕西（2942 人）、浙江（1951 人）、山东（1716 人）等省份，优质高等教育资源短缺、高层次人才培养数量严重不足。在公共卫生方面，河南的优质医疗机构、从医人数以及床位数配比方面存在明显短板，三甲医院数仅为湖北的 86.5%，在应对重大突发事件上，存在疾病防控体系不完备、应急物资保障供应体系不完整等问题。

（八）体制机制改革有待完善

在激发市场主体活力方面，河南国企改革仍未到位，民企发展仍受到多方面限制，市场微观主体活力仍待进一步增强，尤其是小微企业融资难、融资贵问题仍待缓解。在营造优良营商环境方面，河南仍有一部分政府工作人员创新意识不强、专业素养不高，影响改革举措的落地见效。2020 年 12 月，由粤港澳大湾区研究院、21 世纪经济研究院联合发布的《2020 年中国 296 个地级及以上城市营商环境报告》显示，全国营商环境总水平排名前 10 位的城市中河南无一城市入选，而同在中部地区的长沙和武汉均进入前 10 名。

三 推动河南在中部地区实现高质量发展的政策建议

站在新时代的历史方位，河南已经进入加快崛起的关键时期，必须锚定"两个确保"，围绕实施"十大战略"，主动对标对表一流坐标系来审视研究河南的现代化建设，勇担新时代中部地区高质量发展的主引擎，扛稳服务全国大局的责任担当。

（一）全面推进乡村振兴，夯实奋勇争先基础

一是巩固拓展脱贫攻坚成果。建立健全防止返贫动态监测和帮扶机

制，对易返贫致贫人口实施常态化监测预警，做好脱贫攻坚与乡村振兴的有效衔接，推动乡村振兴实现更大突破，走在全国前列。二是确保粮食等农产品安全供给。以农业供给侧结构性改革为主线，深化产业链、价值链、供应链"三链"同构，坚持绿色化、优质化、特色化、品牌化"四化"方向，确保粮食稳定增产。三是实现城乡产业融合。因地制宜结合各地城乡产业融合现状、特点，通过规划引领，推动城乡产销、农业生产与体验之间实现融合。

（二）实施创新驱动战略，打造奋勇争先引擎

一是强化企业创新主体地位。改革创新成果转化政策制度，加强专利权、商标权、版权等要素市场建设，培养企业家群体，弘扬企业家精神，吸引具有高附加值、高技术含量的企业入驻；同时要激励本土企业增强学习能力，提高自主创新积极性，引进培育一批雏鹰企业、瞪羚企业、独角兽企业。二是加强创新平台建设。以郑洛新国家自主创新示范区为引领，积极打造中原科创谷、郑开双创走廊和沿黄科技创新带建设，探索搭建一批创新平台和创新中心。三是创新人才政策。优化高等教育和职业教育结构，提升人力资源质量；加大"双一流"大学建设，提升省内其他高校层次，加快引进高水平大学，培养高层次人才；制定更优惠的人才政策，探索推动高端人才税收改革，打造人才汇聚高地。

（三）加快融入双循环，构筑奋勇争先平台

一是强化竞争优势。依托市场规模优势，着力打造国内大循环的重要支点；依托产业基础优势，强化在全国产业链供应链中的关键环节地位；依托区位交通优势，强化在促进双循环中的战略链接地位。二是扩大消费需求。突出消费环节的基础性作用，提升传统消费，培育新型消费，发展中高端消费，扩大公共消费；发挥分配环节对扩大消费需求的支撑作用，着力提高低收入者收入，扩大中等收入群体，完善再分配调节机制。三是提供有效供给。深化供给侧结构性改革，增强产业链和供应链的韧性和竞争力，大力解

决重点行业、重点产业链、供应链卡脖子的问题，进而在某些产品供应领域实现从跟跑、并跑到领跑的转变。

（四）建设现代产业体系，插上奋勇争先翅膀

一是加快完善先进制造业体系。坚持把制造业高质量发展作为主攻方向，优化产业布局，推动产业链、创新链、供应链、要素链、制度链深度耦合，加快改造升级传统产业、发展壮大新兴产业、谋篇布局未来产业；坚持"项目为王"，深入实施"万人助万企"活动，聚焦主导产业培育一批产业链完整、带动能力强的龙头企业，推动形成大抓产业、大抓工业、做强做优做大制造业的浓厚氛围。二是大力发展现代服务业。以扩大现代服务业发展规模为重点，加快推进经济服务化；加快培育现代服务业新业态、新技术、新模式，尽快提升河南服务业占比。三是加快发展文化产业。抓住黄河流域生态保护和高质量发展重大战略机遇，加快沿黄生态廊道和景观通道、文化旅游基础设施和综合服务体系建设，全力打造沿黄文化旅游黄金带。深入挖掘黄河文化时代价值，打造一批文化精品和文化产品，向全球讲好"黄河故事"。

（五）完善现代城镇体系，拓展奋勇争先空间

一是以大城市为引领。充分发挥郑州龙头带动作用，加快提升郑州国家中心城市和洛阳副中心城市作用，形成高质量发展的重要增长极和新的动力源。二是加强中小城市建设。因地制宜推动省辖市建设开放新平台，同时提高县域开放度，建设一批区域特色鲜明、示范带动效应较强的县域产业聚集地。三是大力提升城镇品质。全面放开落户限制，让有意愿、有能力的农业转移人口在城镇落户；强化均等化服务，使转移人口享有与当地人口均等的基本公共服务；同时，加强对户籍人口、年龄结构、人才结构的监测分析，合理确定城镇规模和人口密度，补齐城镇在卫生教育等领域的短板。

（六）做好生态保护文章，绘制奋勇争先底色

一是加快构建"丰字型"生态体系。落实习近平生态文明思想，把横

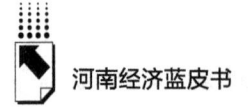

跨东西的黄河生态带、淮河生态带、大运河生态带和纵贯南北的南水北调生态带作为绿满中原的标杆，加快构建"丰字型"生态体系，为高质量发展厚植"河南绿"。二是加快建设绿色制造体系。建立环境权益交易市场、信息共享平台、绿色信用评级，支持并推广绿色技术改造升级，加快推进制造业向产业结构低碳化、生产过程清洁化的绿色制造方向发展。三是构建清洁低碳型能源结构。进一步提升可再生能源比重，推动绿色氢能产业发展，实现河南能源结构的优化，为实现"碳达峰、碳中和"目标提供有力支撑。

B.31
河南省营商环境评价专项问题研究

杨冠军 郝兵 魏巍*

摘 要: 近年来,河南省委省政府通过采取一系列措施持续推进优化营商环境,取得明显成效。为深入了解全省营商环境优化成效,了解企业生产经营中的重点、难点、堵点、痛点问题,及时反映省委省政府推动的"万人助万企"活动工作成效,努力解决企业面临的突出问题和瓶颈因素,河南省地方经济社会调查队在全省开展了惠企政策落实情况及优化营商环境成效评价专项调查。调查结果表明,河南省相关惠企政策落实较好,营商环境整体趋势向好,优化成效显著,政务服务质量逐步提升,企业认可度高,但仍有一些短板和突出问题亟待解决。

关键词: 惠企政策 万人助万企 营商环境 河南

为深入了解全省营商环境优化成效,聚焦省委省政府出台的各项惠企政策落实情况,紧密围绕企业生产经营中的重点、难点、堵点、痛点问题,及时反映全省"万人助万企"活动工作成效,努力解决企业面临的突出问题和瓶颈因素,2021年7月下旬,河南省地方经济社会调查队在全省17个省辖市及济源示范区开展了惠企政策落实情况及优化营商环境成效评价专项调

---

* 杨冠军,河南省地方经济社会调查队二级巡视员;郝兵,河南省地方经济社会调查队住户和价格调查处处长;魏巍,河南省地方经济社会调查队住户和价格调查处。

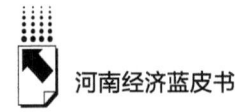

查。调查结果表明,河南省相关惠企政策落实较好,营商环境整体趋势向好,优化成效显著,政务服务质量逐步提升,企业认可度高,但仍有一些短板和突出问题亟待解决。

一 调查基本情况

此次调查以网络问卷调查为主,通过市县两级统计调查机构向受访企业推送移动终端问卷调查二维码,由各企业自行填报问卷,同时辅以必要的深度访谈,对部分受访企业开展实地走访,深入了解企业在发展过程中存在的突出矛盾问题及企业的意见建议等。

根据调查方案,河南省地方经济社会调查队从统计基本单位名录库中对全省196个县(市、区)级单位(包括功能区)分别选取不少于30家企业单位,涵盖制造业、建筑业、批发和零售业、租赁和商务服务业、农林牧渔业等行业。此次计划在全省范围内调查企业5939家,由于受到"7·20"特大暴雨灾害影响,郑州、新乡、鹤壁、安阳等地部分企业无法参与调查,最终填报有效调查问卷的企业为5604家,其中规模以上填报企业2788家,规模以下填报企业2816家,分别占49.8%、50.2%[①]。从受访企业规模来看,小微企业4464家,中型企业1027家,大型企业113家,分别占79.7%、18.3%、2.0%;从行业分类看,共涉及20余类行业,其中批发和零售业1267家,占比22.6%;房地产及建筑业1008家,占比18.0%;制造业889家,占比15.9%;农林牧渔业373家,占比6.7%;居民服务、修理及其他服务业278家,占比5.0%;住宿和餐饮业235家,占比4.2%;租赁和商务服务业168家,占比3.0%;软件和信息技术行业、文化和体育娱乐业与其他行业分别为132家、99家、1155家,分别占2.4%、1.8%、20.6%。

---

① 部分数据因四舍五入,存在总计与分项合计不等的情况。

二 调查结果

（一）惠企政策落实情况

超半数企业认为惠企政策落实情况较好，企业受惠较多。在受调查的5604家企业中，认为惠企政策力度很大，企业受益较大的企业有1858家，占比33.2%；认为惠企政策力度较大，但仍有提升空间的企业有1250家，占比22.3%；认为惠企政策力度一般，相关惠企政策发挥作用有限的企业有554家，占比9.9%；认为惠企政策效果欠佳的企业有99家，占比1.8%；另有1843家企业未享受到相关惠企政策，不予评价，占比32.9%，这些企业有八成以上为小微企业。

有超六成的企业知悉并申报过相关惠企政策。受调查的5604家企业中，对出台的惠企政策全部了解并对符合条件的政策均已申报的有1862家，占比33.2%；仅了解本行业相关政策，只对普惠性或门槛较低的惠企政策进行申报的有1381家，占比24.6%；了解传播度较高的相关政策，周边企业申报成功后才进行申请的有362家，占比6.5%；不太了解，只通过相关部门告知才进行申报的有1730家，占比30.9%；不太了解也不打算申报享受相关政策的有269家，占比4.8%。

从企业对所在地营商环境相关指标的评价来看，各项评价指标满意度均超过八成。调查的5604家企业对政务服务环境的评价最高，其中，评价为满意及以上的共有5048家，占比90.1%；对法治环境评价为满意及以上的共有5032家，占比89.8%；对政策环境评价为满意及以上的共有4995家，占比89.1%；对市场环境评价为满意及以上的共有4906家，占比87.5%；对市场环境评价为满意及以上的共有4906家，占比87.5%；对经营环境评价为满意及以上的共有4872家，占比86.9%；对贸易环境评价为满意及以上的共有4752家，占比84.8%；对人才环境评价为满意及以上的共有4693家，占比83.7%；对融资环境评价为满意及以上的共有4638家，占

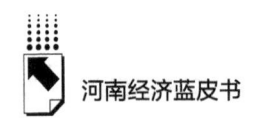

比82.8%。

半数以上企业较为认可惠企政策申报的便捷化程度。受调查的5604家企业中，认为操作十分方便的有3212家，占比57.3%；认为操作比较方便的有1340家，占比23.9%；认为操作不太方便的有891家，占比15.9%；认为操作特别复杂，所需材料过于烦琐的有161家，占比2.9%。

（二）优化营商环境成效

1. 总体评价情况

超九成企业较为满意，认可营商环境优化改善成效。在受调查的5604家企业中，对当地营商环境总体评价为满意的有3565家，占比63.6%；对当地营商环境总体评价为比较满意的有1488家，占比26.6%。在受调查的5604家企业中，认为通过省市县各级党委政府近年来持续发力，当地营商环境有较为明显改善的有5311家，占比94.8%。

2. 政务服务评价情况

政府服务总体评价满意度超过90%。受调查的5604家企业中，对政府服务总体评价表示满意及以上的有5084家，占比90.7%。

超八成企业比较满意当地行政审批时效。受调查的5604家企业中，其中认为非常满意的有2963家，占比52.9%，认为比较满意的有1994家，占比35.6%；认为时效性一般的有524家，占比9.3%；有33家对时效性不满意，占比0.6%；另有90家未涉及相关行政审批，不予评价，占比1.6%。

超九成企业基本能实现审批事项"一网通办"。受调查的5604家企业中，认为多数审批事项已实现（所办理审批事项占比超过80%）"一网通办"的有3801家，占比67.8%；认为部分审批事项已实现（所办理审批事项占比50%~80%）"一网通办"的有1260家，占比22.5%。

超八成企业能够实现"零上门"或最多跑一次。受调查的5604家企业中，"零上门"办理行政审批事项的有2186家，占比39.0%；能够实现一次办结的有2326家，占比41.5%；跑了两次及以上办结的有1092家，占比19.5%。调查结果显示，除因上门取件、现场咨询及相关材料准备不充分等自身原因外，报送材料太过复杂、审批环节太多或同一环节涉及多部门审批、网上信息与办事窗口要求不一致等是制约受访企业未能实现办理行政审批事项"最多跑一次"的主要原因。

3. 亲清新型政商关系评价情况

绝大多数企业认可市场竞争环境。受调查的5604家企业中，认为企业所参与的市场竞争能够公开公平公正的有5532家，占比98.7%；认为市场竞争存有不公情况的有72家，占比1.3%。

近九成企业认为与政府沟通渠道更加通畅。受调查的5604家企业中，企业所在地建立并完善了政企沟通渠道，建立了企业问题综合协调机制，反映的困难和问题被受理并解决的有4978家，占比88.8%。

（三）"万人助万企"活动开展情况

近半数受访企业参与了"万人助万企"活动。受调查的5604家企业中，了解此工作并受到帮扶的有2416家，占比43.1%；了解此工作但未受到帮扶的有1159家，占比20.7%；听说过此工作但具体情况不清楚的有1439家，占比25.7%；不了解或未听说过此工作的有590家，占比10.5%。

（四）企业生产经营发展情况

超2/3的受访企业生产经营较为稳定。受调查的5604家企业中，与2020年同期相比2021年上半年生产经营收入总体增长10%及以上的有1218家，占比21.7%；保持总体平稳的有2526家，占比45.1%；下滑10%及以上的有1860家，占比33.2%。在实地走访调研中了解到，出现生产经营收入下滑的原因多与新冠肺炎疫情影响有关，企业订单数量不稳定，特别是出口订单数有所下降，运输及生产成本攀升，影响了企业生产效益。

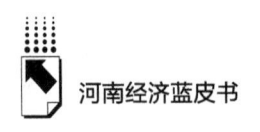

三 存在的主要问题

(一) 融资难现象较为普遍

调查的5604家企业中,希望政府在投资融资支持力度方面进一步加大的有734家,希望政府部门提供必要融资帮助的有717家;对融资支持类政策关注度较高的有668家。调查了解到,多数企业不同程度地存在融资难问题。部分企业由于扩大生产经营规模、加大研发力度,资金需求量大,但金融机构融资渠道门槛高、审核严、放款慢、周期短、利率高的情况不同程度地存在。中小微企业融资渠道较为有限,融资方式较为单一,金融机构对中小微企业"恐贷、拒贷"现象仍然存在。

(二) 人才短板成为制约企业发展的瓶颈

调查显示,企业面临的人才短板主要表现在三个方面。一是高等学历人才引进难。一些企业受区域因素的制约,城市吸引力不足,加之企业在工资福利、企业文化、工作环境等方面缺乏竞争力,有些地方缺乏明确的相关人才配套安置政策,导致高端人才引进存在困难。二是技术工招聘难。劳动密集型、技术型企业多数面临着技术工招聘难的问题,相关技术型人才培养难,定向委培平台较少,校企合作力度仍有待提升。三是企业留人难。人才竞争也是企业竞争的重要方面,受制于企业文化环境、员工的归属感、对薪资待遇的追求以及不断更新的就业理念等诸多因素,企业不同程度地出现技术骨干和普工被"挖墙脚"的现象,给企业用工造成了损失。

(三) 个别部门政策制定及执行的科学性有待提升

个别行业存在政策出台滞后问题。在实地走访某中医药生产企业时了解到,目前河南省未能将中药颗粒剂纳入医保药品范围,而相邻的山东、湖北等省份2020年已经出台相关试行方案,这可能导致全省中医药生产企业失去抢占市场的先机。

个别地区存在政策执行"一刀切"情况。调查了解到,部分受访企业反映一些地方在大气污染环境整治期间简单行事,采取"一刀切"的管控措施,要求企业限产停产。个别地方政府要求企业必须在规定期限内采购新能源车辆以替代现有的传统能源车辆,导致企业的经营成本提高。

(四)法治环境仍有不足

一是个别地方政府对企业的承诺兑现不及时。如某地政府拆迁置换补助金、土地落实迟迟未能到位,导致企业发展困难。二是一些企业工程款回收难。主要集中在民营企业。民营企业在承担央企、国企工程时,不能按照合同规定如期收到工程款项,存在被拖欠现象。

(五)频繁走访影响了企业正常的生产经营

调查了解到,各地企业不同程度地面临着层层走访、重复检查,检查评比名目多、标准不统一等问题,影响了企业正常的生产经营。

四 企业的关注期待

从企业关注的惠企政策方面来看,如何降低成本、拓宽融资渠道是受访企业的关注重点。受调查的5604家企业中,关注社保补贴、税务减免延缴类政策的有777家,关注融资支持类政策的有668家,关注企业用能成本(水电气)降低类政策的有619家。此外,关注产业发展激励奖励的有332家,关注经济发展贡献奖励类政策的有282家,关注用工培训以及法律援助类政策的有245家,关注人才招纳类政策的有233家。

从企业期盼生产经营获取的帮助方面来看,解决好融资问题是重中之重。受调查的5604家企业中,希望政府部门提供必要的融资帮助的有717家,希望相关部门进一步规范市场竞争秩序的有497家,希望政府部门提升办事效率的有377家,希望政府部门可以加大对疫情补贴力度的有323家,

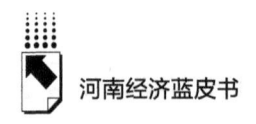

希望政府部门为企业提供动态信息服务的有300家，希望政府部门可以加强相关政策宣讲解读的有283家，希望可以提供对企业的法律咨询服务的有253家，希望减少政府部门对企业合法生产干预的有238家。

从企业希望如何进一步完善政务服务方面来看，简政放权、优化服务仍是企业所盼。调查的5604家企业中，希望可以进一步简化办事手续及流程的有735家，希望能够提供精细化人性化服务的有728家，希望能够提高办事效率的有606家，希望能够进一步建立并完善政策信息平台的有532家，希望规范并进一步明晰办事指南的有458家，希望增加投诉渠道的有151家。

从企业希望在哪个领域加大政府部门推进力度来看，投资融资依旧是企业关注的核心。调查的5604家企业中，希望政府在投资融资支持力度方面进一步加大的有734家，希望进一步优化政务服务的有636家，希望提升企业开办便利化程度的有509家，希望加大人力资源供给推进力度的有379家，希望降低市场准入条件的有269家，希望加大市场监管力度的有229家，希望持续优化法治环境的有171家。

五 意见建议

近年来，河南省委省政府通过采取一系列措施持续推进优化营商环境，取得了较为明显的成效。在历经了产业集聚区、自由贸易试验区、自主创新示范区、航空港区等载体平台建设后，河南省已经迈步进入了全面优化营商环境第三阶段。如何"破题"疫情防控常态化时代的高质量发展难题，推动河南经济发展再上新台阶，打造全国高质量发展标杆和样本，成了河南发展新的历史性命题。

（一）推动"放管服"改革

优化营商环境要依托"放管服"改革，要学习苏浙沪等先进地区经验，持续聚焦企业发展的难点、痛点、堵点，坚持树立刀刃向内自我改革的信念，以问题导向、目标导向和结果导向为抓手，坚持对标对表，进一步梳理完善政府权责清单，建立完善行政审批事项目录清单、政府行政权力清单、政府部门责任清单等，将与企业生产经营密切相关的审批服务事项通过多种形式整合，实现"综合受理、一窗通办"。要注重抓好已经取消和下放管理层级行政审批事项的落实和衔接，加强事中事后监管。要积极推行市场准入负面清单制度，减少政府对市场的干预，保障市场主体生产经营自主权。

（二）树立"服务牌"理念

要进一步牢固树立"店小二"精神，进一步完善"互联网+政务服务"服务管理体系，建设政务大数据平台，推动全省的政务大数据应用，更好提高政府的治理能力，提升服务水平。相关部门要强化服务意识，各级公职人员要树立"营商环境人人参与"的理念，从自身做起，要切实提高服务意识、改进服务质量，做到政府服务"遇事有回应，无事不叨扰"。各级各部门要围绕优化营商环境的中心任务，充分发挥集体指挥作用，在政策的制定过程中深入调研，听取企业的合理诉求，避免"拍脑袋"。要以提升企业的获得感为导向，确保政策系统协调、形成合力，在政策的落实方面要落实不打折、落细不变形、见效不走偏，让企业真真切切地享受到政策红利。

（三）提升"强机制"要素

要建立并不断完善政府联系企业的长效机制，保障政府与企业、企业与企业间信息通畅，促进企业高效健康发展，资源共享，实现社会资源为社会、为企业服务融合发展的功能。要适时开展全省县域营商环境监测评价工作。全面、科学、动态地进行营商环境评价，是切实改善营商环境，推动经济全面恢复和高质量发展的重要抓手。要科学确定评价指标，既能保证与相关领域突出问题高度相关，又能够全面、系统、综合反映各地营商环境优化成效，也能够依靠问卷调查、行政记录、大数据抓取等方式获得准确的调查数据来反映真实情况。

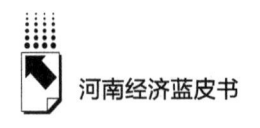

（四）做好"软环境"提升

近年来，全国各地在项目、人才、技术等方面展开了激烈竞争，河南要积极创新，在政策落实、制度完善等方面探索先试，不断提升自身硬件设施条件和软环境要素。河南省要找准突破口，在营商环境的法治保障、公平的市场监管、包容的创新生态、多途径的融资等企业关心关注的软环境核心问题上寻求新的突破，将营商环境工作推向深入，缩小营商环境优化与市场主体预期之间的差距，逐步实现河南省营商环境的全面优化提升，助推全省经济实现新跨越。

（五）注重疫情防控常态化时代惠企政策的落实落细

近期，河南省出台了十条措施支持企业恢复生产，要抓紧这些措施落地生效，加快推动企业重建和全面复工复产，帮助受灾企业渡过难关。要深入推动"万人助万企"活动，了解企业诉求，帮助企业解决生产经营中的难点和问题。要坚持项目为王，推动"三个一批"落地见效，为完成全省经济社会发展目标打下坚实基础。

B.32 后　记

历史在时序更替中前进，梦想在砥砺奋进中实现。刚刚过去的2021年极不平凡，留下了许多难以磨灭的记忆。这一年，我们隆重庆祝中国共产党成立一百周年，如期打赢脱贫攻坚战，在中华大地上全面建成了小康社会。这一年，习近平总书记情系中原大地，亲临视察并发表重要讲话，为我们指明了前进方向、提供了根本遵循。这一年，河南省第十一次党代会胜利召开，以前瞻30年的战略眼光，提出"两个确保"奋斗目标，做出实施"十大战略"等重大部署，绘就了建设现代化河南的宏伟蓝图。这一年，经过接续努力，在第二十二次全国皮书年会上，"河南经济蓝皮书"再次获得优秀皮书三等奖。

未来可期，奋斗以成。2022年是党的二十大召开之年，是深入贯彻落实省第十一次党代会精神，开启全面建设社会主义现代化河南新征程的关键之年。我们将牢记领袖嘱托，践行初心使命，踔厉奋发、笃行不怠，向着"两个确保"奋勇前进，奋力谱写新时代中原更加出彩的绚丽篇章，以优异成绩迎接党的二十大胜利召开。

值此2022年"河南经济蓝皮书"付梓之际，我们真诚感谢河南省委政研室、省发展改革委、省工信厅、省财政厅等省直部门对本书的指导、关心和帮助。在此向所有参与供稿的单位、作者以及评审专家表示衷心的感谢！由于时间仓促和编者水平所限，编撰过程中难免有纰漏或不足之处，敬请读者批评指正。

本书编辑部
2022年1月20日

社会科学文献出版社

皮 书
智库成果出版与传播平台

❖ 皮书定义 ❖

皮书是对中国与世界发展状况和热点问题进行年度监测，以专业的角度、专家的视野和实证研究方法，针对某一领域或区域现状与发展态势展开分析和预测，具备前沿性、原创性、实证性、连续性、时效性等特点的公开出版物，由一系列权威研究报告组成。

❖ 皮书作者 ❖

皮书系列报告作者以国内外一流研究机构、知名高校等重点智库的研究人员为主，多为相关领域一流专家学者，他们的观点代表了当下学界对中国与世界的现实和未来最高水平的解读与分析。截至2021年底，皮书研创机构逾千家，报告作者累计超过10万人。

❖ 皮书荣誉 ❖

皮书作为中国社会科学院基础理论研究与应用对策研究融合发展的代表性成果，不仅是哲学社会科学工作者服务中国特色社会主义现代化建设的重要成果，更是助力中国特色新型智库建设、构建中国特色哲学社会科学"三大体系"的重要平台。皮书系列先后被列入"十二五""十三五""十四五"国家重点出版规划项目；2013~2022年，重点皮书列入中国社会科学院国家哲学社会科学创新工程项目。

皮书网

（网址：www.pishu.cn）

发布皮书研创资讯，传播皮书精彩内容
引领皮书出版潮流，打造皮书服务平台

栏目设置

◆ 关于皮书
何谓皮书、皮书分类、皮书大事记、
皮书荣誉、皮书出版第一人、皮书编辑部

◆ 最新资讯
通知公告、新闻动态、媒体聚焦、
网站专题、视频直播、下载专区

◆ 皮书研创
皮书规范、皮书选题、皮书出版、
皮书研究、研创团队

◆ 皮书评奖评价
指标体系、皮书评价、皮书评奖

◆ 皮书研究院理事会
理事会章程、理事单位、个人理事、高级
研究员、理事会秘书处、入会指南

所获荣誉

◆ 2008年、2011年、2014年，皮书网均在全国新闻出版业网站荣誉评选中获得"最具商业价值网站"称号；
◆ 2012年，获得"出版业网站百强"称号。

网库合一

2014年，皮书网与皮书数据库端口合一，实现资源共享，搭建智库成果融合创新平台。

皮书网　　"皮书说"微信公众号　　皮书微博

权威报告·连续出版·独家资源

皮书数据库
ANNUAL REPORT(YEARBOOK) DATABASE

分析解读当下中国发展变迁的高端智库平台

所获荣誉

- 2020年，入选全国新闻出版深度融合发展创新案例
- 2019年，入选国家新闻出版署数字出版精品遴选推荐计划
- 2016年，入选"十三五"国家重点电子出版物出版规划骨干工程
- 2013年，荣获"中国出版政府奖·网络出版物奖"提名奖
- 连续多年荣获中国数字出版博览会"数字出版·优秀品牌"奖

皮书数据库　　"社科数托邦"微信公众号

成为会员

登录网址www.pishu.com.cn访问皮书数据库网站或下载皮书数据库APP，通过手机号码验证或邮箱验证即可成为皮书数据库会员。

会员福利

- 已注册用户购书后可免费获赠100元皮书数据库充值卡。刮开充值卡涂层获取充值密码，登录并进入"会员中心"—"在线充值"—"充值卡充值"，充值成功即可购买和查看数据库内容。
- 会员福利最终解释权归社会科学文献出版社所有。

卡号：236282212411
密码：

数据库服务热线：400-008-6695
数据库服务QQ：2475522410
数据库服务邮箱：database@ssap.cn
图书销售热线：010-59367070/7028
图书服务QQ：1265056568
图书服务邮箱：duzhe@ssap.cn

S 基本子库
SUB DATABASE

中国社会发展数据库（下设12个专题子库）

紧扣人口、政治、外交、法律、教育、医疗卫生、资源环境等12个社会发展领域的前沿和热点，全面整合专业著作、智库报告、学术资讯、调研数据等类型资源，帮助用户追踪中国社会发展动态、研究社会发展战略与政策、了解社会热点问题、分析社会发展趋势。

中国经济发展数据库（下设12专题子库）

内容涵盖宏观经济、产业经济、工业经济、农业经济、财政金融、房地产经济、城市经济、商业贸易等12个重点经济领域，为把握经济运行态势、洞察经济发展规律、研判经济发展趋势、进行经济调控决策提供参考和依据。

中国行业发展数据库（下设17个专题子库）

以中国国民经济行业分类为依据，覆盖金融业、旅游业、交通运输业、能源矿产业、制造业等100多个行业，跟踪分析国民经济相关行业市场运行状况和政策导向，汇集行业发展前沿资讯，为投资、从业及各种经济决策提供理论支撑和实践指导。

中国区域发展数据库（下设4个专题子库）

对中国特定区域内的经济、社会、文化等领域现状与发展情况进行深度分析和预测，涉及省级行政区、城市群、城市、农村等不同维度，研究层级至县及县以下行政区，为学者研究地方经济社会宏观态势、经验模式、发展案例提供支撑，为地方政府决策提供参考。

中国文化传媒数据库（下设18个专题子库）

内容覆盖文化产业、新闻传播、电影娱乐、文学艺术、群众文化、图书情报等18个重点研究领域，聚焦文化传媒领域发展前沿、热点话题、行业实践，服务用户的教学科研、文化投资、企业规划等需要。

世界经济与国际关系数据库（下设6个专题子库）

整合世界经济、国际政治、世界文化与科技、全球性问题、国际组织与国际法、区域研究6大领域研究成果，对世界经济形势、国际形势进行连续性深度分析，对年度热点问题进行专题解读，为研判全球发展趋势提供事实和数据支持。

法律声明

"皮书系列"（含蓝皮书、绿皮书、黄皮书）之品牌由社会科学文献出版社最早使用并持续至今，现已被中国图书行业所熟知。"皮书系列"的相关商标已在国家商标管理部门商标局注册，包括但不限于LOGO（ ）、皮书、Pishu、经济蓝皮书、社会蓝皮书等。"皮书系列"图书的注册商标专用权及封面设计、版式设计的著作权均为社会科学文献出版社所有。未经社会科学文献出版社书面授权许可，任何使用与"皮书系列"图书注册商标、封面设计、版式设计相同或者近似的文字、图形或其组合的行为均系侵权行为。

经作者授权，本书的专有出版权及信息网络传播权等为社会科学文献出版社享有。未经社会科学文献出版社书面授权许可，任何就本书内容的复制、发行或以数字形式进行网络传播的行为均系侵权行为。

社会科学文献出版社将通过法律途径追究上述侵权行为的法律责任，维护自身合法权益。

欢迎社会各界人士对侵犯社会科学文献出版社上述权利的侵权行为进行举报。电话：010-59367121，电子邮箱：fawubu@ssap.cn。

社会科学文献出版社